I0391696

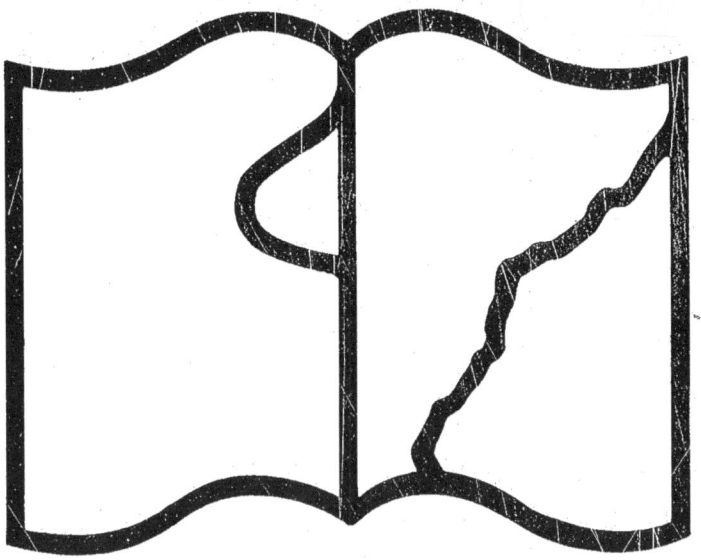

Texte détérioré — reliure défectueuse

NF Z 43-120-11

LES

ARTS INDUSTRIELS EN FRANCE

VIENNE, LONDRES ET PARIS 1859

Les arts industriels sont peut-être aujourd'hui la part la plus solide de notre gloire, sinon la plus brillante. Cette gloire est, dans tous les cas, celle que l'on nous conteste le moins. Partout ailleurs nous trouvons la concurrence. Ici, elle s'efface. La Belgique a des peintres d'une réelle habileté; l'Allemagne, des dessinateurs ingénieux et subtils; l'Angleterre, des aquarellistes incomparables; l'Italie, des sculpteurs qui pétrissent le marbre d'une main toujours pleine de vie, sinon toujours inspirée. Toutes ces nations peuvent, avec plus ou moins de raison, nous disputer la palme des beaux-arts, et elles ne s'en font pas faute. Mais dès qu'il s'agit de ce travail particulier et spécial, qui se donne pour but d'appliquer les *arts* à l'*industrie* et de réaliser ainsi le mariage de l'*utile* et du *beau*, la France reprend sa place et passe au premier rang : les autres peuples saluent en elle leur maîtresse et leur reine.

La civilisation moderne a fait, du reste, une large part aux arts industriels; ils sont devenus une des préoccupations les plus sérieuses, les plus vives et les plus constantes des peuples laborieux. N'est-ce point à ceux-là que l'avenir appartient?

Quel est aujourd'hui l'état des *arts industriels* en France; quels progrès ont-ils réalisés depuis les grandes Expositions universelles de 1855 et de 1867; quel avenir est-il permis d'espérer pour eux; qu'ont-ils à redouter de la concurrence étrangère? Ces questions, dont il

est facile d'apprécier l'importance, semblent s'imposer à nous aujour-
d'hui, et les trois grandes manifestations industrielles qui viennent
de se succéder en quelque sorte sans interruption à Vienne, à Londres et à Paris nous offrent les éléments nécessaires pour les résoudre.

Transportons-nous d'abord à Vienne, qui a donné le signal du
mouvement ; nous passerons ensuite en Angleterre, où le palais de
Kensington nous offre pour la dernière fois sa somptueuse hospita-
lité ; puis nous reviendrons en France, où cette association d'hommes
intelligents, actifs et dévoués, qui s'appelle l'*Union centrale des Beaux-
Arts appliqués à l'Industrie*, ouvre son quatrième congrès, — le plus
brillant de tous.

PREMIÈRE PARTIE

—

VIENNE

I

Nous sommes au Prater, — dans ce parc grandiose, — *impérial et
royal*, comme on dit en Autriche, — qui tient tout à la fois du bois
de Boulogne et des Champs-Élysées, et qui permet à Vienne de ne
regretter ni le Corso de Rome, ni le Prado de Madrid, ni même cet
aristocratique et superbe Hyde-Park, dont Londres est si fier, et
qui voit chaque matin rouler tant d'équipages, et passer tant d'ama-
zones à la jupe flottante.

Au milieu de ce parc, taillé en pleine nature, — une nature luxu-
riante et sauvage, — dans une grande île du Danube, on a bâti un
palais dont la façade se développe sur une longueur d'environ mille
mètres. C'est le palais du Welt-Ausstellung : traduisez l'*Exposition du
Monde*. C'est là que la France industrielle a pu placer sur sa tête
la plus glorieuse des couronnes, celle que lui ont décernée les nations
rivales. Parmi les juges les plus prévenus, parmi ceux-là mêmes auxquels la justice envers nous devait le plus coûter, il n'en est pas un
seul qui ait osé, ne fût-ce qu'un instant, nous disputer la première
place. Jamais succès ne s'était affirmé avec une plus incontestable
évidence.

La portion de ce grand palais du *Welt-Ausstellung* réservée aux arts
industriels de la France nous a frappé tout d'abord par un je ne sais
quoi qu'on ne retrouvait nulle part ailleurs. Nulle part, en effet, les
produits exposés ne se sont présentés avec ce grand air, cette distinction parfaite et cette correcte élégance. Les autres peuples vous rece-

valent dans une boutique ; la France, dans un salon. On sortait d'un bazar, et l'on entrait dans un musée. Il eût été difficile de rencontrer ailleurs un arrangement qui pût être comparé à celui-ci, pour le goût, la distinction et la recherche. Rien qui sentît la vente et le négoce. On semblait n'avoir souhaité que la joie des yeux et les plaisirs de l'esprit. Les meubles ne se recommandaient pas seulement par les qualités vraiment supérieures de leur fabrication, mais par la beauté de leur style. Toutes les faïences étaient des faïences d'art ; les porcelaines, décorées avec le goût le plus exquis ; les bronzes sortaient des mains des plus habiles ciseleurs : ils reproduisaient les plus beaux motifs de l'antiquité, de la Renaissance et des temps modernes. Les émaux pouvaient braver la comparaison avec les produits les plus parfaits de la Chine et du Japon ; les papiers peints valaient des tentures, et les tapisseries signées Bracquenié n'avaient certes ni moins de correction ni moins d'éclat que les tableaux des maîtres reproduits par elles.

Mais si tous ces objets, considérés isolément et en eux-mêmes, se recommandaient par un mérite réel et absolu, pris dans leur ensemble, ils recevaient les uns des autres un lustre nouveau. Le rapprochement les faisait valoir. Aussi l'effet produit était-il véritablement considérable. On se promenait dans la section française avec le même intérêt et le même plaisir que dans une collection de premier ordre, recueillie et formée par un amateur éclairé.

C'est là un premier plaisir qui nous prépare toujours à mieux goûter les autres.

A la tête de ces grandes industries artistiques que nous allons faire passer sous les yeux du lecteur, il faut peut-être placer celle du bronze. Elle est, je crois, la première, et par son importance, et par l'éclat qu'elle jette sur la fabrication française, et par le mérite hors ligne des grands spécialistes qui lui ont consacré tant de talent et tant d'efforts.

Le bronze, que l'on a quelquefois appelé le *noble métal*, à cause des belles manifestations artistiques auxquelles il a servi, a été découvert et mis en œuvre dans les temps les plus reculés. L'histoire et les traditions antiques en font également mention. C'est qu'en effet tous les peuples anciens, à mesure qu'ils arrivaient à un certain degré de civilisation, ont voulu confier au bronze la tâche élevée de transmettre à l'avenir les plus belles inspirations de leur génie. Nous n'avons pas seulement des bronzes grecs et romains : nous avons encore des bronzes chinois et japonais. Les bronzes de la Renaissance sont célèbres, et, de nos jours, nous avons vu refleurir, comme par l'épanouissement d'une sève nouvelle, cette industrie précieuse entre toutes, qui, à une période critique de son développement, avait laissé voir une infériorité relative en comparaison des œuvres de nos devanciers. Autrefois l'artiste, moins assujetti qu'à présent aux besoins d'une production considérable, fondait et ciselait lui-

même ses œuvres. C'est ce que l'on ne saurait exiger de lui maintenant, obligé qu'il est de subvenir aux exigences d'une création mul-
tiple et variée. Il doit donc, par la force même des choses, associer
à sa main la main de l'ouvrier, dont le travail ne saurait, on
le comprend, valoir le travail du maître. Jusqu'à ce que notre
grande industrie soit parvenue à former une génération d'ouvriers
capables, et artistes eux-mêmes, les amateurs difficiles trouveront
trop souvent l'occasion d'exercer leur critique sur tel ou tel
détail d'une pièce, dont l'original fut pourtant modelé par un
maître.

Mais notre âge a vu du moins une invention qui ne laissera point
que d'exercer une influence aussi décisive qu'elle est heureuse sur
l'industrie du bronze statuaire.

Le lecteur a nommé avant moi le procédé Collas.

Achille Collas, — car ce moderne qui nous a rendu l'antiquité
familière, s'appelle tout à la fois Achille et Collas, — Achille Collas,
disons-nous, a fait pour la statuaire ce que, longtemps avant lui,
Gutenberg avait fait pour la pensée écrite, — une révolution!
Achille Collas, en effet, a trouvé des procédés mathématiquement
précis pour la réduction ou le grandissement de toute espèce de
sculpture; il a ainsi donné à l'industrie la possibilité de former des
collections de belles statues antiques et modernes, tout en restant
dans la limite des prix abordables. Il a ainsi contribué à éclairer et
à former le goût du public, et il a imposé à la fabrication l'obligation
de n'admettre parmi ses modèles nouveaux que des sculptures assez
belles pour supporter le voisinage des chefs-d'œuvre.

Cette découverte, que j'osais tout à l'heure qualifier de révolution,
a eu ce résultat, dont nous ne saurions trop nous louer, de répandre parmi nous le goût de la sculpture. Elle introduira peu à peu
la statue dans l'intimité familière de notre vie, quand elle aura
vaincu certains préjugés qui nous séparent encore d'elle.

On l'a dit avec beaucoup de raison et de justice, la sculpture est
vraisemblablement le plus ancien des arts d'imitation. C'est aussi
celui de tous dans lequel l'imitation est le plus sensible et le plus
rapprochée de la nature. La nature se retrouve dans l'œuvre du
sculpteur d'une façon toute matérielle, non-seulement visible,
mais tangible et palpable. La sculpture donne la vie à la matière;
elle lui fait prendre la forme compliquée des êtres, tout en laissant
à ceux-ci l'exactitude des détails et la justesse des proportions qui
les caractérisent. Privée presque toujours de la ressource des grandes compositions multiples, que sa sœur la peinture aborde si
résolûment, et réduite, dans la plupart des cas, à un personnage unique, — au groupe, tout au plus, — elle s'exerce surtout au développement des types; elle les étudie, les interprète, et fait tomber sous
nos sens l'*idéal réalisé*... autant du moins qu'il est permis à l'homme
de réaliser l'idéal.

Elle n'atteint pas ce but du premier coup. Mais elle y vise dès qu'elle a l'intelligence de sa destinée; elle y touche quand elle entre dans la possession de ses moyens.

Nous rencontrons la sculpture chez tous les peuples. Elle paraît à l'aurore de toutes les civilisations. Nous la retrouvons au commencement du monde. Dieu fut le premier des sculpteurs. Il prit, dit le livre des livres, le limon de la terre, et façonna à son image, avec l'argile, celui qui fut depuis le père du genre humain. Il est probable que, dans l'ordre même des matières employées par les sculpteurs, l'argile tient la première place, par ordre chronologique. Elle est, en effet, la plus aisée à pétrir et à manier. Après l'argile vint le bois, puis la pierre, puis les métaux; mais seulement quand l'homme eut trouvé le secret de la fonte. Laban, le beau-père de Jacob, avait chez lui, dit la Bible, les images de ses dieux domestiques, taillées en bois. Nous savons que les grottes sacrées des anciens habitants de l'Inde étaient ornées de statues. Les Perses décoraient aussi leurs monuments de figures sculptées. Mais ils les enveloppaient de draperies, et ne cherchaient point à idéaliser la beauté nue des formes humaines. Non loin d'eux, les Assyriens cultivaient surtout le genre colossal. Sur la terre d'Égypte, hiératique et sacerdotale, la sculpture adopta un genre déterminé, et se soumit à des règles fixes, qui devinrent promptement invariables. Le caractère sombre et grave de la race marqua tous les arts de son empreinte originale et forte. Quand on parcourt un musée égyptien, on s'aperçoit que l'artiste des bords du Nil a pris pour type de toutes ses statues la momie cerclée de bandelettes, qui, malgré son immobilisation dans la mort, symbolise à ses yeux l'immortalité, parce qu'au fond de son tombeau, patiente et croyante comme le chrétien lui-même, elle attend sa résurrection glorieuse.

Mais si la statuaire égyptienne est encore enveloppée dans les plis de la mort, l'art grec, au contraire, est le suprême épanouissement de la vie, et l'éclosion magnifique de la fleur humaine dans sa plus radieuse beauté. Les entraves que l'Égypte avait mises au génie de l'artiste furent bientôt brisées, et l'initiative individuelle, qui est comme le trait particulier de cette race brillante des Hellènes, se donna librement carrière. Les artistes crétois excellèrent bientôt dans la taille du marbre, tandis que ceux d'Égine, de Samos, d'Argos et de Sicyône se montrèrent habiles à couler le bronze.

Le grand art grec monta sous Périclès à son glorieux zénith. Ce fut l'apogée du style idéal. Le groupe que dominait Phidias l'atteignit; aucune autre pléiade ne l'a touchée depuis. Après tant de siècles écoulés le monde admire encore, — et il admirera toujours, — les deux types de beauté surhumaine créés par Phidias : la Minerve du Parthénon et le Jupiter Olympien.

Mais ce grand style idéal se vit abandonné peu à peu pour la sculpture sensuelle, qui rechercha, dans des formes plus tendres, les séductions de la volupté ; — l'art fit appel à nos instincts corrompus. Il chercha des auxiliaires dans les attractions malsaines qui nous séduisent pour nous perdre. Ce fut le triomphe des Vénus, des Bacchus et des Amours de Praxitèle. Que nous sommes loin de l'incomparable majesté de l'Olympien, et de la pureté céleste de la vierge athénienne!

A la suite de Praxitèle, l'art s'allanguit encore et tomba dans la mollesse ionienne.

Sous Alexandre, la statue-portrait devint le but le plus recherché du sculpteur. Lysippe fut la personnification la plus marquante de ce nouvel idéal.

Avec les guerres de Macédoine et de Syrie, c'est-à-dire deux siècles avant Jésus-Christ, les Romains inaugurèrent ces déprédations éhontées et systématiques qui devaient aboutir à la spoliation du monde. On compta bientôt *douze mille* statues grecques au Capitole. Esclaves volontaires de la beauté réalisée dans leurs œuvres, les artistes de la Grèce suivirent chez leurs vainqueurs les trésors d'art enlevés à leur patrie. Ils travaillèrent à Rome, — l'homme travaille partout, — et il y eut ainsi une sculpture gréco-romaine, qui se distingua surtout par une élégance un peu précieuse et un fini extrême.

La décadence commença sous les Antonins. Elle se précipita. Quand la croix du Golgotha remplaça l'aigle romaine à la hampe des étendards de Constantin, — *hoc signo vinces!* — tout vestige de l'inspiration grecque avait déjà disparu. Bientôt le flot barbare de l'invasion couvrit la face du monde. L'idée du beau disparut de la terre, étouffée par la violence et la force brutale.

Mais cette idée est immortelle dans l'âme humaine, faite à la ressemblance de son créateur. Après les épouvantables crises et les bouleversements sans nom des invasions, quand un peu de calme se refit dans l'Europe apaisée, l'homme, obéissant à certains instincts de son être, s'abandonna de nouveau à ce besoin de création artistique qui est invincible dans certaines natures. Mais la chaîne des traditions était rompue; on marchait au hasard dans des voies nouvelles. Tout était à refaire, et tout se faisait mal. A part certains mérites d'expression attendrie et naïve, la sculpture des premiers siècles du moyen âge n'est qu'un tâtonnement aveugle. La sculpture n'était guère autre, à cette époque, que l'auxiliaire de l'architecture, ou, pour mieux dire, sa servante.

Mais au seizième siècle, la Renaissance, éclose en Italie d'un souffle grec, donna l'essor à toutes les inspirations du génie humain, trop longtemps captives sous une discipline étroite et dure. Le génie artistique, le premier peut-être, s'affranchit d'une tutelle séculaire, devenue d'ailleurs si pesante, qu'il mourait sous son poids. A l'exemple de l'Italie, et sur ses traces, la France et l'Allemagne se précipitèrent dans ces voies nouvelles avec une invincible ardeur. Le monde moderne remonta le courant des siècles, et retourna boire aux sources antiques. Mais l'humanité n'atteint pas deux fois ces hauteurs sublimes. La statuaire ne retrouva jamais la grandeur, la simplicité pure et l'idéale beauté des œuvres de Phidias et de son école. La sculpture de la Renaissance eut bien parfois une incontestable vérité de mouvement, et une profonde intensité d'expression ; mais, chez elle, l'exagération outrepassa souvent la nature, et le besoin trop impérieux du nouveau la poussa dans la recherche et la jeta dans la bizarrerie. Dès le milieu du dix-huitième siècle, les juges intelligents du beau et du vrai signalèrent une troisième décadence plus cruelle que les deux premières.

Cependant les travaux intelligents de Winkelmann reportèrent l'attention du monde sur les monuments de l'art grec. Grâce à lui, on les comprit mieux. Canova en Italie, Thorwaldsen en Danemark, et chez nous Pradier, suisse par la naissance, français par l'adoption, marquèrent la première étape d'un heureux retour vers l'Acropole et l'Olympe.

Ce fut la date d'une Renaissance nouvelle, dans laquelle s'est résolûment engagée toute la génération contemporaine.

Voici, toutefois, un fait étrange, et pourtant incontestable ! Beaucoup plus fidèle que l'architecture et la peinture aux traditions et aux enseignements de l'antiquité retrouvée, la sculpture, malgré ses incontestables mérites, n'a pas encore obtenu droit de cité parmi nous. Elle est restée en dehors de nos habitudes, et comme étrangère à nos mœurs. On l'admire plus qu'on ne l'aime. C'est à croire parfois que les gens ont peur d'elle. On s'imagine que ces déesses de marbre et ces nymphes si belles, sculptées par un ciseau amoureux dans la blancheur du Paros, ne sont faites que pour les temples. On affecte de croire, — on croit peut-être, — qu'elles dédaigneraient nos modernes demeures, si étrangères à la civilisation hellénique et à la religion sensuelle dont elles nous apportent le trop séduisant souvenir. Nulle part, peut-être, cette terreur de la statuaire, ou, du moins, si le mot semble trop fort, cet éloignement n'a été plus grand qu'en France.

Les Italiens, les Anglais et les Russes n'ont pas comme nous ces injustifiables préjugés. Ils admettent, je me trompe, ils invitent chez eux les bronzes et les marbres; ils se réjouissent de les voir mêlés à leur existence, il leur plaît de songer que ces sereines beautés habitent avec eux leurs palais, leurs hôtels, leurs maisons, leurs villas. Ils leur donnent pour fonction spéciale d'égayer leurs yeux et d'élever leurs âmes, en conservant intact et pur l'idéal de jour en jour amoindri, effacé et méconnu de la forme humaine.

Mais, quoi que l'on fasse, on est toujours de son époque. La nôtre est utilitaire. Parmi ceux auxquels leur goût ordonne, et à qui leur fortune permet d'avoir des statues, il en est beaucoup qui ne se refusent pas au plaisir d'en tirer parti. Ils veulent que la statuaire complète chez eux l'œuvre de l'architecture. Tantôt la cariatide portera le manteau d'une cheminée; tantôt une belle captive, aux bras chargés de chaînes, élèvera au-dessus de sa tête la torchère ou la lampe; Flore et Pomone s'associeront dans nos serres aux merveilles de la végétation; des figures de fantaisie rempliront les angles, se blottiront dans les coins, ou se dresseront sur des colonnes tronquées, au milieu des salons, des vestibules ou des galeries, — et elles sembleront partout à leur place.

Seule parmi des nations qui, pourtant, ne la surpassent point en civilisation, la France semblait n'avoir pas compris encore tout le parti que l'on pouvait tirer de la sculpture pour l'ornement des demeures privées.

Mais l'admirable invention d'Achille Collas nous fera faire un pas décisif dans cette voie. La belle collection dont nous parlions tout à l'heure, véritable musée de sculptures, aux proportions réduites et aux prix abaissés, passera de l'atelier dans la maison. Elle s'y installera; elle y conquerra son droit de cité; elle comblera une lacune regrettable dans notre éducation artistique, elle embellira nos demeures en élevant nos âmes.

Jamais peut-être il ne nous avait été donné de voir réuni un ensemble de bronzes artistiques aussi considérable qu'à Vienne.

L'éminent artiste industriel aujourd'hui en possession du procédé d'Achille Collas, et qui s'est fait l'initiateur et le maître de toute une classe de la société française, M. Barbedienne, était représenté au palais du *Welt-Ausstellung* par des produits hors ligne, aussi remarquables par leur choix que par leur irréprochable exécution. M. Barbedienne, grâce à la sûreté mathématique, infaillible, des procédés qu'il emploie, est arrivé à la reproduction parfaite des plus inimitables chefs-d'œuvre, sur l'échelle de grandeur qu'il lui plaît de choisir. Grâce à lui, les dieux et les déesses peuvent désormais habiter chez nous, il fera de nos appartements, transformés en Panthéons, de véritables succursales de l'Olympe. Il nous familiarisera peu à peu avec le beau.

Tout se tient dans la vie. Quand une fois nous avons été accoutumés au spectacle du beau, nous devenons plus exigeants; notre œil souffre de ce qui l'avait laissé jusque-là indifférent; nous ne voulons plus autour de nous de choses médiocres ou mauvaises; ce qu'il nous faut, c'est le meilleur de tout. C'est ce que personne n'a mieux compris que M. Barbedienne; aussi l'avons-nous vu combattre partout la routine et l'ignorance. Il a fait disparaître de toutes les maisons élégantes les productions insuffisantes et vieillies de l'Empire et de la Restauration, dont nous étions infectés depuis si longtemps. On a pu signaler un mouvement général de tous vers le même but. On s'est mis à l'étude partout; le musée des antiques a été visité et fouillé; l'art des Grecs et des Romains, étudié avec une rare intelligence, est mis chaque jour à contribution; la belle Renaissance italienne s'est laissé ravir ses secrets. A cette école du passé toute une génération d'hommes de talent s'est formée; les artisans sont devenus des artistes, et nous avons retrouvé dans leurs œuvres un ensemble et des détails d'ornementation qui rappellent le style élevé des grands génies du monde antique et de la Renaissance.

L'industrie du bronze ne pouvait pas être oubliée dans un pareil mouvement. Elle a été transformée. Aujourd'hui, les plus habiles et les plus illustres parmi nos sculpteurs ne croient pas déroger en façonnant de leurs mains puissantes un objet destiné à des usages vulgaires, mais auquel ils savent donner l'élégance et la distinction des formes. Ainsi faisaient jadis les plus grands maîtres de ce seizième siècle qui a renouvelé la face de l'Europe. On comprend maintenant que l'art élève et ennoblit tout ce qu'il touche. Le jour n'est pas loin, peut-être, où, dans nos maisons, comme dans celles d'Athènes et de Rome, les ustensiles les plus ordinaires se produiront sous des formes distinguées et pittoresques. Ce n'est là, si on veut, qu'une civilisation matérielle; mais c'est toujours une des formes de la civilisation. Qui, d'ailleurs, oserait dire que la contemplation du beau, partout où il se rencontre, n'est pas toujours bonne et salutaire pour les âmes?

L'exposition de Barbedienne a été vraiment merveilleuse. L'arrangement lui-même était grandiose. Imaginez une vaste construction, en poirier charbonné, noir et luisant comme l'ébène, avec des glaces gigantesques pour la fermer, et, comme fond, de grandes tentures de velours bleu sombre. Aux quatre coins se dressaient quatre grandes statues en bronze: *Auguste*, un antique, grandeur naturelle; la *Zingara*, de Clésinger; une *Cariatide porte-lumière*, style de la Renaissance, par Falguière, tenant à la main un bouquet, disposé de façon à laisser passer quatre jets de gaz; enfin, un *Esclave*, d'après Michel-Ange. Ces quatre figures nous offrent ceci de remarquable, que quelques-unes de leurs parties sont *bronzées sur or*, et d'autres, *frottées d'or*. Ces expressions sembleront nouvelles à quelques-uns de nos lecteurs, et elles correspondent, en effet, à des procédés nouveaux dans la fabrication du bronze, qu'il n'est peut-être pas hors de propos de leur expliquer.

Le *bronzé sur or* a pour but d'enlever au bronze d'art une certaine dureté dont il n'est pas toujours exempt, et de donner aux chairs des statues des tons lumineux d'une douceur singulière. La bronzure s'applique très-légèrement par-dessus la couche d'or, et sa transparence en laisse deviner l'éclat vif et fin.

Le *frotté d'or* est tout autre chose. On sait que, de sa nature, la teinte du bronze d'art est telle qu'elle absorbe la lumière, et laisse à peu près dans l'ombre certains détails qui seraient pourtant bons à voir. Grâce au *frotté d'or*, ces détails reprennent leur valeur, et, tout au moins dans ses parties saillantes, le bronze perd sa coloration monotone et un peu froide. Le ton de l'or, qui s'allie parfaitement à celui du bronze, donne, par le mélange, des effets trèsharmonieux, et tout à fait nouveaux. On en a vu un très-bel exemple dans les portes du baptistère de Florence, de Lorenzo Ghiberti, à la reproduction desquelles M. Barbedienne a si heureusement appliqué ce procédé.

L'habile industriel a aussi reproduit avec beaucoup de soin et de perfection quelques morceaux de Clésinger, qui jouissent depuis longtemps d'une réputation universelle. Clésinger est certainement un artiste inégal à lui-même; je ne sais rien de plus dissemblable parfois que deux œuvres sorties de ses mains. Mais le jour où il lui plaît d'être bon, il est excellent. M. Barbedienne a su choisir, et c'est par ses beaux côtés qu'il a voulu montrer l'artiste français aux visiteurs du *Welt-Ausstellung*. Pour notre compte, nous ne pouvons que lui en savoir gré. Malgré les incertitudes de sa manière, et les écarts qui signalent sa marche dans une carrière déjà longue et souvent orageuse, l'auteur de la *Femme piquée par un serpent* n'en restera pas moins un des artistes les plus émouvants de notre époque. Il donne au marbre et au bronze le souffle et le frémissement de la passion. La *Sapho*, debout sur le rocher de Leucade, muette et farouche, sa lyre à la main, prête à éteindre la flamme de sa vie et les feux d'un amour fatal dans les flots qui rediront à jamais son nom, est une fort belle chose, vraiment émouvante.

Je ne fais que citer en passant la *Jeanne d'Arc* de M. Chapu, si virginale, si chaste, et en même temps si puissante; le *Henri IV enfant*, du baron Bosio, chairs bronzées sur or, vêtements frottés d'or. Nulle part peut-être la ciselure n'a été traitée avec plus de délicatesse. La dentelle, percée à jour, est une merveille de souplesse et de légèreté. Un souffle l'emporterait.

M. Barbedienne, dans son exposition de Vienne, n'avait pas consacré le bronze uniquement à la reproduction des œuvres de la statuaire. Il avait, au contraire, fabriqué toutes sortes d'objets, qui, malgré leur destination utilitaire, n'en conservaient pas moins un grand caractère artistique. Je n'en voudrais citer d'autre exemple que les deux cariatides-torchères de Carrier-Belleuse, portant une corne d'abondance d'où jaillissait la gerbe lumineuse. Les deux figures étaient posées sur un socle octogone, en marbre griotte, garni de cartouches, et de guirlandes de fleurs et de fruits. Tous ces détails, heureusement combinés, formaient le plus harmonieux ensemble. Impossible d'être plus riche et plus décoratif à la fois.

Je commettrais une impardonnable injustice si, au milieu de cette exposition de Barbedienne, je ne citais point avec tous les éloges qu'elle mérite, l'œuvre d'un artiste industriel qu'il faut ranger aujourd'hui parmi les plus éminents de son groupe. M. Constant Sévin, qui me saura peut-être mauvais gré de l'avoir nommé, est un inventeur du goût le plus fin et du sentiment le plus délicat, qui serait beaucoup plus célèbre s'il était un peu moins modeste. M. Sévin a composé pour M. Barbedienne deux *brûle-parfums* d'un très-beau style et d'un aspect vraiment magnifique. Ils sont posés sur une base de marbre triangulaire, rouge antique, avec incrustations de médaillons ovoïdes en marbre noir, entourés d'un encadrement de bronze très-léger. Trois pieds de biche se dressent sur cette base et portent une gaine, dans laquelle se trouve pris un satyre, auquel on ne laisse que la liberté de lever les bras. Ce satyre tient une demi-boule en bronze, avec incrustations de marbre rouge antique de formes diverses. Cette demi-boule creuse forme le brûle-parfums. Le couvercle est en bronze frotté d'or, et il se termine par un petit bouton plat, en marbre rouge, entouré d'un cercle de bronze, fin et léger. L'art moderne a rarement produit quelque chose de plus riche, et en même temps de plus pur. L'œuvre de M. Sévin n'a rien à redouter de la comparaison qu'on en pourrait faire avec les merveilles du dix-huitième siècle.

La série des cheminées exposées par M. Barbedienne laissait bien loin derrière elle tout ce que les autres nations ont pu nous montrer en ce genre. Les deux styles qui dominaient étaient les styles Louis XVI et Renaissance. La cheminée Louis XVI, en marbre onyx translucide, d'Algérie, est regardée à bon droit comme un chef-d'œuvre. On a sculpté sur ses pilastres de jolis carquois pleins de flèches, et la frise est ornée de bas-reliefs représentant des rondes d'enfants, mollement enlacés par des guirlandes de fleurs en bronze doré, mat et moulu. Les plus habiles artistes du dix-huitième siècle n'ont jamais exécuté de ciselure plus exquise. Des bandes en émail cloisonné, de la plus souple et de la plus gracieuse inflexion, relient entre eux ces bas-reliefs. Le contre-cœur est en bronze doré et gravé.

Les appareils d'éclairage occupent une grande place dans la décoration et l'ameublement de nos demeures.

On a remarqué, et on a beaucoup admiré, l'habileté avec laquelle M. Barbedienne a su faire entrer dans ceux qu'il a exposés, si nombreux et si variés, le bronze d'art, le bronze platiné et doré, doré mat, et moulu, les cristaux fins de Baccarat, tantôt taillés à facettes, et tantôt allongés en pendeloques, mais toujours pittoresques. Ici les styles les plus divers se trouvaient représentés, depuis la Renaissance jusqu'à Louis XVI, en passant par les trois autres Louis qui séparent Henri IV de la Révolution.

Tous les visiteurs de l'Exposition de Vienne ont justement admiré une pendule Louis XVI, qui poussait jusqu'aux dernières limites du possible la perfection et le fini de la ciselure. Elle avait la forme d'une table large et basse, à quatre pieds, avec guirlandes de lilas et petits trophées, composés de couronnes de fleurs, de médaillons, de torches et de carquois. Nous tenons d'un orfévre autrichien que c'est là un des plus beaux travaux de ciselure exécutés en Europe depuis quatre-vingts ans.

Je ne parle ici que pour mémoire des émaux de M. Barbedienne. Nous les retrouverons à l'Exposition de Paris.

II

Il y a des noms qui portent avec eux leur signification. Partout où apparaît M. Christofle, on croit voir derrière lui cette grande orfévrerie argentée et dorée qu'il exploite sur une si large échelle, et que nous retrouvons aujourd'hui, tenue en si haute estime, sur tous les marchés du monde.

Mais quand la maison Christofle descend dans l'arène, quand elle veut représenter pour sa part l'industrie française dans ces grands concours des nations, elle expose des produits aussi variés par leur destination que par leurs formes et par la matière même employée à leur fabrication. Aussi toutes les Expositions, ou nationales ou universelles, deviennent pour cette maison de premier ordre une infaillible occasion de triomphes. Mais le succès l'encourage et double son ardeur. On dirait qu'au lieu d'être jamais atteint, le but s'éloigne d'elle à mesure qu'elle fait un nouveau pas vers lui,— parce que ce but s'appelle la perfection, — et que la perfection n'est pas du domaine de notre nature incomplète et faible. Il est vrai que c'est déjà un bonheur que de chercher à l'atteindre.

L'exposition de la maison Christofle se présentait à nous très-complexe et très-variée.

Elle comprenait :

L'orfévrerie argentée et dorée ;

L'orfévrerie d'argent (objets d'ameublement et objets d'art) ;

Les émaux cloisonnés ;

Les bronzes incrustés ;

La galvanoplastie en ronde bosse ;

La reproduction d'objets d'art anciens par la galvanoplastie.

Tel est donc le cercle assez vaste qu'il nous faut maintenant parcourir rapidement.

Je ne dirai qu'un mot de l'orfévrerie argentée et dorée. Tout le monde sait qu'elle se recommande par la bonté des produits, jointe à la modicité des prix. Le titre est toujours suffisamment élevé pour assurer la durée des objets de service, et les formes sont incessamment perfectionnées au point de vue de l'art et du goût. Contentons-nous d'indiquer, au courant de la plume :

Un grand surtout style Louis XIV, la *Musique* et la *Danse*, figures modelées par Mathurin Moreau, avec une grande pièce de milieu, longue de 2 mètres 50, et deux grands candélabres, aux figures dansantes ;

Un surtout Renaissance, avec figures par Klagmann, ornemaniste qui marcha jusqu'à la mort le premier en tête de son groupe. Les figures sont modelées par M. Eudes, statuaire justement estimé;

Un surtout style Louis XVI, avec figures de Mathurin Moreau ;

Un autre, style Renaissance, avec figures par Carrier-Belleuse, — celui-ci d'un fini et d'un charme d'exécution incomparables ;

Un petit *Silène*, surmoulage de Pompéi, plateau en bronze incrusté d'argent ; tous les ornements étaient figurés d'après les documents trouvés dans des fouilles récentes, — travail plein d'originalité et d'une curiosité rare.

Je veux citer encore une fontaine à rafraîchir, amphore superbe, autour de laquelle s'enroulait une branche de lierre ; le socle sur lequel on l'a posée était porté par des griffes de lion. Deux belles figures de femmes, puisant de l'eau à une fontaine, se dressaient de chaque côté. Il eût été difficile de trouver un accompagnement plus naturel pour un vase auquel on a donné cette destination. L'accord était parfait entre le but et la décoration de l'objet.

Nous n'avons parlé jusqu'ici que de l'orfévrerie argentée ou dorée, qui a pour elle le mérite fort appréciable d'une grande économie. Elle est abordable même aux demi-fortunes, tandis que l'argenterie massive est le privilège exclusif de la richesse et de l'opulence.

Nous devons signaler ici une amélioration notable dans les procédés choisis et le mode de travail.

Depuis 1815, la maison Christofle pratique l'argenterie et la dorure par la voie humide, beaucoup moins coûteuse, et aussi, — c'est le point que nous voulons noter, — beaucoup moins dangereuse pour les ouvriers que l'application par le mercure. Ce nouveau progrès lui a permis de faire descendre encore l'échelle de ses tarifs, et d'assurer ainsi une plus large diffusion de ses produits.

La véritable orfévrerie, l'orfévrerie d'argent, n'en occupait pas moins une place importante dans l'exposition de la maison Christofle à Vienne, qui représentait ainsi, dans une proportion assez exacte, sa fabrication à Paris.

Quelques-uns de ses services, — et je parle des plus beaux, — avaient été composés et dessinés par un architecte dont la science et le goût sont aujourd'hui reconnus de tout le monde, et dont le nom se retrouvera plus d'une fois sous notre plume au cours de ces études, parce qu'il a marqué de sa forte personnalité la plupart des progrès accomplis en ces vingt dernières années dans la sphère des arts industriels, — M. Charles Rossigneux.

Architecte d'un rare mérite, dessinateur ingénieux et fécond, homme d'érudition, sans que jamais le savoir ait gêné chez lui la libre spontanéité de l'imagination, M. Charles Rossigneux occupe dans notre industrie artistique une place que l'on serait malvenu à lui disputer, — car, cette fois, elle appartient au plus digne.

C'est à lui que nous devons le déjeuner et le service à thé (style grec), si fort admiré à l'Exposition de Vienne. Le plateau en bronze a reçu de merveilleuses incrustations d'or et d'argent, tandis que les assiettes et les écuelles sont exécutées au repoussé d'argent. Les diverses pièces du service à thé sont également en argent repoussé, avec des mascarons et des têtes d'animaux. M. Rossigneux, qui a profondément étudié le caractère et l'esprit des diverses époques de l'art, n'avait garde d'oublier que, du moment où il évoquait dans notre esprit le souvenir et la pensée des Grecs, il devait, à leur exemple, imposer à son invention les règles sévères de la correction élégante, de la sobriété et du goût. Aussi ce sont les mérites que les dilettantes aiment à reconnaître dans les deux services que je viens de citer.

Dans le service à café (style Louis XVI), avec plateau à deux étages, on a remarqué également les grandes pièces en argent repoussé, et les tasses et les soucoupes en émail cloisonné. Il serait difficile d'être à la fois plus riche comme ensemble, et plus pur comme détails.

Une des choses que les Viennois ont admirées davantage chez M. Christofle, c'est un service à thé en argent repoussé, décoré avec des ors de couleur. Pour sujet de ces décors, l'artiste avait choisi des feuilles de thé, de trèfle et de café, et ces beaux nénufars qui semblent paisiblement dormir sur les eaux.

Les deux figures d'argent du beau miroir qui appartient aujourd'hui au prince de Mingrélie, avaient été sculptées par Carrier-Belleuse, dont toutes les collections se disputent les œuvres, et dont la main féconde sème, sans les compter, des merveilles que le monde se dispute.

M. Christofle avait eu aussi l'heureuse idée d'envoyer à Vienne quelques-unes des magnifiques pièces d'argenterie qu'il exécute pour les concours de l'agriculture. Au premier rang des œuvres de ce genre, je cite la *Cérès victorieuse*, le *Travail et la Science*, et la belle allégorie intitulée l'*Alliance des forces*, symbolisant le *Capital* et le *Travail*, dont l'union est l'indispensable condition de la prospérité des peuples. Ces figures et ces groupes sont l'œuvre d'un artiste de réelle valeur, le regretté Gumery, statuaire plein de science et de goût, dont l'art pleure encore la perte prématurée, — car la mort a fermé ses mains pleines d'œuvres et d'espérances.

Une des spécialités les plus intéressantes et les plus brillantes de la maison Christofle, c'est l'émaillerie. Depuis quelques années, M. Christofle et M. Bouilhet, son habile collaborateur, se sont appliqués à ce genre d'industrie très-artistique avec un soin tout particulier; ils en ont fait l'objet d'une culture assidue et intelligente, et ont mérité par l'ardeur et la constance de leurs efforts le réel succès qu'ils obtiennent.

L'émaillerie, qui occupe aujourd'hui une si large place dans l'industrie artistique de la France, n'est pas une nouveauté chez nous. C'est plutôt un renouvellement. Nous lui trouvons dans le passé des titres de noblesse incontestables. L'émaillerie cloisonnée, celle que pratique aujourd'hui la maison Christofle, est née en Orient, et, depuis de longs siècles, elle y jette un radieux éclat. Les Grecs, et avant eux, les Égyptiens, ont aussi cultivé l'émail. On a même prétendu qu'au second siècle de l'ère chrétienne, on pratiquait l'émaillerie avec assez de succès dans l'ouest de l'Europe, chez les peuples qui habitaient les bords de l'Océan. Quelques musées ont la bonne fortune assez rare de posséder des spécimens de ces émaux barbares. Ils sont exécutés sur cuivre, et les pâtes de verres colorés, constitutives de l'émail, sont déposées dans des alvéoles creusées d'avance pour les recevoir. La qualité de la couleur et la complication savante des figures accusent un art assez avancé, et une incontestable habileté de main, qui rendent quelque peu suspecte, à nos yeux, l'origine qu'on a bien voulu leur attribuer.

Le procédé du cloisonnage a été introduit en Europe par les Byzantins, qui se servaient de l'or pour établir leurs cloisons. Ils apportèrent leur industrie en Allemagne dans le courant du onzième siècle, et c'est de là qu'elle se répandit un peu plus tard dans l'Europe occidentale.

Les émaux de M. Christofle se rapprochent surtout de l'émaillerie avec cloisonnage en cuivre, — celle-là même dans laquelle les Chinois ont déployé une telle perfection. Les diverses pièces exposées à Vienne par le célèbre industriel français étaient généralement de petites dimensions; mais l'exécution témoignait d'un soin extrême. C'est l'application de la maxime ancienne : *Peu de matière et beaucoup d'art!* Nous avons plus particulièrement remarqué trois vases, — émail fond rouge. — Sur ce fond puissant, l'habile ouvrier a détaché avec infiniment de grâce des fleurs de glycine, d'un bleu si pâle qu'il se rapproche du gris-perle, et des grappes de fleurs d'acacia, d'un ton doux et délicat. Rien de plus joli, de plus élégant, de plus véritablement distingué que le vase fond céladon avec paysage : une cigogne se dresse au milieu des roseaux ; un faisan fait le beau près d'une touffe d'iris, et un vol d'oiseaux-mouches bourdonne autour d'un pêcher en fleurs.

Plus de sévérité, mais non moins de mérite dans ces trois vases fond jaune, style persan, avec une garniture bronze nuancé d'or. Je commettrais une réelle injustice si je ne signalais l'auteur de ces diverses compositions, M. Reiber, qui occupe un rang vraiment distingué parmi nos ornemanistes les plus habiles.

Les incrustations de métal sur métal tiennent aujourd'hui une place importante dans notre grande industrie artistique. Il y a là un mélange de tons et de couleurs dont une main habile peut tirer le plus heureux parti. Cet emploi des métaux combinés remonte, du reste, jusqu'à la plus haute antiquité. S'il faut nous en rapporter à la description d'Homère, dont les poëmes semblent un reflet sincère de la civilisation qui les vit naître, le bouclier d'Achille admettait dans sa composition savante le cuivre, l'étain, l'or et l'argent, se faisant valoir les uns par les autres. Les orfévres romains, toujours à la piste des procédés de l'art grec, n'eurent garde de négliger ces précieuses ressources. Quelques monuments artistiques de l'époque mérovingienne, échappés par miracle à tant de causes de destruction, nous présentent aussi d'assez curieux spécimens de ce genre d'incrustation, qui occupe aujourd'hui tant de mains habiles, en Chine, en Perse et au Japon. Ces trois grandes nations ont produit de véritables merveilles. La plume est impuissante à rendre le charme de ces bronzes *nuagés* d'or, dont les plus habiles parmi nos artistes européens n'ont pas encore égalé la douceur exquise. D'autres bronzes, ceux que l'on connaît sous le nom de *bronzes-laques*, se présentent à nous avec l'apparence de cristallisations lamelleuses, avivées par une patine transparente, d'une couleur générale blonde et ambrée, qui caresse mollement le regard. Connaissez-vous rien de plus puissant comme effet que ces bronzes chinois incrustés d'or et d'argent, auxquels on mêle des malachites, des lapis-lazuli, et parfois même des pierres précieuses ? Nous avons vu, dans les pièces japonaises, la surface du métal incrusté figurant de véritables sujets, qui s'enlevaient sur le fond brun du bronze légèrement mordoré avec un tel resplendissement qu'on eût juré de l'argent poli.

Dans ce genre particulier de travail, qui est loin d'avoir dit encore son dernier mot, et auquel nous croyons qu'un bel avenir est réservé, la maison Christofle a réalisé depuis l'Exposition de 1867 de remarquables progrès. Elle a exposé à Vienne un certain nombre de bronzes incrustés tout à fait remarquables. Sa plus belle pièce était une table ronde, style Renaissance, dont le dessus est orné de cinq médaillons à figures, encadrés de rinceaux et de feuilles de laurier. Rien de plus classiquement pur que cette composition, signée du nom de M. Charles Rossigneux.

Un morceau capital encore, c'était un grand vase, d'aspect monumental, haut de 1 mètre 60, et dont le motif d'ornement est la naissance de Vénus. Une ode d'Anacréon, décrivant un ouvrage grec qui représente ce gracieux souvenir de la souriante mythologie olympienne, a inspiré l'artiste, M. Charles Reiber, architecte, et chef des ateliers de dessin et de composition de la maison Christofle. Les vagues se soulèvent sur le dos de la plaine humide, et, de la déesse au corps d'albâtre, l'onde chaste ne nous montre que ce qu'il est permis de voir. Balancée sur la mer, comme la blanche écume, quand les vents retiennent leur haleine ; étendue sur l'eau, elle repousse devant elle le flot qui cède à son sein de rose et revient sur son col délicat ; elle s'apprête à fendre une vague qui s'avance, et dans le sillon que son beau corps occupe, sereine et blanche, Cypris semble un lis parmi les violettes. Sur les dauphins qui l'accompagnent, on voit, sculptés dans l'argent, l'Amour et le Désir, qui se rient des vains espoirs des hommes. Une troupe de poissons, plongeant dans l'onde, se jouent à l'entour de la reine de Paphos, qui sourit à leurs ébats. Sur les anses du vase, et au pied de ces beaux groupes si décoratifs, on a gravé des inscriptions grecques, qui achèvent et complètent cet ensemble d'une perfection rare. Un tel vase, qu'il faut ranger parmi les plus belles productions de l'art industriel de notre âge, eût figuré avec honneur sur la table de ces festins si bien chantés par le poëte de Téos, où les convives, couchés sur leurs lits d'ivoire, ne portaient la coupe à leurs lèvres et ne chantaient leurs chansons qu'après s'être couronnés de roses.

Parmi les objets reproduits à l'aide de la galvanoplastie, et dont l'exposition de Vienne nous a présenté de si remarquables échantillons, nous citerons en première ligne un certain nombre de pièces du *trésor d'Hildesheim*, le *Milon de Crotone*, la *Primavera* et l'*Ariadne abandonnée* de M. Émile Millet ; enfin la *Porte de la sacristie de Saint-Marc* de Venise, dont l'original en bronze est de San Sovino. Cette copie, très-habilement exécutée, en reproduit les tons chauds et la belle patine avec un rare bonheur.

Nous retrouverons bientôt la maison Christofle au palais des Champs-Élysées, dans les galeries ouvertes par l'*Union centrale* à nos artistes industriels, et nous signalerons les innovations importantes qu'elle a tentées dans la voie suivie par elle avec une infatigable persistance.

III

M. Denière a marqué d'une forte empreinte l'industrie artistique contemporaine. Grâce à son activité, à son intelligence, à son goût épuré, il a pu donner des développements tout à fait inattendus à l'établissement, modeste d'abord, fondé par son père, en 1804, pour la fabrication du bronze. De 1804 à 1838, que de maisons tristement englouties dans cet abîme des révolutions qui, chez nous, menace de ne se fermer jamais! Et, cependant, grâce à une administration singulièrement habile, la maison Denière atteignait, en 1838, un si haut degré de prospérité qu'elle faisait construire une fabrique modèle comprenant toutes les branches si nombreuses et si variées de l'industrie du bronze, depuis la fonte, qui est le premier degré du travail, jusqu'à la dorure, qui le complète et l'achève.

Rendons au moins cette justice à la maison Denière, qu'elle a su pousser sa production jusqu'à ses extrêmes limites, sans jamais nuire aux bonnes conditions d'une fabrication qui demeura toujours artistique. Elle comprit de tout temps qu'il ne suffit pas de faire beaucoup, mais qu'il faut faire bien! Grâce à cette bonne renommée, — qui, dans les affaires comme dans la vie, vaut mieux que la ceinture dorée, — elle a le privilège, qu'on ne songe point à lui disputer, de fournir des bronzes artistiques à la plupart de nos grands établissements publics et privés. On la retrouve dans les hôtels, dans les ministères, dans les palais nationaux, partout, en un mot, où il faut marier le beau à l'utile. C'est que M. Denière est vraiment un artiste industriel de premier ordre.

A Vienne, comme à Paris et à Londres, la maison Denière a su garder le rang qu'elle avait conquis. Rendons lui cette justice que, pour arriver à ce résultat, elle ne marchande ni les efforts, ni les sacrifices.

Mais si le bronze a été pour elle le point initial de sa fabrication, elle a depuis singulièrement élargi le cercle de ses opérations. Aujourd'hui ce cercle est vraiment immense. Elle s'attaque, en effet, à tous les métaux; elle fait même un judicieux et brillant emploi du marbre. Peu de choses ont été plus remarquées à l'exposition de Vienne que la belle et intelligente restitution de la cheminée de la Banque de France, en marbre sarancolin et bronze doré, style Louis XIV.

L'original de cette grande pièce avait été exécuté en 1715, sur les dessins d'un homme de beaucoup de goût et d'intelligence, Robert de Cotte. La cheminée reproduite aujourd'hui par M. Denière avait été destinée tout d'abord à la galerie princière de l'hôtel de Toulouse, que l'on avait surnommée la *galerie dorée*. On sait que l'ancien hôtel de Toulouse, profondément remanié d'ailleurs, est aujourd'hui affecté au service de la Banque de France. — Cette cheminée, véritable monument de l'art français, à l'une de ses plus brillantes époques, avait été détruite pendant la révolution par des hommes qui auraient voulu anéantir tous les vestiges du passé. Mais on avait conservé le plan général, et même le dessin exact de tous les détails de cette belle œuvre, et la Banque a eu l'idée, que nous ne saurions trop approuver, d'en ordonner la restitution. Cet important travail a été confié à la maison Denière, sous la direction de M. Questel, architecte distingué et membre de l'Institut, assisté de M. Gilbert, pour la partie sculpturale. Un véritable et juste succès a couronné tant d'efforts. La cheminée de la Banque de France est aujourd'hui une des plus belles de Paris, et tous les connaisseurs, à l'exposition de Vienne, l'ont sincèrement admirée.

Tout à côté de cette cheminée, les organisateurs du *Welt-Ausstellung* avaient placé une très-belle rampe, appartenant également au style Louis XIV. Elle est en cuivre poli, de deux tons, — rouge et jaune, — et conçue dans un sentiment décoratif excellent. De chaque côté de la rampe, se dressent deux colonnes grandioses de ce marbre si richement teinté connu sous le nom de *brèche-violette*. Les colonnes sont couronnées de chapiteaux en bronze doré et supportent deux jolis bustes en marbre blanc, dont le grain doux et fin a été pétri par la main pleine de vie de Carrier-Belleuse, un de ces artistes qu'on cite sans qu'il soit besoin de les louer, parce que leur nom seul est une louange.

On a aussi beaucoup admiré deux statues de femmes, formant torchères, avec bouquet en bronze doré, d'une jolie ciselure. Elles ont été moulées sur des modèles de Clodion, et, depuis la pointe de leurs cheveux jusqu'à leur socle de marbre blanc, qu'entourent de légères guirlandes de vignes au feuillage doré, on peut dire que leur exécution est parfaite. Clodion serait content de se voir si habilement reproduit.

Tous ceux qui suivent avec quelque intérêt le mouvement de l'art industriel en France savent que, depuis un certain nombre d'années déjà, la maison Denière a exécuté les plus importants travaux qui aient été demandés chez nous à l'industrie du bronze, tels que l'*Apollon et les Muses*, qui couronnent le nouvel Opéra, et les grandes figures de Chabert portant des lanternes, qui entourent le monument et lui jettent aux flancs une ceinture de lumière, et la statue monumentale de l'ingénieur *Cordier*, commandée par la ville de Nîmes.

De tels travaux ne sont payés que par l'honneur et se soldent toujours par une perte d'argent pour le fabricant. Le moins que la critique puisse faire, c'est donc de les signaler au public.

Ces grandes œuvres n'ont, du reste, nui en rien à la production moyenne et plus fructueuse de M. Denière, et nous avons vu à Vienne des spécimens fort aimables d'une fabrication courante qui n'en garde pas moins un caractère tout à fait artistique. Tels sont, par exemple, ces beaux groupes d'après Clodion, d'une patine si réussie qu'on les prendrait non pour des copies, mais pour les originaux eux-mêmes.

Le musée de Vienne s'est rendu acquéreur de deux morceaux exquis, deux bronzes de Carrier-Belleuse, l'*Amour se confiant à l'Amitié* et une *Diane chasseresse*. Cette dernière œuvre, dans le pur sentiment de la Renaissance, est d'une facture très-distinguée.

Je dois également signaler, parmi les compositions les plus capables de donner une haute et juste idée de l'état des arts industriels en France, une garniture de cheminée en cuivre poli, style Louis XIV, pendule modèle ancien, et candélabres magnifiques; des nègres avec draperies en marbre onyx. Rien n'égale la suavité de ton et la souplesse de mouvement que l'artiste a su donner à la pierre; elle n'a rien à envier au plus beau tissu : elle flotte, elle drape, elle enveloppe, comme le plus moelleux des cachemires.

D'importants travaux accomplis, depuis le *Welt-Ausstellung*, et présentement exposés dans les galeries de l'*Union centrale*, nous permettront de suivre la fabrication de M. Denière dans sa marche ascendante, et d'en noter les principales étapes.

IV

L'Exposition de Vienne nous a mis, pour la première fois, en présence d'un maître éminent de la grande industrie artistique, qu'il serait injuste d'oublier ici, parce qu'il apporte un appoint considérable à la production des métaux, que j'appellerai volontiers les métaux artistiques par excellence : je veux dire le bronze, le cuivre et l'argent.

M. Auguste Lemaire, que nous retrouverons bientôt à l'Exposition de notre *Union centrale*, au palais parisien des Champs-Élysées, nous a paru à Vienne un des représentants les plus autorisés et les plus typiques de l'industrie artistique française.

Ses œuvres, d'un goût parfait et d'une élégance exquise, se présentaient presque toujours à nous avec des dimensions suffisamment réduites pour qu'il fût possible de les introduire dans les intérieurs même un peu rétrécis où nous enferment les architectes d'aujourd'hui.

Comprendre les besoins de son époque et les satisfaire, c'est donner une preuve d'intelligence pratique et positive, qui trouve presque toujours sa récompense immédiate dans la diffusion des produits qui savent ainsi donner satisfaction à des besoins aussi réels que légitimes.

Nous n'habitons pas tous des palais, ni même des hôtels ; hélas ! ce n'est même qu'à l'état d'exception bien rare qu'il nous est donné d'avoir une simple maison ; il nous faut le plus souvent nous contenter d'un appartement modeste jusqu'à l'exiguïté, et dans lequel se trouveraient souvent mal à l'aise les grandes œuvres monumentales où se complaisent les Denière, les Christofle et les Barbedienne.

Et cependant, si la place est petite, le goût est parfois grand, et l'on serait heureux de relever la simplicité d'une demeure bourgeoise par quelques-uns de ces objets d'art qui, selon l'expression du moraliste anglais, sont pour l'homme bien né une joie qui ne finit plus : « A thing of art is and endless joy ! »

Ces objets-là, personne plus que M. Lemaire n'excelle à les produire, en leur donnant les justes proportions qui les accommodent aux conditions particulières dans lesquelles se trouve aujourd'hui la masse des acheteurs. J'ai pu, du reste, me convaincre, par une étude attentive des objets sortis des ateliers de M. Lemaire, que la seule concession faite par lui à ce que j'appelais tout à l'heure les besoins du temps, porte uniquement sur les dimensions des objets vendus, et jamais sur leur qualité, qui reste toujours supérieure. On dirait volontiers que plus l'objet est petit, et plus M. Auguste Lemaire a tenu à lui donner le mérite d'une exécution hors ligne.

Le choix du modèle et la beauté de la matière employée, la finesse de la ciselure, tels sont les principaux mérites que nous avons remarqués dans la plupart de ses œuvres exposées à Vienne, et que nous retrouverons également à Paris.

Dans cette remarquable Exposition de Vienne, M. Auguste Lemaire a fait un usage également heureux du bronze, du cuivre et de l'argent oxydé, de manière à donner à sa vitrine un aspect décoratif des plus réjouissants. Prises isolément, ces diverses substances sont charmantes ; mais réunies, elles se font valoir les unes par les autres de la façon la plus heureuse. On dirait un tableau arrangé tout exprès pour le plaisir des yeux.

Reconnaissant l'impossibilité où nous sommes de citer tout ce qui nous a frappé dans cette exhibition recommandable à tant de titres, nous signalerons, comme ayant attiré plus particulièrement l'attention des visiteurs éclairés, une fort belle garniture Henri II, sculptée par les frères Robert, et dont le grand style est encore rehaussé par l'excellence de son exécution. Ce beau travail, complété aujourd'hui par un lustre magnifique, et des chenets dont la grande tournure architecturale ne laisse rien à souhaiter, a dû être exécuté à diverses reprises, pour satisfaire le juste désir d'un certain nombre de grands seigneurs autrichiens, qui voulurent enrichir leurs demeures féodales de ce souvenir de Chambord, — car c'est à Chambord que s'est inspiré l'artiste qui avait modelé ce merveilleux ensemble pour M. Auguste Lemaire.

Parmi les bustes en bronze, on remarqua surtout une *Vénus Victrix* d'Eugène Robert, conçue dans un bon sentiment de l'art antique. La déesse est entourée d'un essaim de petits Amours vaporeux, qui s'ébattent autour d'elle, sous prétexte de présider aux apprêts de sa toilette.

M. Auguste Lemaire avait préludé, dans son exposition de Vienne, aux remarquables travaux en argent oxydé qu'il devait faire passer sous nos yeux, dans la grande fête artistique organisée à Paris sous les auspices de l'*Union centrale*. J'en citerai seulement deux spécimens qui obtinrent l'approbation de tous les juges éclairés. Le premier était un grand vase, style Louis XV, sculpté par Morel Ladeuil, et représentant la *Danse des Willis*. Il eût été difficile de rien voir de plus élégant que ce beau vase, qui fait maintenant partie de la belle collection artistique de lord Dudley.

Je n'aurai pas moins d'éloges pour une statuette de Marie-Antoinette, aujourd'hui dans le cabinet de M. le comte de Chambord, et dont l'artiste avait rendu, avec un rare bonheur, la grâce souveraine et la royale majesté.

L'argent oxydé nous semble appelé à jouer un grand rôle dans la décoration de nos appartements.

Peut-être n'en faudrait-il point faire la note fondamentale et dominante du décor, — qui prendrait alors un aspect un peu froid, — mais en le maintenant dans son rôle d'accessoire, et en l'employant discrètement pour rehausser la tonalité un peu sombre, et parfois même attristée, du bronze employé seul, on en obtient les plus heureux effets. M. Auguste Lemaire nous l'a prouvé à l'Exposition de Vienne, et désormais nous n'aurons garde de l'oublier.

V

Parmi les artistes industriels qui s'étaient fait un point d'honneur de figurer à Vienne, j'en connais peu qui soient plus français, — je dirais volontiers plus parisiens, — que MM. Susse frères. Leur exposition se présentait à nous avec un air de gaieté qui faisait plaisir à voir. Rien n'avait été disposé avec plus de goût que ces étagères sur lesquelles se rencontraient des bronzes et des ivoires, des marbres et des terres cuites, des coupes, des pendules, des candélabres, formant un arrangement à souhait pour la joie des yeux. Est-il possible de voir rien de plus gracieux et de plus élégant que ce bronze de Houdon représentant Mme de *Pompadour en Diane*. La fantaisie de l'artiste, qui donna ainsi à la plus... aimable des marquises l'occasion d'être comparée à la plus chaste des déesses, dut paraître à ses amis une assez mordante ironie ; mais le grand style de sa coiffure, le modelé si délicieux de ses épaules, et la finesse d'attache du col qui porte si fièrement sa jolie tête, firent trouver grâce à l'artiste devant la femme. Elle lui pardonna, et, pas plus que Louis XV, dit le Bien-Aimé, le sculpteur audacieux n'eut le sort d'Actéon.

Ce buste de Mme de Pompadour n'est pas, du reste, le seul emprunt que MM. Susse aient fait à Houdon pour leur exposition de Vienne. Ils avaient également envoyé une réduction fort habilement traitée de la célèbre statue de Voltaire, — la même que l'on voit sous le péristyle intérieur de la Comédie-Française, et qui aujourd'hui, de l'avis de tous, a droit de cité parmi les chefs-d'œuvre de l'art français.

MM. Susse avaient également mis en relief un jeune sculpteur d'un grand talent, M. Grégoire, dont nous retrouverons à Paris plusieurs œuvres réellement distinguées. Je cite en première ligne l'*Enlèvement d'Hersilie par un guerrier romain*, dont la ciselure est d'une finesse excessive ; puis une délicieuse statuette en bronze argenté, coquettement montée sur un socle de marbre-onyx, la *Mignon* de Gœthe et d'Ary Scheffer, regrettant sa patrie et pleurant le pays où fleurit l'oranger.

Je ne parle pas des deux bustes très-émouvants, très-pathétiques de l'Alsace et de la Lorraine, aujourd'hui populaires, et qui méritent de l'être. Peu de visiteurs ont regardé sans émotion cette belle Lorraine, dont l'aigle à deux têtes déchire le sein mutilé.

Parmi les autres statuettes de cette exposition (car MM. Susse semblent avoir voué un culte à la statuette, cette forme de l'art si bien appropriée à nos appartements, de plus en plus mesquins et rétrécis), je citerai avec éloge celle d'*Emmanuel-Philibert*, à cheval, par Marochetti. Elle est en cuivre poli, très-décorative et, comme dit mon tapissier, *très-meublante*.

Nous avons également revu avec plaisir le *Duc de Clarence* et *Guillaume le Taciturne* du comte de Nieuwerkerke, notre ancien surintendant des beaux-arts, artiste à ses heures, et dont la vie eût peut-être été plus heureuse s'il l'avait consacrée uniquement et tout entière au culte et à la pratique des arts.

VI

M. Servant a consacré à la reproduction des chefs-d'œuvre de la statuaire beaucoup de zèle, de temps, de soin, d'intelligence et d'argent, et les résultats heureux auxquels il arrive aujourd'hui ne sont que la juste récompense de ses longs et persévérants efforts. Un grand goût préside toujours chez lui au choix des modèles, et, dans une industrie comme la sienne, c'est, on le comprend, une question capitale. Pour la masse des acheteurs, le *sujet* est beaucoup; il en est même pour lesquels je serais tenté de dire qu'il est tout.

Au premier rang des sculptures reproduites par M. Servant, et par lui exposées dans les galeries du *Welt-Ausstellung*, je dois citer la jolie *Danseuse égyptienne*, de Falguières. Tout le monde se rappelle cet agréable motif, qui fut un des succès de notre dernière exposition. On admira justement la beauté de l'ensemble et la grâce des détails, le fin modelé des épaules, la pureté du front et l'attrait du sourire. J'oserai dire que la reproduction en bronze surpasse l'original en marbre. Dans l'exécution du marbre, la main du praticien n'avait pas su éviter la lourdeur. La partie inférieure du vêtement de l'almée gênait pour nos yeux le vol de sa danse aérienne. Le bronze a su acquérir plus de légèreté, tout en laissant au personnage l'élégance de l'attitude, la souplesse du mouvement et le charme de l'expression.

Sous ce titre, *Oreste invoquant les dieux*, M. Servant exposait à Vienne un groupe très-dramatique et très-émouvant de M. Mathurin Moreau. Le *Bellérophon vainqueur de la Chimère*, l'*Œdipe et le Sphinx*, de M. Hébert, également envoyés par le fabricant français, sont des reproductions dans le pur sentiment de l'art antique, qu'on ne saurait trop louer. De pareilles œuvres contribueront certainement à répandre le goût des choses grandes, pures et sévères, et M. Servant mérite plus que nos éloges : il a droit à nos remercîments.

Je signale, sans m'arrêter, la *Cléopâtre devant César*, de M. Dumaine, dans laquelle l'artiste a merveilleusement saisi la finesse et la ruse de celle que Shakespeare appelait si bien le *petit serpent du Nil*, et une délicieuse fantaisie du même artiste, un buste de jeune fille en marbre blanc, intitulé *Rose de mai*. O mai, ô roses, pourquoi ne durez-vous pas toujours !

M. Servant ne s'était point borné, du reste, à la reproduction des statues. Il est entré franchement dans une voie plus utilitaire. Il ne se défend pas de ciseler un vase, ni une garniture de cheminée. Entre tous ses vases, nous avons distingué tout d'abord les vases grecs, en bronze vert, avec figures et ornements en bas-relief; ces ornements et ces figures se détachent avec beaucoup de douceur sur les fonds. Deux autres vases, non plus grecs, cette fois, mais Louis XVI, en marbre de deux tons, rose et bleu turquin, avec ornements d'émail, peuvent passer pour de vrais modèles d'élégance française, et le *Welt-Ausstellung* nous en a montré bien peu qui les valussent.

Parmi les garnitures de cheminée, de styles différents, mais toutes d'une fabrication très-recherchée et d'un grand fini, nous avons longtemps hésité entre celle qui appartient à l'époque de Henri II, et celle qui remonte à Louis XII. Les pendules et les candélabres, argentés et dorés, se recommandaient également par la pureté de la forme et la splendeur de la matière. Ils ont été modelés par MM. Robert frères, bien connus dans la fabrication parisienne. Une autre garniture, celle-ci japonaise, avec des applications de marbre gravé et des bronzes noirs frottés d'or, a paru d'un effet très-pittoresque et très-nouveau.

Deux jardinières, l'une chinoise, à deux faces, en onyx, avec des plaques d'émail et des cuivres jaunes et dorés, et l'autre, style Louis XVI, avec mascarons, nous ont montré jusqu'où peut aller l'art décoratif entre des mains habiles.

D'autres industriels avaient au Prater des expositions beaucoup plus considérables que celles-ci; aucune ne nous présentait un cachet supérieur de distinction et de véritable élégance.

VII

La grande industrie artistique du bronze tenait une place considérable dans la section française de l'Exposition universelle, à Vienne. Nos concurrents eux-mêmes ont bien voulu reconnaître que, sur ce terrain, la lutte n'était même pas possible avec nous. Nous avons vu quel éclat ont jeté sur notre fabrication des artistes industriels, tels que les Christofle et les Barbedienne. Nous avons dit l'influence heureuse que leurs œuvres et leurs procédés de vulgarisation avaient eue sur le goût général de leur époque; nous avons essayé de faire apprécier la révolution intelligente opérée par eux dans la décoration de nos intérieurs.

Mais il faut reconnaître dans toutes les choses humaines un *desideratum* qui ne se laisse point combler du premier coup. Il y a, dans le bien lui-même, un mieux auquel on aspire toujours, et que l'on ne réalise que rarement. L'importance des frais généraux dans les maisons dont nous avons apprécié les œuvres jusqu'ici ; la cherté toujours croissante de la main-d'œuvre, entraînant avec elle un prix de revient nécessairement élevé, tout cela s'est opposé, au moins dans une certaine mesure, à la grande diffusion des produits qui sortent de ces fabriques de premier ordre. Chez beaucoup de gens l'*angustia rei familiaris*, comme disait Dante, le malaise de la bourse, dans un pays et dans une civilisation où les dépenses obligatoires sont si nombreuses, contraint beaucoup de gens à restreindre sévèrement le budget du luxe et du superflu. Il restait donc un dernier pas à faire, et ce pas-là, c'est M. Jules Raingo qui l'a fait.

Disposant d'un outillage tout à la fois très-considérable et très-perfectionné ; ayant noué des relations avec tous les grands centres d'affaires du monde entier ; assuré, malgré les crises qui viennent de temps en temps paralyser nos affaires, de vastes et nombreux débouchés, M. Jules Raingo peut produire, et il produit en effet, dans des proportions si considérables, qu'il arrive au bon marché, tout en conservant des conditions de fabrication très-satisfaisantes. C'est là un résultat économique dont l'importance ne saurait échapper à personne ; cette importance a frappé tous ceux qui savent envisager les divers côtés d'une question, et qui ne se contentent pas d'examiner un objet d'art en lui-même, mais qui veulent en connaître toute l'histoire, en suivre les diverses péripéties, savoir d'où il vient et où il va? Ceux-là, et nous sommes du nombre, n'ont pu que se montrer satisfaits de l'exposition de M. Jules Raingo.

Avec l'espace malheureusement trop restreint qu'on avait mesuré à tout le monde d'une main sévère au palais du *Welt-Ausstellung*, l'habile fabricant parisien s'était vu dans l'impossibilité d'envoyer tous les spécimens de sa production, aussi nombreuse qu'elle est variée. Il a fallu choisir. Mais il avait bien choisi, et ses grands bronzes d'art, d'un fini remarquable, s'arrangeaient de façon à former les plus riches et les plus heureux *ensembles* avec les lampes, les candélabres, les torchères, et même certaines pendules, d'une belle tournure et d'un grand style. Peu d'industriels se sont, du reste, montrés plus éclectiques dans leur fabrication que M. Jules Raingo. En principe, il ne repousse rien. Il accueille, au contraire, tout ce qui est beau, et véritablement décoratif; tout ce qui se marie et s'harmonie de manière à donner un résultat général satisfaisant et vraiment artistique; il emploie également la porcelaine et la faïence, le bronze et l'argent, le platine et l'or. Peu de gens font un usage plus judicieux du cuivre: il sait le placer où il est bien, et il lui donne ainsi toute sa valeur. Le grain souple et poli, fin et doux de cette belle substance, se prête du reste aux combinaisons les plus diverses, tandis que ses tons rouges et jaunes donnent des effets d'opposition et de contraste d'une grande puissance. Je n'en voudrais d'autres preuves (sans parler des pendules) que les grands vases, les petites jardinières et les lustres superbes exposés à Vienne par M. Jules Raingo. Beaucoup d'entre ces beaux objets ne sont point rentrés en France, et ils ont laissé à l'étranger, qui les garde, de précieux échantillons de l'habileté de notre main-d'œuvre.

VIII

MM. Victor Paillard et Romain ont le tort de demeurer à la Bastille, quand, depuis longtemps déjà, la Bastille est prise. Ils se trouvent ainsi un peu en dehors du mouvement de la vie parisienne, nécessaire peut-être à une industrie de grand luxe comme la leur. Je sais bien qu'il y a des compensations à toutes choses, qu'en demeurant dans ces quartiers lointains on économise sur les frais généraux, et que l'on peut ainsi livrer ses produits à un prix plus modeste, bien qu'il reste encore suffisamment rémunérateur. Le public est donc bien payé de la peine que lui donne une course inaccoutumée dans ces régions qui semblent quelque peu excentriques aux habitants de la Chaussée-d'Antin, du boulevard Malesherbes et des grands faubourgs Saint-Germain et Saint-Honoré.

Les spécimens de fabrication exposés à Vienne par MM. Paillard et Romain étaient nombreux et variés; ils consistaient surtout en beaux vases de cuivre, cuivre rouge et cuivre jaune, pouvant servir à l'ornementation des intérieurs les plus riches, et entrant également, sans tapage et sans révolte, dans les maisons les plus simples. Cette application du cuivre aux besoins d'ornementation, qui sont un des traits caractéristiques de notre époque, en est encore aujourd'hui chez nous à ses premiers essais. Des travaux aussi intelligents que ceux de MM. Paillard et Romain ne pourront que hâter le développement d'une industrie récente encore, mais que le public semble accueillir avec faveur. Quand le cuivre est poli, les objets à la fabrication desquels on l'emploie ont un aspect fin, doux et vraiment agréable. Peut-être, toutefois, cette matière délicate ne sera-t-elle heureusement mise en œuvre que pour des ustensiles de forme simple, je dirai volontiers rudimentaire.

Leur entretien exige en effet un frottement continuel, auquel des formes à la fois compliquées et délicates ne résisteraient peut-être pas longtemps.

Mais l'intéressante exposition de MM. Paillard et Romain ne se bornait pas aux vases de cuivre. Elle avait des bronzes de toute espèce, de toutes formes et de toutes grandeurs, réalisant dans tous les genres les modèles les plus voisins de la perfection, comme style et comme caractère. Parfois ils avaient heureusement associé au bronze les marbres de couleur, de façon à produire des ensembles qui se recommandaient également par leur harmonie et par leur goût.

Ces honorables fabricants avaient aussi tenté des excursions heureuses dans le domaine des nations étrangères. Je n'en voudrais d'autres preuves que cette jolie table chinoise, dont l'ornementation d'émail ne craint point la comparaison avec le travail oriental, si parfait qu'il soit.

Je doute que les sultanes fument jamais le tabac blond de Latakié, dans le narghileh en verre émaillé exposé par MM. Paillard et Romain; mais il était d'un si joli ton que tout le monde eût voulu avoir cette aimable inutilité. Je lui préfère pourtant ces lustres de mosquée, également en verre émaillé, d'un très-beau style, et qui, quand ils sont une fois allumés, doivent, sous l'action des feux qui les colorent, produire un effet véritablement féerique.

IX

L'apparition du zinc dans le domaine des beaux-arts est un fait contemporain. Il n'a pas trente ans de date. Mais nous croyons pouvoir prédire à cette industrie nouvelle un sérieux avenir, pour peu qu'elle soit conduite avec habileté.

Quand on voulut tout d'abord appliquer à l'art l'industrie du zinc, on se trouva en présence de deux difficultés, que quelques-uns commencèrent par déclarer insurmontables : la couleur même de la matière employée, et l'imperfection des produits au point de vue plastique, imperfection due à la nature même du moule dont on se servait.

Il ne faut pas se le dissimuler, le zinc, si on lui laissait sa couleur naturelle, serait un métal absolument sans charme; j'ajouterai même qu'il serait incapable de rendre la finesse des formes, et de faire valoir le modelé qu'on le chargerait de reproduire.

Les industriels qui voulurent les premiers l'acclimater chez nous eurent tout de suite conscience de cette infériorité. Mais on ne trouva point le remède tout d'abord. Il fallut le chercher longtemps, à travers beaucoup de tâtonnements et d'essais. Quelques fabricants eurent alors une bien malencontreuse idée, qui eût suffi pour faire répudier à tout jamais l'emploi du zinc. Les gens de goût n'auraient pas tardé à le prendre en horreur. On couvrait les pièces fondues d'une couche de couleur, imitant le cuivre ou le bronze. Ce déguisement ne trompait personne... que ceux qui le mettaient en œuvre. Il n'était pas nécessaire de regarder à deux fois une pièce de ce genre pour s'apercevoir que l'on était en face d'un zinc badigeonné, et cette peinture, qui *prenait* généralement assez mal, avait ce résultat fâcheux d'alourdir singulièrement l'objet que l'on en avait revêtu. Cette lourdeur altérait même l'aspect général des choses reproduites. Les statues ainsi maltraitées avaient un aspect pâteux et grossier, qui soulevait chez les délicats une répulsion invincible.

Mais, vers 1850, une véritable révolution s'opéra dans l'industrie du zinc d'art. Cette révolution fut accomplie par l'application des procédés galvanoplastiques au moulage du zinc. Une seconde découverte, qui eut pour auteur M. Mourey, un industriel doublé d'un savant, lequel trouva le moyen de cuivrer, de dorer, d'argenter le bronze, apporta un élément de succès décisif à la fabrication nouvelle.

La question de moules n'a pas été l'objet d'une étude moins consciencieuse. Aux premières matrices, insuffisantes et grossières, on en a substitué d'autres, d'une perfection remarquable, et qui donnent des formes presque aussi pures que celle du bronze lui-même. Si maintenant vous réfléchissez qu'une œuvre en zinc peut être fournie au commerce avec une diminution d'au moins 60 pour 100 sur le prix que coûterait l'objet similaire en bronze, vous comprendrez, en face d'un tel résultat, l'avenir réservé à l'industrie du zinc d'art. Je ne doute point, pour mon compte, que nous ne trouvions là un moyen puissant de diffusion des belles œuvres de la sculpture, — c'est à ce titre surtout que le nouveau procédé me paraît digne d'encouragement.

La maison Blot et Drouard, qui date des premiers temps de l'industrie du zinc, s'est toujours maintenue à la tête de cette intéressante fabrication. Arrivés les premiers, MM. Blot et Drouart ont toujours gardé le premier rang. Ils sont encore aujourd'hui les rois de leur spécialité

Et par droit de conquête et par droit de naissance !...

En 1867, le jury international les plaça avant tous leurs concurrents, et leur décerna la plus importante de ses récompenses.

En 1868, le jury du Havre les honorait d'une médaille d'or.

A Vienne, où leur triomphe s'est confirmé, ils semblaient défier toutes les rivalités. Il est vrai qu'ils se recommandaient aux connaisseurs par le nombre et la variété de leurs produits, et par les excellentes conditions de leur fabrication. Ils exécutent aujourd'hui, en effet, avec le zinc, tout ce que l'on exécutait jadis avec le bronze seulement. Au point de vue de l'industrie artistique — et c'est celui qui nous intéresse davantage ici, — nous sommes heureux de pouvoir louer sans réserve le choix des sujets qu'ils livrent à la reproduction ; — l'Antiquité, la Renaissance et l'École moderne sont tour à tour mises à contribution par eux, avec le goût le plus sûr, et le choix le plus judicieux.

L'industrie du zinc d'art, à son début, faisait à Paris, où elle s'est localisée presque absolument, pour cinq cent mille francs d'affaires

qui se répartissaient entre cinq ou six maisons; elle dépasse aujour-
d'hui un chiffre de *dix millions*, que se partagent trente fabricants, employant environ douze cents ouvriers. Ajoutez à cette première somme environ *quinze autres millions* qu'entraînent les industries accessoires, mises en mouvement par celle du zinc artistique,
telles que la cristallerie, la marbrerie, la dorure, l'horlogerie, et
vous aurez une idée du rôle réservé à cette industrie récente encore,
mais à laquelle, nous le croyons fermement, l'avenir ménage un
développement considérable.

Si elle est fidèle à son programme, — si elle se montre intelligente et sévère dans le choix de ses modèles, — l'industrie du zinc
artistique s'imposera à la consommation par la force des choses.
Elle aura pour elle ce bon marché relatif qui répond à un des plus
impérieux besoins de notre époque démocratique.

Des hommes comme MM. Blot et Drouard sont plus que personne
capables de conduire à son terme cette heureuse et pacifique révolution. Ils ont l'expérience et le capital; un outillage considérable,
un choix heureux et une grande variété de modèles, et des débouchés
assez considérables pour que leurs efforts soient toujours récom-
pensés. L'avenir sera pour eux ce qu'ils voudront qu'il soit. Nous
avons pris pour point de départ leur exposition de Vienne en 1873;
nous pourrons juger de leurs progrès en étudiant leur exposition
de Paris en 1874. Dans les industries artistiques, une période d'un
an, si elle est bien employée, est un laps de temps considérable, et
qui permet de faire de grandes choses. Nous verrons si ces grandes
choses auront été faites.

X

Parmi les industries artistiques auxquelles la France se livre
aujourd'hui avec tant d'ardeur, il en est peu où elle prouve sa
supériorité d'une façon plus éclatante que dans les industries céramiques. La céramique, après s'être longtemps bornée à la production des objets de première nécessité, s'est mise, depuis quelque
temps, au service de l'art et de la fantaisie, qui payent richement son
zèle, et pour lesquels on l'a vue créer de véritables merveilles. La
céramique française a obtenu à l'Exposition de Vienne un succès de
vogue, — j'allais dire volontiers d'engouement. On ne sait pas
tout ce que nos industriels ont vendu aux collections royales, aux
galeries princières, et aux musées nationaux de l'étranger.

C'est avec un mélange d'orgueil national et de satisfaction artistique que nous avons parcouru ses différentes sections.

De toutes les formes si diverses de la céramique, celle qui, peut-
être, mérite le plus une étude spéciale de notre part, c'est la *Porcelaine dure*, celle-là même que certains auteurs n'ont pas craint

d'appeler la *poterie par excellence*; on peut dire, en tout cas, qu'elle est la plus française de toutes ; chose étrange, en effet, et que nous apprendrons peut-être à beaucoup de gens, l'Angleterre n'en produit pas une seule pièce; la Prusse et l'Autriche réunies n'en fabriquent pas pour plus de s'x millions, et la France, à elle seule, en met chaque année en circ !ation pour une somme quatre fois supérieure.

Deux caractères particuliers distinguent la porcelaine dure de toutes les autres poteries : sa pâte et sa couverte. Sa pâte est blanche et translucide ; sa couverte, résistante est inaltérable. Elle est enveloppée d'une véritable carapace d'émail, résultat de la fusion des matières feldspathiques qui entrent dans sa composition, et dont la couche uniforme se dépose sur toutes les parties de la pièce. Pour obtenir la cuisson de cette pâte et la fusion de cet émail, il faut employer la température la plus élevée que puisse produire l'industrie humaine. Veut-on se faire une juste idée de l'intensité de cette chaleur ? Si l'on jette un morceau de fer de la grosseur du poing dans un four chauffé à ce degré, il s'y liquéfie avec la même promptitude et la même facilité qu'une parcelle de cire tombant dans un foyer incandescent.

Cette fabrication présente, du reste, des difficultés de toutes sortes. C'est ainsi que, pour le modelage des pièces, tout se fait encore à la main, et que les tourneurs se servent de la vieille machine connue sous le nom de *tour à potier*. Hâtons-nous de dire que les deux grands industriels qui sont, en France, à la tête de cette fabrication, MM. Hache et Pépin-Lehalleur, sont parvenus, dans leur superbe établissement de Vierzon, à mettre ces tours en mouvement au moyen de la vapeur. Ils ont même trouvé un procédé si ingénieux que l'ouvrier peut accélérer ou ralentir le mouvement, et, s'il le faut, lui imprimer une autre direction, rien que par une légère pression de son pied sur une pédale.

Nous disions tout à l'heure que les pièces de faïence dure ne pouvaient être montées mécaniquement; il y faut, en effet, le travail de la main de l'homme, — travail intelligent, sensitif, si j'ose dire, et toujours prêt à se modifier lui-même pour faire subir à la pâte une compression savamment calculée, ménagée avec soin, nuancée en quelque sorte, plus forte dans telle partie de l'œuvre que dans telle autre, variant les épaisseurs, et calculant le retrait que la terrible action du feu va faire subir à la matière capricieuse qu'on lui confie. Le feu est un élément plein de trahisons; il est presque aussi perfide que l'eau. Il est tout à la fois l'auxiliaire obligé et le mortel ennemi du céramiste. Il ne rend jamais les choses telles qu'on les lui donne. Il allonge ici, et là il rétrécit; il fait *gondoler* une surface plane; il infléchit une ligne droite. Il faut une expérience profonde pour arriver à déjouer tant de chances mauvaises.

Il y a bien d'autres difficultés encore inhérentes à la fabrication de la porcelaine dure. Nous regardons comme une des plus grandes le degré de cuisson qu'il faut lui donner. Pendant très-longtemps on ne s'est servi que du bois, dont la chaleur est plus douce, plus régulière et plus égale. Mais le bois est un combustible dont la cherté va croissant toujours; il immobilise des capitaux considérables, parce qu'il faut toujours s'approvisionner d'avance, et, tenu en réserve près du four, il effraie l'établissement par la perpétuelle menace d'un incendie. Aussi beaucoup de fabriques aujourd'hui se résignent-elles à l'emploi de la houille. Il est vrai que, depuis 1855, on a singulièrement perfectionné ce procédé de cuisson. Mais il n'en est pas moins certain que les pièces les plus soignées et les plus fines sortent toujours des fabriques où l'on cuit au bois. MM. Hache et Pépin-Lehalleur le savent, et c'est là une des raisons qui les engagèrent à s'établir à Vierzon, tout près d'une forêt qui leur fournissait en abondance un combustible de première qualité, et à proximité du Cher, qui leur donnait des forces motrices considérables. Ils trouvaient aussi à leur porte une terre excellente pour la fabrication des cazettes, dans lesquelles on place, avant de les livrer au feu, les pièces que l'on veut cuire. Enfin, Limoges n'est pas loin, — et c'est de Limoges que l'on fait venir le kaolin, qui, de toutes les matières premières, est la plus indispensable à la fabrication de la porcelaine dure.

Nous n'avons pas craint d'entrer dans quelques détails à propos de cette fabrique si importante de Vierzon, parce que c'est elle qui représentait à l'Exposition de Vienne notre industrie nationale de la porcelaine dure; parce que c'est elle qui en produit toujours les quantités les plus considérables; parce que c'est elle, enfin, qui nous en offre les types les plus beaux.

Vierzon a travaillé longtemps pour l'étranger. Peu de maisons ont exporté davantage. Les mérites solides de ses produits, leur bon marché, joint à une qualité excellente, mettaient cette fabrique à même de faire une concurrence fructueuse à la faïence anglaise sur tous les marchés du monde. Il y a même des pays où la marque française est assurée aujourd'hui d'une préférence qu'on ne saurait lui enlever.

C'est surtout dans les deux Amériques que MM. Hache et Pépin-Lehalleur ont su créer des débouchés considérables à leurs produits. On les retrouve dans tous les grands établissements, et ils ont ainsi travaillé à la création d'une branche nouvelle de l'activité et de la richesse nationales.

Mais, il faut bien en convenir, les produits destinés à l'exportation ont toujours un caractère quelque peu mercantile. Ils tiennent moins de l'art que de l'industrie. Quand on veut faire de l'art pur, c'est surtout à la France, c'est presque uniquement à Paris que l'on s'adresse.

MM. Hache et Pépin-Lehalleur le savent bien. Aussi, opèrent-ils, pour ainsi parler, en partie double. A côté de leur grande fabrication commerciale, ils en ont une autre, moins considérable, mais non moins intéressante, consacrée exclusivement aux services de luxe, aux grandes pièces montées, aux morceaux exceptionnels. Ce sont ces œuvres-là qui attiraient principalement l'attention des visiteurs, et qui firent à Vienne le succès de la fabrique française. Ce sont les artistes parisiens, habiles entre tous, qui ont exécuté presque tous les décors de ces spécimens choisis.

Mais le décor n'en était pas le seul mérite remarquable. Il en faut louer également la forme, d'une originalité pleine de goût, d'une distinction parfaite, et obtenue parfois grâce à un tour de main d'une habileté prodigieuse. Je ne puis expliquer ces choses à distance, car je ne serais compris que des seuls initiés, et ce n'est pas pour eux que j'écris. Qu'il me suffise de dire que telle inflexion gracieuse qui vous séduit ; telle courbe mollement assouplie qui vous charme, sans que vous puissiez dire précisément pourquoi, est le résultat d'une minutieuse et patiente étude, et n'a été parfois obtenue qu'après vingt essais. Je ne parle pas de la finesse et de la beauté exceptionnelle des pâtes. J'ai tenu entre mes mains des tasses diaphanes et légères comme des coquilles d'œuf, et sur lesquelles une main ingénieuse et délicate avait jeté des insectes et des fleurs d'une suavité de teinte et d'une élégance de mouvement incomparables : Sèvres même en eût été jaloux !

Vierzon, du reste, avait tenu à honneur de se faire représenter à Vienne par les échantillons les plus variés de sa belle fabrication. On voyait donc, au Prater, à côté de quelques pièces hors ligne, de certaines coupes très-décoratives et du plus beau style, et de quelques vases d'un aspect grandiose, des spécimens fort intéressants de la fabrication courante et commerciale de cette importante maison ; de celle qui constitue le fond même de ses affaires; de ces beaux services de table, d'une pâte si homogène et si résistante, si brillante et si solide, d'un décor tantôt riche et tantôt simple, mais toujours élégant. C'est là le vrai Vierzon, celui qui s'est répandu de la France sur l'Europe, et de l'Europe dans les deux Amériques, où il est aujourd'hui aussi recherché que chez nous.

Grâce à d'incessantes investigations, et à d'infatigables travaux, Vierzon a fait faire de remarquables progrès à ce que j'appellerai volontiers la chimie céramique. Sa riche palette possède aujourd'hui à peu près toutes les couleurs, — même le noir, si rarement obtenu de nos fabricants, — et il est parvenu à incorporer le décor à la pâte avec une fixité si puissante, que ses moindres pièces deviennent indémarquables. C'est là certainement un avantage fort appréciable, et qui fait donner la préférence aux services de Vierzon dans les grands établissements publics, qui sont heureux d'avoir ce moyen presque infaillible de rendre le vol impuissant, et de décourager la cupidité malhonnête; car la marque du propriétaire suit partout l'objet détourné, et l'acheteur de seconde main et de probité douteuse ne peut plus exciper de sa bonne foi. Ce résultat important a été fort remarqué, et il devait l'être. L'exposition de la porcelaine dure de Vierzon, si habilement organisée par MM. Hache et Pépin-Lehalleur a été un des succès de la France dans le grand concours universel de Vienne. Nous sommes heureux de le signaler ici.

XI

La *Faïence fine* est une autre variété de la céramique.

On a inventé des noms bien divers pour les appliquer à une seule et même chose. Les termes de porcelaine opaque, de cailloutage, de litho-cérame, de granit, ou de Chine, s'appliquent tous également en France aux différentes variétés d'une poterie à laquelle conviendrait bien davantage l'appellation générique de faïence fine. On dirait, d'ailleurs, qu'il est de la nature de ce produit de se présenter à nous sous une variété infinie de dénominations. C'est ainsi que les Anglais, qui s'appliquent depuis longtemps à sa fabrication, et qui l'ont poussée fort loin, l'appellent indifféremment : *earthen ware, flint-ware, iron-stone, wedgwood, white-glaze, white-granit, cream colour, pearl-glaze*. Les Allemands n'ont pas voulu rester en arrière dans cette prodigalité de nomenclatures : ils ont le *steingut*, le *hart steingut*, le *feinfaïence*, et le *weissgranit*, qui, en somme, ne sont pas autre chose que la faïence fine, à laquelle ils donnent tous ces noms. C'est cette même faïence que les Suédois désignent sous le nom de *porslin-aokta* (fausse porcelaine); les Italiens sous celui de *terraglia*; les Espagnols de *loza-fina*; les Portugais de *louça vidrala*.

Cette faïence, que nous avons, nous autres, appelée *faïence fine*, est reconnaissable à sa pâte blanche, ou légèrement jaunâtre, à sa couleur transparente, laissant voir la pâte qu'elle recouvre, tandis que la faïence commune est rendue opaque par l'oxyde d'étain, et que son émail laiteux cache la coloration de la matière qui lui sert de base. Cette couverte est d'ailleurs d'une grande dureté, et ne se laisse entamer par l'acier que sous l'action d'une pression considérable. La faïence fine diffère de la porcelaine en ce que sa pâte est opaque et non translucide, poreuse et non vitrifiée. Elle ne forme pas non plus une union intime avec sa couverte, ainsi qu'on peut l'observer dans la porcelaine véritable.

La faïence fine est certainement un des produits céramiques les plus importants de l'Europe, sous le rapport du nombre et de la valeur des objets fabriqués. Cette valeur, en temps normal, se chiffre par un total de quatre-vingts millions par an. La faïence commune, que fabriquent tous les peuples civilisés, et les terres cuites, destinées aux constructions architecturales, peuvent seules atteindre une somme supérieure.

La faïence fine dont il s'agit ici, et qui appartient au commerce, est un produit absolument moderne. C'est l'Angleterre qui l'a inventée, dans le cours du dernier siècle. Nous n'en avons tenté l'imitation en France qu'en 1823.

Il est vrai que, dans le domaine de l'art pur, la faïence fine avait déjà fait de brillantes mais trop rapides apparitions. Ces belles poteries, admirées et enviées aujourd'hui de tout le monde, sous le nom de *faïences d'Henri II*, ne sont pas autre chose que de la faïence fine à couverte transparente, semblable — à part le mérite artistique — à la faïence que l'Angleterre mit en circulation chez elle et chez nous, il y a environ quatre-vingts ans. Ce fut seulement pendant quelques années, au milieu du seizième siècle, que le Poitou vit prospérer la fabrication de ces merveilleux produits, nés de la collaboration d'une femme de goût et d'un chimiste distingué, — qu'aucun céramiste n'a égalés depuis. Mais, tout à coup, ces fourneaux magiques s'éteignirent, et les artistes d'Oiron furent sans enfants comme ils avaient été sans ancêtres. Ils n'ont laissé d'autre trace de leur brillant passage qu'une soixantaine de pièces (on en a catalogué cinquante-sept) qui atteignent dans les ventes, quand elles y paraissent, des prix véritablement fabuleux. Gardées aujourd'hui avec un soin jaloux dans les plus aristocratiques collections du monde, elles semblent dérobées pour toujours à l'avidité de la spéculation. Sir Lionel de Rothschild, chef de la grande maison de banque de Londres, est celui de tous les amateurs contemporains qui en possède le plus grand nombre.

La faïence fine, celle qui est aujourd'hui en circulation et en usage dans toutes les maisons élégantes, a eu pour inventeurs — ou *réinventeurs* — deux industriels anglais — Ahsbury et Wedgwood;— et comme l'Angleterre a toujours un culte de reconnaissance pour ceux qui la servent, ces deux noms sont entourés aujourd'hui d'une juste considération.

Un mot sur la découverte de ces grands industriels.

Dès l'année 1730, Ahsbury avait trouvé le moyen d'éteindre la coloration ocreuse de l'argile plastique, en y ajoutant du silex blanchi par la calcination. Trente-trois ans plus tard, Wedgwood fécondait cette découverte, déjà si précieuse, en remplaçant le vernis plombeux d'Ashbury par des glaçures assez semblables à celles que nous remarquons chez nous dans cette forme particulière de la céramique que nous appelons la terre de pipe.

Wedgwood était un modeleur habile et un chimiste de premier ordre. Entre ses mains ingénieuses, la faïence fine accomplit de rapides progrès. Il fonda, sous le nom symbolique d'ÉTRURIA, en souvenir des potiers étrusques, toute une colonie d'artistes et d'ouvriers, auxiliaires dévoués et infatigables de son œuvre, et il mit sa patrie en possession de méthodes scientifiques d'une précision absolue et rigoureuse, à l'aide desquelles, en quelques années, l'Angleterre put couvrir le monde entier des produits de sa main-d'œuvre puissante.

Cette belle et fructueuse industrie fut introduite chez nous par M. de Saint-Amand, intelligence ouverte et vive, amie des nouveautés, à la piste de tous les progrès. M. de Saint-Amand avait apprécié les éminentes qualités du produit anglais, et il voulait en doter sa patrie.

Ce ne fut point chose aussi aisée qu'on serait tenté de le croire. Les débuts de l'entreprise furent, au contraire, assez pénibles. Cependant, après trois années de tentatives et d'efforts, encouragés et secondés par l'illustre chimiste Brongniart, à ce moment directeur de la manufacture royale de Sèvres, M. de Saint-Amand obtint de tels résultats que les sociétés savantes, dont on avait provoqué le jugement, proclamèrent hautement l'excellence de ses produits. On pouvait considérer le problème de la fabrication de la faïence fine en France comme définitivement résolu.

Moins d'un an après, un certain nombre de manufactures françaises de terres de pipe abordèrent hardiment la fabrication de la faïence fine, qui devait, par la suite, devenir une des gloires de notre industrie artistique. Mais il ne fallut pas moins de trente années de luttes incessantes pour arriver à cette production, à la fois élégante et solide, et d'un prix de revient assez modique pour que l'on pût tenter de faire concurrence à l'Angleterre sur tous les marchés du monde. Aujourd'hui cette concurrence est instituée, je ne dirai pas seulement dans des conditions satisfaisantes d'égalité, mais de telle façon que très-souvent la supériorité reste à la France. On peut bien parfois adresser encore quelques reproches à notre pâte, mais la variété, la fécondité, l'élégance, la belle tournure et le style de notre décor ne rencontrent que des approbations et des éloges.

Du reste, nos fabricants n'ont pas à lutter seulement contre l'Angleterre : la Prusse, la Belgique, la Suède, la Hollande ont à présent des manufactures importantes, qui apportent des produits excellents sur les marchés des deux mondes.

Par suite d'une double et heureuse révolution, la faïence fine a vu en même temps son prix s'abaisser dans une proportion notable, et sa qualité s'améliorer considérablement.

On sait que l'argile plastique est le principal élément de la pâte de faïence fine ; c'est même cette argile qui permet, par sa facilité de travail, le façonnage rapide des diverses pièces. Mais l'argile ne cuit pas toujours blanche, et il faut parer à cet inconvénient en y ajoutant du silex finement broyé, pour la dégraisser et la blanchir, et parfois aussi du kaolin et du feldspath. La pièce façonnée est passée au four une première fois. Cette première cuisson en fait ce que l'on appelle le *biscuit*. S'il s'agit d'obtenir un produit en blanc, on immerge la pièce dans une substance fusible, qui s'attache à elle comme une couverte, et que l'on vitrifie par une deuxième mise au four. La pièce est alors cuite en émail. Si, au contraire, on veut avoir des pièces décorées par impression, on pose d'abord sur le biscuit, à l'aide d'une feuille de papier tirée en taille douce, la gravure que l'on veut reproduire ; par un lavage à l'eau, on enlève le papier, on passe la pièce au feu de moufle, afin de volatiliser les essences qui ont servi à délayer les couleurs ; on met en couverte, et on donne une nouvelle cuisson.

On voit combien sont délicates et nombreuses les opérations que doit subir une pièce de faïence fine, pour passer de l'état de terre brute à l'état de produit manufacturé. Toutes ces opérations sont indispensables.

La production de la faïence fine en France occupe en ce moment six grandes manufactures et une vingtaine de petites fabriques disséminées dans les diverses parties du territoire. Manufactures et fabriques occupent environ huit mille ouvriers.

La plus brillante représentation de la faïence fine française à Vienne, nous la devons à la manufacture de Gien, dirigée avec une habileté supérieure par MM. Geoffroy, Guérin et Gondouin.

Située dans le département du Loiret, c'est-à-dire au centre même de la France, en communication constante et facile avec toutes nos provinces, la manufacture de Gien devait prendre, et elle a pris, en effet, une part importante à la production de la faïence fine. Aucune n'a contribué d'une façon plus marquée au développement et à la marche de cette partie de notre industrie nationale.

Par la beauté de ses produits, par le bon marché, nécessaire à leur vulgarisation, qu'elle a pu réaliser, par le nombre et la variété des genres essayés, et toujours réussis, cette grande usine se révèle à nous comme une maison de premier ordre. Nous dirons, non sans quelque orgueil, que nous avons été le premier, en 1867, à signaler au public les précieuses qualités d'une fabrication alors peu connue, mais dont il n'était vraiment pas difficile de prévoir le succès. Aujourd'hui la réputation de la fabrique de Gien est universelle. On trouve ses beaux services dans les palais des souverains, dans les châteaux de l'aristocratie, et dans l'intérieur plus modeste de l'homme de goût, qui sait choisir les objets dont il s'entoure.

Mais la manufacture de Gien a obtenu à Vienne un autre genre de succès dont elle doit être singulièrement flattée. Elle compte au nombre de ses acquéreurs presque tous les musées de l'Europe. Nuremberg et Berlin, Édimbourg et Moscou, Pesth et Pétersbourg ont voulu s'offrir quelques échantillons de cette céramique élégante.

La fabrique de Gien, qui a étudié les maîtres anciens avec beaucoup de soin, reproduit tour à tour dans son décor éclectique Rouen, Moustiers, Delft, Strasbourg, Nevers, Marseille, et les principales écoles d'Italie.

Les imitations de Rouen qui, dans les premières années, avaient laissé quelque peu à désirer, sont maintenant bien près de la perfection.

Nous avons remarqué à Vienne des plats et des assiettes poly-chromes d'une intensité et d'une valeur de ton tout à fait dignes d'éloges. Une aiguière, forme casque, avec la vasque qui la supporte, imitation du grand style Louis XIV, nous a paru tout à fait réussie, et je ne m'étonne point qu'un homme de goût comme l'archiduc Louis-Victor, frère de S. M. l'empereur François-Joseph, ait voulu conserver ce joli souvenir de l'exposition française dans son pays.

Nous signalerons encore une autre aiguière, posée sur son pla-teau, peinture italienne, rehaussée d'or, et à personnages. Cette pièce splendide, d'une irréprochable exécution, a été jugée digne de figurer au musée de Saint-Pétersbourg.

L'attention était également attirée par deux morceaux gigan-tesques, dont la difficile cuisson a été réussie de tous points, et qui étaient vraiment des choses d'un mérite tout à fait exceptionnel. Je veux parler de deux vases destinés à occuper le centre d'une vaste erre, ou d'un salon aux majestueuses proportions : chacun d'eux s'élevait au milieu de quatre jardinières du même style, et ils for-maient un ensemble décoratif du plus bel effet.

Je ne signale que pour mention une foule d'objets de moindre importance, mais d'une exécution très-remarquable : plaques décora-tives pour suspendre aux murs ; petites lanternes de vestibule ou de salle à manger ; coupes et vide-poches, pour tables et cheminées ; enfin mille fantaisies pour orner les étagères d'un boudoir, ou les bahuts d'un cabinet, sans compter les services de table de tous les styles, dont quelques-uns, surtout les camaïeux bleus, genre Mous-tiers, nous ont paru tout particulièrement réussis.

Aujourd'hui les maîtres de Gien n'ont plus qu'à suivre une route aplanie et facile. Tout leur est aisé : ils ont touché le but, et il ne leur reste plus qu'à s'y maintenir. Pour peu qu'ils soient modestes, je les défie de ne pas avouer que le succès dépasse leurs espérances. Le mérite de leurs œuvres est apprécié partout. On leur sait gré de tous leurs efforts. On les remercie d'avoir propagé les enseignements utiles, en vulgarisant chez nous par des imitations heureuses les plus beaux modèles de la céramique des grandes époques. Il est bon de répandre parmi les masses l'amour du beau dans les formes et dans les cou-leurs, et de donner un aspect élégant aux objets qu'un usage néces-saire met constamment entre nos mains : C'est une façon comme une autre, — je dirai même meilleure qu'une autre, — de travailler à l'éducation d'un peuple. Tous les moyens sont bons pour faire la guerre au trivial et au commun, pour chasser le mauvais goût.

Appliquer, dans la mesure du possible, les règles du beau à la production de l'utile, c'est le principe qui doit guider les industriels jaloux de mériter le nom d'artistes. L'Exposition de Vienne nous a prouvé que les directeurs de Gien, n'avaient pas une autre façon d comprendre leur devoir.

XII

La *faïence d'ornement* tient aujourd'hui une très-large place dans
la décoration de nos maisons. On l'emploie également à l'intérieur
et à l'extérieur. Les architectes, bien qu'ils aient en général assez
peu d'initiative, et qu'ils soient presque toujours au dessous de leur
mission, les architectes, cependant, commencent à comprendre tout
le parti qu'ils peuvent tirer de cette belle production, et nous en connaissons qui revêtent avec beaucoup de bonheur et d'habileté la
façade de leurs édifices de plaques, de panneaux, de frises et de cor-
niches en faïences polychromes, très-propres à charmer le regard.
Quelques-uns parent nos salles de bains, nos vestibules, nos cabi-
nets de toilette ou nos salles à manger de carrelages anglais, orientaux, portugais, hispano-arabes. Parfois, au contraire, ne confiant
qu'à nous-mêmes le soin de cette partie élégante de notre décoration intérieure, nous plaçons çà et là sur nos cheminées, sur nos
tables, sur nos crédences et nos étagères, des coupes, des buires,
des vasques ou des statuettes. Plus souvent encore, nous sus-
pendons sur nos tentures des plaques émaillées, dont les belles
couleurs relèvent un fond trop mat ou trop uni. Ceci est devenu, à
Paris, d'un usage presque universel, et comme la province est naturellement imitatrice, elle se jette aussi dans cette voie nouvelle. On
collectionne aujourd'hui partout, et pour une pièce de quelque valeur,
on peut être certain qu'il se présentera cent amateurs enthousiastes.

Mais, en France, un succès, dans quelque branche de l'art ou de
l'industrie qu'il se produise, engendre tout aussitôt la contrefaçon.

Ce goût de la faïence, arrivé si vite à ses limites extrêmes, qui,
chez tant de collectionneurs, esclaves d'un caprice ou d'une manie,
n'était ni éclairé par le savoir, ni vivifié par le goût, a excité un
certain nombre d'industriels, plus habiles que délicats, à fabriquer
des produits si avidement recherchés et payés si libéralement. On
s'est mis à *faire du vieux*, et l'on a vu que c'était là une profession
assez lucrative. Aujourd'hui, hélas! une foule d'honnêtes gens,
absolument incapables de distinguer le vrai du faux, et un original
d'une copie, remplissent leurs maisons d'objets battant neufs, sortis
de deux ou trois officines, — dont il ne nous serait pas impossible de
donner l'adresse — et ils y tiennent d'autant plus qu'ils les ont
payés cinq ou six fois leur valeur.

Ces supercheries, trop fréquentes aujourd'hui chez nous, où la
bonne foi n'est plus comme jadis l'âme du commerce, ont quelque
peu détourné de la faïence ancienne des gens sincères avec eux-
mêmes, et qui se sentent incapables à eux tout seuls de distinguer
le morceau authentique de son imitation. Ceux-là préfèrent, et à
mon sens ils ont cent fois raison, s'adresser franchement à des

fabricants honnêtes, qui ne prétendent pas leur donner du vieux, mais qui vendent loyalement du neuf pour du neuf, en se déclarant bien haut les auteurs de ce que vous venez chercher chez eux.

Nous devons reconnaître que, parmi ces modernes consciencieux, il en est quatre ou cinq d'une rare habileté de main, d'un sentiment décoratif très-réel, et d'un goût parfait. Leurs produits sont déjà fort recherchés des amateurs, qui ne se cantonnent pas exclusivement dans l'art ancien, et nous ne mettons point en doute qu'ils ne soient payés un jour au poids de l'or, par les collectionneurs de l'avenir. Le *neuf* n'est-il pas destiné à devenir le *vieux* à son tour?

Quand il a été bien prouvé que la faïence et la terre vernissée étaient revenues en honneur, la préoccupation première des artistes a été de reproduire les maîtres du quinzième et du seizième siècle. Les faïences de Bernard Palissy, celles des potiers d'Urbino furent d'abord le point de mire de toutes les recherches. Ces recherches furent heureuses, et le commerce reçut une série d'imitations fort réussies des produits de ces grandes et glorieuses époques de la faïence. Un peu plus tard, les faïenciers devinrent éclectiques comme nos philosophes, et ce furent tour à tour tous les styles, toutes les écoles, tous les pays et tous les siècles qu'ils voulurent imiter.

Leur tort le plus réel, avec une exécution qui déjà ne laissait presque plus rien à désirer, c'était de se contenter d'une imitation, quand déjà ils étaient capables de produire des œuvres personnelles. Ils eurent du moins la bonne fortune de le comprendre à temps, et de ne plus consulter ces anciens, qui avaient certainement mérité d'être d'abord leurs maîtres, que pour s'inspirer de leurs exemples, mais non pour les copier. Tout en nous donnant des œuvres dans lesquelles on reconnaissait l'étude consciencieuse et profonde des grands modèles, ils nous prouvaient que la personnalité déjà puissante de ceux qui méritent de devenir des modèles à leur tour s'accusait fortement chez eux. Déjà des artistes d'un incontestable talent, les Deck, les Collino, les Ulysse de Blois, les Parville, les Pull, les Houry, les Gallé-Reinemer, et bien d'autres, qu'il serait trop long de citer ici, s'emparaient de la faveur du public, et ne devaient plus la perdre.

La céramique moderne était désormais créée en France.

Cette spécialité déjà si brillante de nos arts industriels a été représentée à Vienne avec un grand éclat. Aucun genre de succès n'a manqué à nos maîtres céramistes; la foule assiégeait incessamment leurs beaux étalages, et ils voyaient les rois, les empereurs, les princes et les millionnaires se disputer leurs moindres produits. Les possesseurs des plus célèbres collections, les directeurs des plus beaux musées du monde ont voulu avoir des échantillons de leur art, et ceux qui, parmi les nations étrangères, se posent comme leurs concurrents, s'efforçaient de surprendre le secret de leur fabrication. La contrefaçon est encore un hommage.

XIII

M. Théodore Deck est certainement, parmi nos artistes industriels, un de ceux qui méritent le plus leur succès. Ses œuvres se distinguent surtout par deux grands mérites, la nouveauté et l'élégance. Deck est un créateur. Original au premier chef, il veut que tout ce qui sort de chez lui porte le cachet de sa fabrication, et, pour ainsi parler, la marque de sa main. Ses qualités d'art sont parfaites, et si, dans le but louable de ne décourager personne, nous ne prétendons point qu'il soit impossible de lutter avec lui, nous croyons du moins qu'il serait bien difficile de l'égaler.

Partout où il expose, ses belles faïences, d'une pâte si homogène, d'un émail si pur et si brillant, d'une décoration si éclatante, attirent les regards de la foule, tandis que le mérite particulier de leur exécution, la richesse des formes, l'originalité du décor, la valeur de l'émail au grand feu retiennent, captivent et charment les amateurs instruits.

M. Théodore Deck, qui marquera dans l'histoire des arts industriels à notre époque, fut l'élève d'un céramiste de Strasbourg, qui a peuplé de ses beaux poêles, historiés et coloriés, les plus riches maisons de l'est de la France, de l'ouest et du nord de l'Allemagne. C'est chez lui que Deck a pris tout d'abord le goût de la chimie, dont plus tard il a poussé l'étude assez loin, en donnant toujours une direction pratique à ses investigations et à ses efforts. Il porte sur le front tous les indices d'une volonté tenace et ferme, et nous n'étonnerons point les adeptes de Gall, de Spurzheim et de Lavater, en leur disant que rien n'a pu détourner de son but, poursuivi depuis tant d'années, cet infatigable et obstiné travailleur, qui ne se laisse arrêter par rien ni décourager par personne.

A force d'y penser toujours, Théodore Deck a fini par trouver le secret de ces inimitables colorations et de ces émaux d'un éclat si étrange. Au point de vue de l'exécution purement matérielle, on peut dire qu'il touche aux limites de la perfection.

Éclectique et voyageur, il appartient à toutes les époques et à tous les pays. Comme les Persans, il a des palmes et des fleurs; il a des monstres chimériques comme les Chinois et les Japonais; il a des vases aux lignes pures, comme s'il en eût emprunté le modèle aux plus belles époques de l'art grec; il a des personnages d'une tournure si fière et si superbe qu'on les croirait descendus de quelque cadre de la plus belle Renaissance italienne : mais il est aussi de son temps, et il sait ce qui convient à ses compatriotes et à ses contemporains ; il fait donc une large place dans son œuvre aux tableaux de genre, auxquels, en ce moment, qu'on le veuille ou qu'on ne le veuille pas, la vogue appartient. On eût pu se faire une galerie rien qu'avec les plaques à sujets exposées dans les galeries de Vienne, et signées des noms distingués de MM. Anker, Colin, Gluck, Hirsh, Legrain, Julien, Reiber, et de M⁼ᵉ Escalier, non moins habile qu'eux tous, et dont l'ingénieux pinceau fait éclore sur l'émail des fleurs qu'aucun hiver ne fanera.

La pièce principale de l'exposition de Théodore Deck était vraiment hors de pair. Son importance en faisait un morceau capital. C'était une magnifique jardinière, de proportions grandioses, et d'un effet décoratif extrêmement remarquable. Sa forme était quelque peu insolite et commandait tout d'abord l'attention. C'était une sorte de grande caisse, appliquée à la muraille, et supportée par quatre pieds carrés, robustes et massifs, puissamment établis, assez semblables à ceux que l'on remarque dans certains meubles de la Renaissance, et qui semblent tenir de l'architecture, plus encore que de l'ébénisterie. Au-dessus et au-dessous de la jardinière, de grandes plaques polychromes s'adaptaient à la muraille, et lui faisaient comme un revêtement superbe, dont la caisse se détachait, et par le relief de sa forme, et par l'éclat de son émail. Les pieds massifs, dont je parlais tout à l'heure, et qui portaient la caisse, s'appuyaient sur une charmante mosaïque, qui formait, pour ainsi parler, la base de la construction, et qui complétait cet ensemble dont la perfection n'échappe à personne.

Tout à l'entour de cette grande œuvre, Théodore Deck avait disposé une foule de jolies choses, d'une fantaisie ingénieuse et d'une exécution supérieure encore. C'étaient tantôt de belles têtes de femmes d'un galbe pur et fin; tantôt, des gerbes de fleurs et des moissons de fruits qu'on eût voulu emporter; puis des vols d'oiseaux sans pareils, qui traversaient un ciel d'azur pâle, en secouant leurs ailes étincelantes.

Parmi des fantaisies d'un autre ordre, je demande à citer deux porte-bouquets vraiment exquis, dessinés par M. Émile Reiber. La pâte, légèrement gravée à la pointe, était revêtue d'émaux ombrants du plus charmant effet. L'Exposition de Vienne ne nous offrait aucune pièce analogue à cette création si originale.

XIV

M. Jules Houry tenait bien sa place dans cette glorieuse pléiade de nos artistes industriels. Outre de très-jolies œuvres, fort intéressantes en elles-mêmes, ingénieusement conçues et bien habilement exécutées, M. Houry nous montrait de belles applications de la céramique à toutes les destinations utilitaires que nous aimons à lui donner aujourd'hui. C'est là une sorte de travail auquel il excelle entre tous. Il marie la faïence avec une égale facilité au bois et au métal, à l'ébène et au cuivre, au bronze et au bambou. L'accord entre les deux choses est toujours si parfait chez lui, qu'elles semblent avoir été créées l'une pour l'autre. La céramique est toujours entre ses mains ce qu'il veut qu'elle soit; tantôt le principal et tantôt l'accessoire. Grâce à ces appropriations, qui sont toujours les plus heureuses qui se puissent souhaiter, il en fait des coupes et des jardinières; des seaux et des corbeilles; des tables et des guéridons; des étagères et des tabourets.

Aidé de son frère Charles, qui lui prête un concours aussi intelligent qu'il est dévoué, M. Jules Houry peut être regardé comme le créateur d'une spécialité aujourd'hui fort bien acclimatée chez nous. L'Exposition de 1867 l'avait poussé fort avant dans la faveur du public français. Londres, en 1871 et en 1872; Vienne, en 1873, achèvent de nous révéler les grands progrès qu'il a su accomplir dans sa fabrication.

On remarquait surtout à l'exposition du Prater de très-beaux vases carrés, avec figures en relief, dans le style de la Renaissance, et de grandes plaques bleues, obtenues à l'aide de procédés nouveaux, et dont l'effet décoratif était tout à fait surprenant.

L'application que fait M. Jules Houry des plaques de faïence sur meubles nous prouve tout le parti que l'on pourra tirer un jour de la céramique pour la décoration de nos intérieurs.

Parmi les meubles dont la composition savante m'a frappé, je citerai tout d'abord un bahut en bois noir mat, dont la porte était décorée d'une figure représentant la Céramique, à laquelle M. Charles Houry a su donner une coloration singulièrement vigoureuse; un grand guéridon avec plateau en faïence, dans le style le plus pur de la Renaissance, montures en cuivre poli, de l'effet d'ensemble le plus harmonieux et le plus doux; des appliques pour lumières, avec faïence en relief, ton sur ton, dont l'arrangement révélait le goût le plus sûr. Tout cela, du reste, se présentait à nous avec calme, distinction et sobriété, sans que jamais l'accessoire cherchât à l'emporter sur le principal.

Cette grande chose que l'on appelle le goût français marque de son empreinte les moindres créations de M. Jules Houry. Placé aujourd'hui à la tête d'un atelier considérable de fabrication, ce chef d'une maison importante ne cherche point à usurper la juste part de gloire, ou, si le mot semble trop ambitieux, de renommée, qui appartient à ses collaborateurs, et il s'empresse de les signaler lui-même à l'attention du public et à la reconnaissance des amateurs. Ceci est un bon procédé, et il nous plairait fort de le voir imiter aujourd'hui par tous les patrons. Il calmerait bien des susceptibilités; il adoucirait bien des contestations; il étoufferait bien des germes de dissensions et de discordes, — et il ferait à chacun la juste part qui lui est due. *Suum cuique!* c'est un axiome du droit public et privé que nous devons tous savoir respecter.

XV

Depuis longtemps déjà, nos artistes industriels ont les yeux fixés sur les belles productions de la céramique orientale, et, plus d'une fois, ils se sont essayés, soit à la reproduire dans des imitations serviles, soit à s'en inspirer pour créer à leur tour des œuvres originales.

En ce moment, c'est l'art persan qui semble surtout les préoccuper.

Avec les éléments encore bien imparfaits que nous avons aujourd'hui entre les mains, l'histoire céramique de la Perse serait peut-être assez difficile à élucider. Nulle part on ne rencontre de plus nombreuses traditions, remontant à des époques plus diverses, ou provenant de sources plus différentes, — souvent même plus opposées et plus contradictoires. Nulle part aussi, l'absence toujours regrettable de documents écrits ne condamne la critique à plus d'hésitations et à plus de doutes. Ce serait courir un grand risque que de s'en rapporter aux documents fort légèrement recueillis par les voyageurs sur les diverses fabrications de l'Iran. Ils ne sont, pour la plupart, que des tissus d'erreurs.

Selon toutes les probabilités, la plus ancienne forme de la céramique persane, c'est la porcelaine à émail dur. Les pièces de ce type sont devenues, on le conçoit, extrêmement rares aujourd'hui, et on ne les rencontre que dans quelques collections privilégiées. Ces pièces restent blanches comme les plus belles porcelaines de la Chine et du Japon, et n'ont guère d'autres décors que de petits jours percés dans la pâte. La forme générale est presque toujours celle d'un vase campanulé, très-ouvert, ayant à son centre un ombilic si transparent et tellement vitreux, que l'on craint toujours de le voir céder sous la pression la plus légère. Parfois, de ce point central, partent de légères arabesques, qui vont s'épanouissant sur la paroi tout entière.

C'est un système décoratif tout différent que les céramistes persans ont employé pour leurs pièces de pâte tendre. Le plus souvent, en effet, ces belles céramiques sont enduites d'une teinte bleu foncé, ou d'un ton chamois assez chaud. Sur ce fond doux et uni se détachent, avec une vivacité singulière, des fleurs, des palmes, des arabesques et des rinceaux. Nous connaissons peu de décorations plus harmonieuses et plus riches que celles-ci. Les céramistes persans les trouvent sur une palette chargée de couleurs minérales, qui se résolvent sous l'action du feu en teintes chatoyantes à l'œil, et passent, avec toutes les transitions voulues, des nuances de l'or le plus brillant aux reflets irisés de l'acier bruni.

Les porcelaines persanes à pâte dure ont toujours été rares: elles le sont aujourd'hui plus que jamais. Celles que l'on peut encore rencontrer sont le plus souvent à décor bleu, sous couverte. La pâte en est grossière, mal travaillée, et n'a rien qui charme les yeux. On y trouve toutes sortes d'accidents provenant d'une mauvaise fabrication, tels que fentes, points sableux, désunion visible des parties que l'on a voulu réunir en les collant.

D'autres porcelaines dures sont remarquables par leur décor polychrôme, où dominent l'or, et le rouge connu dans la chimie céramique sous le nom de *rouge de fer*. Une famille assez considérable, nombreuse et variée, porte, comme certaines porcelaines chinoises, le nom de *famille verte*. Ses émaux se distinguent par une grande pureté et une vigueur excessive. La famille rose a des tons vifs, presque crus; dans aucune autre, on ne trouve de grandes pièces plus travaillées. Ses aiguières sont véritablement magnifiques, et la décoration de ses potiches est toujours d'une élégance parfaite et d'un goût irréprochable.

Les anciennes faïences persanes, d'une bonne venue et d'une belle conservation, sont très-recherchées aujourd'hui des amateurs; mais le nombre de celles qui circulent dans les ventes diminue de jour en jour. Les belles pièces une fois entrées dans les collections n'en sortent plus. Et ici comme partout, dès que l'équilibre est rompu entre l'offre et la demande, la rareté de l'objet amène l'élévation du prix.

La conséquence immédiate de ce fait a été la reproduction des types anciens par l'industrie moderne.

Personne, chez nous, n'a consacré à cette reproduction si intéressante plus de zèle et plus de goût, plus de talent et de connaissances réelles que M. Collinot. C'est un genre dont il a fait sa spécialité particulière, qu'il s'est approprié par son succès même, et dans lequel il a créé de véritables merveilles.

Son exposition si brillante avait fait au Prater une véritable révolution.

Tous les céramistes du monde ont loué sans réserve ses grands vases cloisonnés, emprisonnant dans une bordure métallique du plus gracieux effet des émaux colorants d'un incomparable éclat. Le petit kiosque persan sous lequel il abritait une partie de sa belle collection, et qui n'a quitté Vienne que pour aller à Pétersbourg orner un des palais du grand-duc héritier, nous a montré les ressources de décoration architecturale que M. Collinot sait trouver dans la faïence persane. Nous étions déjà suffisamment édifiés sur ce point, et la splendide ornementation de la salle à manger de M. le vicomte Vigier, dans sa belle villa de Nice, nous avait préparé à ce que nous avons vu dans les galeries du *Welt-Ausstellung*.

Mais ces travaux somptueux et magnifiques ne forment point l'unique spécialité de M. Collinot. Il nous prouve de mille façons qu'il excelle également dans les petits morceaux fins et délicats, destinés à la table du salon, à la cheminée du boudoir, à l'étagère du cabinet. Nous l'avons vu jeter sur un fond chamois, rose pâle, ou bleu tendre, un léger semis de ces fleurs idéales qui ne poussent peut-être que dans les jardins de la fantaisie orientale, mais dont la puissance décorative est toujours si grande.

Personne, du reste, n'est jamais allé plus loin que notre artiste dans l'imitation des fabrications céramiques de la Perse, de l'Inde et de la Chine. Les beaux vases si célèbres sous le nom de *vases de Satzouma*, et si recherchés des amateurs, que l'on regarde comme incomplète la collection qui ne renferme point un ou deux spéci-mens de cette céramique merveilleuse, ont été, de la part de M. Col-linot, l'objet d'une étude si attentive et d'une émulation si heureuse, que nous avons entendu, à l'exposition de Vienne, le commissaire impérial de la Chine dire, en s'arrêtant devant l'étincelante vitrine de l'industriel français : « Je croyais que l'on ne pouvait exposer que les objets fabriqués par soi-même, et voici un Français qui n'a pas craint de mettre parmi les siens un vase de Satzouma ! »' Or, le prétendu vase de Satzouma, dont parlait ainsi Son Excellence au bouton de cristal, sortait de la fabrique du *Parc-aux-Princes !* Quel éloge pourrait valoir une telle méprise !

Profondément versé dans tous les secrets du travail oriental, ayant étudié non-seulement ses formes, mais encore ses procédés chimi-ques, et ajoutant à cette science acquise la sûreté du goût français et la précision de la fabrication européenne, M. Collinot obtient des résultats inconnus jusqu'à lui. S'appliquant à la reproduction des faïences persanes dans un atelier parisien, l'habile industriel, qui ne se contente pas d'un à peu près, ne s'est pas résigné aux diverses argiles qui se présentaient à lui, ni aux terres de pipe des terrains élémentaires, mises en vogue, cependant, par Bernard Palissy ; il a préféré les éléments feldspathiques des roches ignées ou métamor-phiques, auxquels, avant de les employer, il fait subir une prépara-tion préalable, en les mélangeant dans des proportions diverses, suivant la nature de la pâte qu'il veut obtenir, et en les additionnant de fondants d'une nature particulière, ou de quartz broyé, qui réu-nit plus intimement leurs molécules. La pâte de cette belle céra-mique est donc absolument digne du décor élégant qui la recouvre, et c'est là un point dont l'importance n'échappera à personne.

Avec une modestie et un bon goût qui l'honorent, M. Collinot se plaît à reporter une part de sa juste renommée sur un ami dont il entoure la mémoire d'une reconnaissance pieuse comme un culte.

J'ai nommé M. Adalbert de Beaumont.

Voyageur infatigable, artiste plein de goût, dessinateur d'une rare élégance, le vicomte de Beaumont avait exploré la Perse jusque dans ses plus lointaines provinces. Très-épris des arts décoratifs poussés si loin par un peuple ingénieux, il avait rapporté de ces beaux pays du soleil de quoi se faire un véritable musée persan. Mais, au lieu de s'enfermer dans la jouissance égoïste d'une possession solitaire, il voulut partager ses trésors, — ou du moins les plaisirs qu'il en retirait, — et il fut le véritable fondateur de la céramique persane en France. Il eut le bonheur de trouver dans M. Collinot, pendant sa vie, un collaborateur dévoué, plein de zèle et d'ardeur, et, après sa mort, un héritier soucieux de ses traditions, et un continuateur intelligent de son œuvre. Une fois de plus, Élie avait laissé son manteau à Élisée, avec une portion de son âme.

Entre les mains de M. Collinot, la fabrique persane s'est singulièrement développée ; elle a conquis son droit de cité chez nous, et elle a su bientôt s'assurer des débouchés importants et nombreux. On trouve aujourd'hui ses produits partout.

Son exposition à Vienne avait été une des plus vives attractions de la section française. La pureté de ses formes, le grand goût de son ornementation, l'éclat de ses émaux furent également appréciés par les juges les plus compétents. M. Collinot trouva dans ce succès même un point d'appui pour s'élancer à la recherche de nouveaux progrès, réalisés depuis, et qui lui assurent aujourd'hui une place des plus honorables dans l'histoire des arts industriels de notre pays et de notre temps.

XVI

Comme M. Collinot, M. Léon Parvillée est, lui aussi, un céramiste voué à la reproduction ou à l'imitation des types orientaux. Je me trompe : M. Léon Parvillée n'est ni un copiste ni un imitateur. Il crée en s'inspirant.

Le hasard, qui fut le maître de la vie de tant d'artistes, — qui est, hélas! le maître de la vie de tant d'hommes, — a décidé de sa destinée, et ne lui a reconnu d'autre droit que celui d'obéir. Versé depuis longtemps dans l'étude de l'architecture et de la décoration orientales, il fut appelé à Constantinople en 1863, pour arrêter les grandes lignes de la construction d'un bâtiment destiné à la section ottomane de l'Exposition universelle de notre Champ-de-Mars, en 1867. M. Parvillée trouva là, tout naturellement, l'occasion d'appliquer ses connaissances acquises. La plupart de nos journaux illustrés publièrent les dessins de cette construction, et préludèrent ainsi à la vulgarisation d'un genre de travail encore inconnu chez nous, mais qui devait bientôt obtenir un réel succès.

L'année suivante, le commissaire impérial du sultan, Ahmed Véfi Effendi, envoya notre compatriote à Brousse, pour restaurer la grande mosquée de cette ville. Ce fut à ce moment que M. Parvillée, entraîné par une vocation secrète, mais puissante, commença ses actives recherches, qu'il ne devait plus interrompre, sur les procédés de fabrication de la faïence orientale.

De retour à Paris, il tenta de sortir de la théorie et d'aborder la pratique. Ce n'est pas assez de savoir : il faut appliquer sa science. Nous pûmes voir et apprécier en 1866 de beaux travaux de décoration céramique, exécutés d'après les dessins de M. Viollet-le-Duc, pour les intérieurs des cheminées de ce château de Pierrefonds dont la restauration doit être comptée parmi les plus belles œuvres de l'éminent architecte archéologue.

Mais ce fut l'Exposition de 1867 qui donna tout à coup à M. Léon Parvillée cette notoriété sérieuse, incontestable, qui est la première fortune de l'artiste. Chargé d'ériger au Champ-de-Mars les diverses constructions commandées par le sultan, il appliqua au tympan de plusieurs portes, et au *mirab* de la petite mosquée, des faïences orientales d'une grande beauté, et qui furent remarquées et admirées par les juges les plus compétents.

Mais ceci ne suffisait pas encore à la dévorante activité de notre artiste, qui dirait volontiers comme César : Rien n'est fait, tant qu'il reste quelque chose à faire encore! « *Nil actum reputans, si quid superesset agendum.* » Aussi fonda-t-il en 1869 une véritable fabrique de faïence orientale à Saint-Maur-les-Fossés, non loin de Vincennes. Il exposa même au palais de l'Industrie un fort beau spécimen de cette fabrication. La renommée était venue : la fortune allait venir. Mais tout à coup la guerre éclata. Tout fut suspendu chez nous, la vie industrielle aussi bien que la vie sociale. On ne bâtit plus, et, comme le disent les maçons, « quand le bâtiment ne va pas, rien ne va!.. » Rien que pour ne pas mourir, en des crises semblables, il fallait vraiment qu'une entreprise fût douée d'une vitalité singulièrement puissante.

Dès 1871, M. Léon Parvillée reparaissait dans l'arène, — à Londres, il est vrai, — avec des potiches et des plats, décorés d'après les principes de l'art oriental; l'artiste demeurait ainsi fidèle à lui-même.

C'est avec autant d'intérêt que de plaisir que nous avons retrouvé notre céramiste à Vienne. Son exposition eut une réelle importance, sous le double rapport du nombre des objets exposés et de la bonne qualité des produits. Chaque pièce, en effet, était établie d'après un profil spécialement étudié pour elle; son dessin était une composition à part, que l'auteur s'engageait à ne jamais reproduire, et sa décoration ne se répétait pas davantage. On est donc certain avec M. Parvillée d'avoir toujours un morceau unique, que l'on ne reverra point dans le cabinet d'un autre amateur. Il y a des gens pour qui cela seul est déjà un très-réel avantage.

Mais les œuvres de M. Léon Parvillée ne se distinguent pas seulement par la façon dont il opère le tracé de son dessin : les matières colorantes à l'aide desquelles il produit ses reliefs lui appartiennent également en propre. Ce relief, en effet, n'est pas obtenu à l'aide de l'émail blanc ordinaire, dont on colore ensuite la surface, ainsi que cela se pratique chez beaucoup de fabricants. M. Parvillée, au contraire, a trouvé le moyen de produire un verre coloré, —

lucide, brillant, qu'il cloisonne dans sa faïence, et qui lui donne l'éclat le plus vif et un aspect de gaieté charmante.

Sans comprendre une très-nombreuse quantité de pièces, l'exposition de M. Léon Parvillée à Vienne se recommandait à nous par le choix et la beauté exceptionnelle des pièces. On pourrait les grouper sous deux chefs très-nettement séparés : les plaques d'ornement, et les objets de fantaisie, destinés aux tables, aux étagères, aux montres et aux vitrines. L'ornementation des plaques se distingue par la grandeur et la simplicité d'un style toujours architectural. L'artiste se garde bien d'emprunter les procédés de la peinture pittoresque, et de tenter la lutte avec elle. Il respecte trop la division des genres pour essayer de peindre des tableaux sur émail. Des lignes géométriques, d'un agencement heureux, d'un aspect toujours élégant, mais un peu sévère; parfois une fleur — mais réduite à sa plus simple expression, et, si j'ose dire, plutôt interprétée par une simplification hardie que servilement copiée, voilà les seuls éléments qu'il fait entrer dans sa composition. Il est vrai qu'il sait toujours en tirer le plus habile parti, grâce à la souplesse et à l'ingéniosité de ses combinaisons.

Les objets de fantaisie, coupes, buires, lampes et coffrets, outre la beauté de l'émail, qui leur est commune avec les plaques, se recommandent toujours par l'originalité, la nouveauté, et en même temps la correction de leurs formes. On y sent toujours la main de l'artiste, — la griffe du maître. L'Exposition de Vienne a valu un chevron à la manche de M. Léon Parvillée.

XVII

Artiste plus encore qu'industrielle, et moins céramiste que peintre, Mme de Callias se joue de l'émail avec une grande sûreté de main et elle peint sur sa faïence avec la même facilité que sur le bois ou la toile. Ce serait vraiment un injuste oubli que de ne pas signaler ses aimables envois à Vienne. Nous avons remarqué tout d'abord une grande plaque décorative, avec une élégante bordure, dans le style du quinzième siècle, du ton le plus fin et le plus doux: l'effet général en était charmant. Sur d'autres plaques, de diverses grandeurs, sur des vases de toutes formes, Mme de Callias avait semé une variété infinie de motifs et de sujets, traités avec une invention inépuisable. Je citerai principalement un service de table, illustrant les fables de La Fontaine, et une série d'animaux, de caricatures et de chinoiseries qui prouvent avec quelle souplesse la céramique, maniée par des mains habiles, peut se prêter à l'interprétation de toutes les idées artistiques.

Mme de Callias, très-remarquée depuis longtemps à nos expositions françaises, aussi bien qu'aux *exhibitions* artistiques et industrielles de Kensington ne pouvait manquer à ce rendez-vous international que Vienne donnait avec tant de solennité aux travailleurs de tous les pays. Elle a su y tenir fort honorablement sa place.

XVIII

Cette rapide étude sur nos céramistes à l'Exposition de Vienne serait vraiment incomplète si je ne donnais au moins une mention en passant à M. Barbizet.

M. Barbizet n'est pas, à proprement dire, un faïencier dans le sens exact et absolu du mot. C'est plutôt un *potier de terre*, ainsi qu'on appelait jadis ses pareils. Ils sont trois en France, lui, Barbizet, déjà nommé; Avisseau, de Tours, et Pull, de Paris, qui se rattachent par une filiation assez étroite, au grand artiste du seizième siècle, qui façonna et colora la terre avec tant d'habileté. Le lecteur a déjà nommé Bernard Palissy.

Je reconnais un double mérite chez M. Barbizet. Il modèle l'argile plastique d'une main toujours sûre, et l'émail dont il sait la revêtir atteste le goût d'un vrai coloriste. Son exposition au Prater a été une des plus intéressantes de la section à laquelle il appartient. Que l'on ne se laisse point prendre à son aspect rustique; ce serait le cas de répéter avec le poëte :

Nimium ne crede colori!

Ne vous fiez pas trop à la couleur! c'est son modelé qu'il faut surtout examiner.

M. Barbizet avait envoyé au palais du *Welt Austellung* des figures de toute espèce. Les unes représentent la forme humaine, et sont revêtues de cette jolie couverte blanche, un peu crémeuse (le *cream colour* des Anglais) que le plus illustre de nos céramistes, Bernard Palissy, chercha si longtemps, et ne trouva qu'après tant d'essais infructueux et de tentatives vaines. Il exposait aussi une grande variété d'animaux qu'il a reproduits dans la plus saisissante vérité de leur nature et dans l'originalité la plus caractérisée de leurs types. Personne plus que lui ne tire un heureux et habile parti des plantes et des feuillages, livrés par la nature à l'interprétation de l'artiste, pour qu'il crée avec eux des motifs charmants d'ornementation.

Puisque aussi bien je ne saurais tout citer, je veux seulement signaler, en passant, de beaux vases aux flancs rebondis; de grandes buires au col élancé, comme on les aimait tant à l'époque de la Renaissance; ou bien encore ces plats ovales, d'une ellipse si gracieusement allongée, et au fond desquels on aperçoit des poissons frétillants. Des coquillages et des plantes aquatiques ornent leur marli étroit; l'ensemble de la composition est véritablement attrayant, et ces beaux plats sont du plus heureux effet, mêlés à des faïences et à des cuivres, sur le vieux chêne d'une crédence finement sculptée. Les amateurs autrichiens et russes ont fort goûté ces jolies choses si originales.

On avait pu, jusqu'ici, reprocher à M. Barbizet une certaine roideur dans l'ensemble de ses formes, — comme si parfois la terre indocile eût résisté à sa main. Mais aujourd'hui l'argile vraiment plastique est assouplie et vaincue; elle lui obéit, il en fait tout ce qu'il veut, et il donne à ses personnages la *morbidezza* et la souple désinvolture de la vie même. Il est encore une autre difficulté de son art dont M. Barbizet s'est également rendu maître. Souvent l'émail posé sur la terre a quelque chose de sec et de dur. Ici, au contraire, il prend des tons fondus et moelleux, singulièrement agréables à l'œil. On sent qu'il s'est incorporé à l'argile, qu'il l'a pénétrée, et qu'il ne fait plus qu'un avec elle. On peut dire que, sous ce double rapport, l'Exposition de Vienne nous a permis de signaler chez M. Barbizet un remarquable progrès.

XIX

L'émail sur métal, que nous avons vu jusqu'ici jouer un rôle si important dans la décoration du meuble de luxe, et dont on a su tirer un si habile parti dans la fabrication de mille objets qui servent de nos jours à l'embellissement des plus somptueuses demeures, a conquis une importance aussi sérieuse dans la fabrication, maintenant si développée, de la bijouterie artistique.

Il a depuis longtemps, et, si l'on peut être certain de quelque chose avec cette volage et cette capricieuse qui s'appelle la Mode, il aura toujours, désormais, une place à part dans les préférences des gens de goût, je veux dire de ceux qui font plus de cas de l'art que de la matière, et qui aiment mieux un bronze finement sculpté qu'un bijou d'or accusant un travail inférieur.

C'est principalement à ces délicats que M. Emile Philippe se fait gloire de dédier ses œuvres les plus charmantes, celles dans lesquelles il a donné carrière à ses fantaisies les plus exquises.

Il faut se montrer d'autant plus sympathique à la grande bijouterie artistique, qu'elle a eu moins de représentants français à Vienne, dans ce grand concours de tous les peuples. Est-ce le talent qui manque aux artistes de cette catégorie? Non sans doute, et si nous leur faisions l'injure de le dire, ceux-là ne nous croiraient pas, qui se rappellent encore l'éclat jeté par eux à l'Exposition universelle de 1867. Ils furent alors justement remarqués, et il sembla que l'on n'avait pour leur section ni trop de récompenses, ni trop d'éloges. Qui donc a pu les détourner de la lutte? Ce n'est certes pas la crainte d'une défaite : ils ont trop le sentiment de ce qu'ils valent, de ce qu'ils peuvent, de ce qu'ils sont. Regrettons leur absence, sans chercher à pénétrer leurs motifs. Pour nous, nous nous sommes consolés de ce que nous n'avions pas en regardant ce que nous avions.

La bijouterie d'art était représentée à Vienne avec beaucoup de distinction par M. Émile Philippe, qui a débuté dans nos expositions en 1867 avec un réel succès, car il obtint dans cette grande épreuve la première médaille d'or de sa classe. Cruellement atteint, comme tous ceux qui se livrent aux industries de luxe, par des événements dont aucun de nous n'a perdu le souvenir, frappé de coups plus terribles encore dans sa vie intime, il s'est roidi avec le courage des forts contre des épreuves aussi inattendues que multipliées, et il a continué sa vie de travail. Les expositions de Londres, en 1871 et 1872, l'ont retrouvé sur la brèche, tenant tête à la mauvaise fortune.

M. Émile Philippe a recueilli à Vienne le fruit de tant d'efforts et d'une si louable persévérance. On peut dire qu'il n'y a plus rencontré que des admirateurs.

L'exposition de M. Philippe se divisait en deux parties : la joaillerie proprement dite, et l'orfévrerie. Son orfévrerie s'inspirait surtout de l'art oriental, si à la mode aujourd'hui, et qui renouvelle, pour ainsi parler, la face de l'industrie européenne.

Nous avons particulièrement remarqué un magnifique service persan, acheté par le comte de Chambord, avec nielles et incrustations d'émaux, de l'effet le plus riche et le plus harmonieux.

Les accessoires de table, les vases, les coupes, les coffrets, où l'argent ciselé se marie au bronze, après avoir excité la juste admiration des visiteurs, ont été acquis par les divers musées de l'Europe, et ils iront porter avec eux chez différents peuples le renom de notre industrie artistique. Tous ces succès de nos fabricants, sur lesquels je m'arrête avec bonheur, ne sont-ils pas aujourd'hui les succès mêmes de la France ?

Quant à la joaillerie proprement dite, aux montres en matières précieuses, aux flacons ciselés dans l'or et dans l'argent, et sertissant des pierreries et des émaux ; quant aux coupes de jade et aux cristaux de roche, si élégamment montés, ils se présentent à nous avec un caractère d'élégance et de pureté remarquables, et leur grand style les fait sortir de la banalité du monde commercial, pour leur assigner une place dans le domaine de l'art pur.

Ce ne fut point là certainement la partie de l'exposition de M. Philippe qui recueillit le plus de suffrages de la part des élégantes Viennoises ou des princesses étrangères, qui assiégèrent si souvent la vitrine de notre compatriote que l'on eût pu croire qu'elles l'emporteraient d'assaut ; — ces dames préfèrent les bijoux, je ne m'en étonne point, — mais je m'étonnerais fort si M. Émile Philippe ne se sentait plus fier de cette orfèvrerie si pure, si originale, d'un style si élevé, qui le rapproche des grands ciseleurs du seizième siècle, et fait de lui un arrière-neveu de Benvenuto.

A côté de l'art pur, nous devons aussi faire une petite place à la fantaisie. Les étrangers prétendent même, bien à tort sans doute, que partout où il s'agit de la France, cette part doit être très-grande, parce que c'est toujours nous qui représentons la fantaisie dans le monde.

La bijouterie fantaisiste, c'était celle de M. Thomas, dont l'exposition aurait pu, je crois, être plus importante. Elle se tenait, du moins, dans de louables limites au point de vue du bon marché ; seulement je voudrais rencontrer chez lui plus de nouveauté dans le choix de ses sujets. A quoi bon être fantaisiste, si c'est pour ressembler à ses voisins ? Chez nous, en 1867, quelques maisons importantes, qui appartiennent à la fabrication parisienne, exposèrent un certain nombre d'objets, fantaisistes aussi, qui n'étaient point sans quelque rapport avec ceux que nous montre aujourd'hui M. Thomas : il nous eût été agréable de pouvoir faire la comparaison des uns et des autres.

Rien n'est parfois instructif comme une comparaison. Elle marque, en effet, avec précision et netteté, la part de chacun, et elle nous permet seule d'apprécier ce qu'il y a d'originalité et d'invention dans les œuvres des uns et des autres.

XX

Les expositions nous offrent divers genres de leçons, et il y a beaucoup à profiter dans l'étude de leurs longues galeries, variées à l'infini. Il y faut voir parfois autre chose que des questions d'art et d'industrie ; il faut savoir y découvrir aussi la question sociale, — question de vie et de mort, qui s'impose aujourd'hui à chacun et à tous.

Quand j'entends les déclamations haineuses, mais sans conscience et sans bonne foi, de ces hommes dont la tactique n'a d'autre but que de nous diviser les uns contre les autres ; quand je lis ces accusations injustes, portées au nom du travail contre le capital, dont on voudrait faire deux ennemis, comme si le capital était autre chose que le résultat du travail, comme s'il n'était point uniquement du travail accumulé, et, pour ainsi parler, mis en caisse, je voudrais tenir un de ces rhéteurs et l'amener devant la vitrine, souvent splendide, d'un de ces glorieux parvenus du travail, véritables fils de leurs œuvres, qui ont conquis leur position jour par jour, par de longs et constants efforts, en luttant toujours, et en ne se reposant jamais. Peut-être comprendrait-il alors et serait-il forcé d'avouer que notre société n'est pas aussi fermée au vrai et consciencieux mérite qu'il plaît à quelques-uns de le dire; peut-être conviendrait-il que toutes les places sont accessibles à tous dans ce monde moderne, dont la mobilité semble le principe; peut-être finirait-il par reconnaître devant nous qu'avec du courage, de la persévérance et du travail, il n'est impossible à personne de parcourir et de remplir une honorable et fructueuse carrière.

Combien en est-il, parmi les chefs de maisons arrivés aujourd'hui à la notoriété et à la fortune, qui ont eu les plus modestes commencements, et qui ne rougissent point d'avouer qu'ils ont débuté comme simples ouvriers, dans la spécialité où ils sont aujourd'hui passés maîtres!

Je me faisais ces réflexions à moi-même en étudiant dans les galeries du Prater la fort belle exposition de joaillerie de M. Otterbourg.

En 1840, M. Otterbourg n'était qu'un simple ouvrier; mais il s'est appliqué avec une si louable persévérance à faire progresser son industrie, qu'il a doublé successivement toutes les étapes et conquis tous les grades. Après avoir obéi si longtemps, aujourd'hui il commande à son tour.

Il suffit de voir ses produits pour être certain qu'il est digne du commandement qu'il exerce. Son œuvre, à Vienne, était aussi variée qu'elle était habilement exécutée, et ce qui la rendait pour nous plus intéressante encore, c'est qu'elle n'avait pas été faite en vue de l'Exposition; que pas une des pièces envoyées par lui n'avait de destination spéciale, mais que toutes appartenaient à la fabrication ordinaire de leur auteur.

L'exposition de M. Otterbourg pouvait se diviser en trois parties bien distinctes :

La joaillerie, la bijouterie et les objets d'art. Il ne nous est permis que de jeter un rapide coup d'œil sur chacune d'elles.

La joaillerie de M. Otterbourg est pleine de grâce et d'élégance. Une habile et heureuse imitation des fleurs en fait tous les frais. L'originalité de cette partie de l'exposition de M. Otterbourg consistait dans la facilité extrême avec laquelle ces bouquets charmants se démontent pièce à pièce, de façon à en former d'autres plus petits, de telle sorte qu'avec une seule parure on semble en posséder plusieurs. Il paraît qu'il y a des gens qui se lassent de l'uniformité en toutes choses, et que blaserait la possession des plus beaux diamants, s'il ne leur était pas possible d'en diversifier l'aspect chaque jour. Avec M. Otterbourg, ces personnes difficiles trouvent toujours à qui parler.

Nous avons remarqué dans cette catégorie une aigrette flexible, en turquoises, montée avec une légèreté toute aérienne, et qui tremble au moindre souffle; c'est un bijou sensitif, et en quelque sorte immatériel. Il est composé de feuilles de palmier et de bananier, disposées avec un goût vraiment exquis. Tout le monde n'apprécie pas la turquoise, dont le bleu pourtant est si doux; on lui reproche de manquer de cette transparence, qui fait le charme et le mérite de tant d'autres pierreries. Mais si elle ne jette pas les feux de l'émeraude et du rubis, il faut reconnaître que la douceur de ses teintes suaves a quelque chose de mélancolique, qui doit singulièrement plaire aux âmes rêveuses. N'en offrez jamais aux brunes piquantes : c'est par excellence la pierre des blondes. Leur teint délicat s'associe merveilleusement avec ses colorations fines, et elles aiment d'un amour particulièrement tendre cette gemme sentimentale, qui partage les alternatives de leur tempérament, qui souffre ou se porte bien avec elles, et devient comme un reflet de leur personnalité, souvent capricieuse et toujours changeante.

La rose et son bouton, exposés par M. Otterbourg, semblent vraiment dire le dernier mot de l'imitation des fleurs à l'aide des pierreries; ce n'est plus de l'industrie, c'est de l'art.

Je glisserai rapidement sur la section de la bijouterie exposée par M. Otterbourg, me contentant de signaler plus particulièrement la parure en émail dans le style persan, et quatre chaînes superbes, du genre de celles que l'on appelle *châtelaines*, parce qu'elles furent jadis mises à la mode par les hautes et puissantes dames du monde féodal. L'une était en or, dans le style oriental le plus pur, et les trois autres en argent oxydé repercé. Peut-être les personnes d'un goût sévère, et qui ont fait une étude spéciale de l'art antique, préféreront-elles à ces très-jolis souvenirs du moyen âge la belle parure grecque, en argent oxydé et repercé, qui nous donne une si favorable idée de l'excellente fabrication de M. Otterbourg. Je serai, je crois, de leur avis, tout en reconnaissant que le bijou grec est le plus difficile de tous à bien porter, et qu'il ne sied ni à toutes les toilettes ni à toutes les physionomies. Les minois chiffonnés et les petits nez impertinents et retroussés de beaucoup de nos contemporaines, charmantes d'ailleurs, ne sauraient s'en accommoder : il faut au bijou grec la ligne pure, — et si rare, — du beau profil antique.

Parmi les objets d'art proprement dits, je placerai en première ligne un porte-bouquet, genre Louis XV, aussi remarquable par la finesse de sa ciselure que par la recherche et l'élégance des peintures minuscules et très-soignées qui le décoraient. Une femme, qui a la prétention justifiée peut-être de s'y connaître, n'a pas craint de déclarer que c'était là une pièce unique dans les galeries de l'Exposition de Vienne; je souscris volontiers à ce jugement, qui émane d'une autorité.

Un morceau non moins important peut-être, c'était cette belle châtelaine Louis XV, ciselée avec un soin tout particulier, dans des ors de diverses couleurs, dont les oppositions faisaient un si merveilleux effet. Cette châtelaine était ornée d'un superbe écusson en émail, aux armes d'Autriche, supporté par de petits Amours, beaux comme leur mère, et qui sont eux-mêmes de véritables bijoux.

La châtelaine indienne, si pure et si riche tout à la fois, ciselée dans l'or, relevée de pierres de couleur ; et ornée de deux camées ; la parure égyptienne, avec camées aussi ; enfin le miroir de poche à secret, dans le style de la Renaissance, complétaient une exposition remarquable, qui permettait à cette branche de l'industrie française de suppléer au nombre par la qualité. — Nous n'avons vu personne, parmi les maîtres de la joaillerie étrangère, qui pût lutter avec quelque avantage contre M. Otterbourg, et l'originalité et la nouveauté de ses fleurs mobiles et de ses bouquets composés, avec transformations et changements à vue, lui avaient assuré une place à part, dont il eût été malaisé de le déposséder.

XXI

Nous avons, dans ces rapides études, accordé à l'émail une importance qui peut-être aura paru trop considérable à quelques-uns ; elle est moins grande pourtant que celle qu'il mérite, et qu'il a dans l'industrie contemporaine. Brillant, incorruptible, éternel, autant du moins que peut être éternelle l'œuvre d'une main humaine, l'émail, si longtemps en honneur chez nous, aussi bien que chez les peuples de l'extrême Orient, a retrouvé depuis quelques années un regain de faveur inattendu. Il est devenu en quelque sorte une nécessité dans la décoration d'une maison élégante. Aussi le retrouve-t-on aujourd'hui partout — en petite quantité, il est vrai, parce qu'il est encore fort cher ; — mais enfin il est là ; il s'impose : on comptera avec lui. Les bijoutiers, les orfèvres, les bronziers même, nous l'avons déjà vu, l'utilisent beaucoup plus que ne l'avaient fait leurs prédécesseurs, pour l'ornementation des objets qu'ils fabriquent, dès que ces objets ont quelque visée au luxe, dès qu'ils aspirent à une réelle élégance. Le développement que l'émail a pris chez nous depuis dix ans dépasse tout ce qu'il eût été possible de prévoir.

Il n'était employé jadis que par les seuls artistes ; mais depuis qu'il est entré dans le domaine de l'industrie, depuis que son emploi s'est tellement vulgarisé qu'on le trouve à peu près partout, il a bien fallu en confier la fabrication et l'emploi à de simples artisans : les artistes ne suffisaient plus à la tâche.

Que l'on ne s'y trompe point, toutefois ! L'émail est une matière délicate entre toutes, et dont la mise en œuvre exigera toujours beaucoup de finesse et de tact, un goût éclairé par l'étude, et de véritables connaissances en art et en chimie.

Ce mot d'émail, que l'on trouve aujourd'hui dans toutes les bouches, révèle chez ceux qui l'emploient les idées les plus vagues, parfois aussi les plus contradictoires. Il me semble qu'il serait bon de les préciser une fois pour toutes.

Qu'est-ce que l'émail ?

L'émail est un cristal coloré par divers oxydes métalliques, qu'on applique à l'état de poudre délayée, comme une véritable pâte, sur l'objet que l'on veut émailler. La cuisson, en le vitrifiant, fait adhérer l'émail à l'objet sur lequel on l'a déposé. La grande difficulté de cette opération, celle qui, trop souvent, est une cause sérieuse de perte pour l'artiste ou pour l'artisan, c'est la diversité de nature entre un émail et un autre. La même cuisson est loin de produire sur tous le même effet; de là parfois de grands mécomptes dans le résultat définitif.

Il y a plusieurs sortes d'émaux employés aujourd'hui dans la fabrication française contemporaine.

Les *émaux cloisonnés*, c'est-à-dire ceux que l'on sépare de la pièce même émaillée, par une petite cloison rapportée et soudée, qui détermine le contour du dessin que l'on veut représenter;

Les *émaux de basse taille*, que l'on applique sur un bas-relief ciselé en or, et qui sont toujours translucides. Dans ce genre de travail, c'est par les différentes épaisseurs de l'émail que l'on obtient le modèle et le relief;

Les *émaux champs-levés*, qui s'exécutent en creusant le métal, pour remplir ensuite à l'aide de l'émail les vides ainsi pratiqués ;

Les *émaux de Limoges*, qui sont les plus anciens et les plus connus en France. Ils se font presque toujours sur cuivre. On commence par poser sur l'objet que l'on veut émailler un fonds de coloration sombre, ordinairement bleu, noir ou violet, et l'on dessine ensuite les sujets, en se servant d'émail blanc, pulvérisé et mouillé. On procède alors à la cuisson; puis, après plusieurs feux, on pose de légers paillons d'or ou d'argent, découpés dans la forme voulue, si le sujet demande des couleurs, et on les recouvre d'émaux transparents;

Nous avons enfin les *émaux de Toutin* et de *Petitot*, pour l'exécution desquels on commence par émailler l'excipient en blanc. On peint ensuite sur cette première couche, à peu près comme on peindrait sur faïence, en ayant soin de mêler du blanc à toutes les couleurs c'est en effet le seul moyen d'arriver à une opacité suffisante.

L'exposition très-variée de M. Pottier nous a offert la plupart de ces types d'émail; il eût été difficile de trouver une plus grande diversité de formes et de couleurs; difficile aussi de rencontrer une plus grande perfection de travail. Rien de plus élégant que ces coupes, grandes ou petites, d'un décor si fin; que ces pendules, dont le style pur rappelle les plus beaux modèles des plus belles époques ; que ces flambeaux d'un décor si pittoresque; que ces salières, et tous ces petits accessoires de table, d'un goût si charmant, qui répandent autour d'eux tant de gaieté, de lumière et d'éclat. On comprend bien, en examinant cette jolie collection, la faveur extrême dont l'émail a joui si longtemps chez nous; on conçoit aussi la faveur qui entoure sa brillante renaissance.

Un des avantages de l'émail, c'est de ne point exiger un service complet de même matière, et de s'employer très-heureusement par pièces détachées. Dans les services de table, par exemple, il s'associe le plus heureusement du monde à la vaisselle plate, aux faïences artistiques, aux porcelaines luxueuses, aux verres de Venise et de Bohême, aux cristaux de France ou d'Angleterre. Trois ou quatre pièces sur une table suffisent pour relever tout un ensemble par leurs notes accentuées, énergiques et vives.

C'est à la fabrication de ces petits émaux que M. Pottier consacre aujourd'hui tous ses soins et un très-réel talent. Il avait exposé, dans cette section très-recherchée et très-curieuse des arts industriels de la France, des échantillons remarquables de ce genre de production si distinguée, et que la banalité n'atteindra jamais. M. Pottier, du reste, ne se renferme point dans une spécialité exclusive de l'émaillerie : il se diversifie, au contraire, avec une ingénieuse souplesse, et, grâce à un éclectisme cher en toute chose à notre époque, il résume pour nous, dans des proportions restreintes, tous les travaux de ses devanciers; il profite de leur expérience, et nous apparaît comme leur héritier direct, aujourd'hui en pleine possession de l'héritage.

XXII

L'industrie du mobilier, qui tient une si grande place dans la vie des peuples modernes, était représentée au Welt-Ausstellung de la façon la plus brillante.

A notre Exposition universelle, en 1855, la supériorité de l'industrie française fut reconnue par le jury international. Entre cette exposition et celle de l'Autriche, il s'est écoulé un laps de temps de près de vingt années, pendant lesquelles des progrès importants ont été réalisés. Main-d'œuvre, dessin, science du détail, beauté raisonnée de la conception générale, tels sont les principaux mérites de cette portion de nos arts industriels, objet des distinctions les plus flatteuses et les mieux justifiées dans tous les concours internationaux, où figurent depuis bientôt un quart de siècle toutes les nations civilisées. Chaque maison française, ou, pour parler plus exactement, chaque maison parisienne, car c'est à Paris que se localise la grande fabrication de l'ébénisterie, nous présente des meubles admirablement variés comme formes, comme science de fabrication, comme essences de bois, comme arrangement des colorations diverses.

Partout ailleurs, quand, après un certain nombre d'essais, une mode s'est établie, pour une raison ou pour une autre, elle règne tyranniquement pendant dix, quinze ou vingt ans, parfois plus, sans qu'aucune innovation soit réalisée ou tentée, sans que la pensée d'un progrès se présente à l'esprit de personne. On s'immobilise dans la forme trouvée : c'est la cristallisation du goût.

C'est ainsi, par exemple, qu'en Italie on travaille sur de véritables poncifs, en refaisant éternellement le même meuble d'ébène et d'ivoire, souvenir quelque peu altéré de la Renaissance, dont il serait puéril de nier le bon effet décoratif, mais qui, acceptable comme pièce détachée, ne pourrait entrer dans la composition de ce que nous appelons un mobilier. Ce sont des morceaux détachés; ils s'acquittent d'un solo brillant; mais, aux yeux d'un homme de goût, ils sont incapables de figurer harmonieusement dans un ensemble, tel qu'on le comprend aujourd'hui.

En ce moment, et, à vrai dire, depuis longtemps déjà, l'Angleterre affectionne les meubles aux tons clairs, et elle abuse du citronnier qui les lui donne : ceci, d'ailleurs, se comprend assez dans la patrie de l'éternel brouillard, où l'œil, attristé par l'épais nuage que la poussière tamisée du charbon interpose entre lui et tous les objets, cherche des colorations légères et vives qui lui rendent un peu de gaieté. Malheureusement, ces meubles pèchent par une regrettable uniformité : ils accusent chez leurs auteurs un manque absolu d'imagination, et, dans les cas, assez rares d'ailleurs, où ils visent à l'art, ils arrivent presque toujours à l'affectation quintessenciée.

En Autriche, la fabrication du meuble est encore à l'état d'enfance; elle ne s'est pas affirmée par des œuvres franchement originales. Elle imite partout ce qui lui semble bien, accorde généralement ses préférences à l'art français, et ne trouve pas que le moment soit encore venu d'inaugurer l'art autrichien.

L'Allemagne est toujours fidèle à la tradition d'Albert Dürer; mais, au lieu de se développer dans le sens de cette tradition, elle s'y attache avec l'adhérence de certains mollusques au rocher natal, ce qui fait qu'il y a d'excellents copistes en Allemagne, mais qu'il n'y a pas d'*art allemand* proprement dit.

Quand ils veulent faire autre chose que ce qui se fait chez eux depuis les premières années du XVIe siècle, les Allemands copient tout simplement les œuvres des dessinateurs français, à l'aide d'ouvriers français. Ce serait une curieuse et instructive histoire, celle des emprunts que l'étranger nous a faits depuis vingt ans, nous prenant un jour nos idées, nos modèles, nos dessins, et, le lendemain, embauchant dans nos ateliers d'assez nombreuses recrues pour arriver à une exécution satisfaisante de nos propres projets, dont ils savent tirer tout à la fois honneur et profit.

Nous publierons peut-être la triste nomenclature de ces artisans, qui sont presque des artistes, et qui, dans toutes les branches de l'industrie, pour une raison ou pour une autre, ont quitté la France, et sont allés enrichir les nations rivales de l'habileté, du talent et de l'activité dont ils n'ont pas craint de priver leur patrie. Nous nous exilons aujourd'hui comme les Grecs autrefois, sans avoir les mêmes raisons qu'eux de le faire, et souvent, dans les expositions internationales, quand nous croyons admirer une œuvre étrangère, c'est encore une œuvre française qui attire notre sympathie.

Je ne veux pas dire que l'Allemagne n'ait pas de bons ouvriers : elle en a d'excellents, au contraire; l'industrie parisienne les leur a même empruntés quelquefois; ils sont laborieux, et, comme main-d'œuvre, ils ont une précision incontestable. Mais leur exécution a quelque chose de sec et de rigide: elle entraîne avec elle l'idée de je ne sais quoi de mécanique, qui est tout le contraire de la souplesse et de l'individualité qui font le mérite et le charme de la main française.

En France aussi nous avons des traditions, et, au point de vue du moins de l'ébénisterie, nous savons les respecter; nous ne nous sommes point immobilisés en elles et avec elles; nous nous développons dans le sens qu'elles nous indiquent, mariant ainsi le progrès, qui est l'œuvre de chaque jour, avec les principes donnés par la science, confirmés par l'expérience, et qui sont le fruit même des siècles.

Depuis une trentaine d'années, la fabrication des meubles, ou, pour parler plus exactement, l'établissement d'un mobilier tend à se concentrer dans un seul et même atelier, d'où sortira tout ce qui doit garnir l'hôtel de Mondor ou de Turcaret. Ces choses-là ne se voyaient pas autrefois. Autrefois, un ébéniste se contentait de fabriquer les meubles : il ne sortait point de sa spécialité; il ne s'occupait point du complément de la fourniture; il ne se demandait point quelle tenture accompagnerait ses tables, ses dressoirs, ses fauteuils et ses crédences. En un mot, il ne visait point à produire un tout harmonieux. Aujourd'hui le bourgeois qui ne demande qu'à payer, et qui n'est pas capable de faire autre chose, trouve sous sa main, pour son argent, quelqu'un qui remplira la maison de la cave au grenier, et qui lui fournira, sur facture réglée par l'architecte, tout ce dont il a besoin, depuis le cordon de sa sonnette jusqu'à sa table de nuit, depuis le tapis de pieds de son escalier jusqu'au lustre de son salon. Ce bienheureux *factotum*, qui vous dispense du soin de penser, en pensant pour vous, et qui supplée au goût que vous n'avez point par certaines connaissances pratiques, c'est le tapissier !

Le tapissier est le dieu de l'appartement moderne et de la maison contemporaine, et ce dieu-là a d'autant plus de dévots qu'il se laisse adorer à crédit. L'avantage que l'on trouve à ce système, c'est que la maison aura un certain ensemble, banal j'en conviens, et que nous retrouverons parfois, avec de bien légères variantes, depuis l'entre-sol jusqu'au quatrième étage, — mais qui du moins ne choque pas.

L'inconvénient, c'est que le tapissier se charge de l'ébénisterie sans la connaître: on ne s'improvise pas ébéniste! le métier veut un long apprentissage, que le tapissier n'a pas le temps de faire; aussi son ingérence dans la fourniture des meubles pourrait-elle, en se prolongeant, comme elle menace de le faire, porter un coup fatal à la haute fabrication.

C'est là un danger que je veux au moins signaler.

L'ébénisterie, telle qu'elle se pratique aujourd'hui en France, peut se diviser en trois catégories bien distinctes :

L'ébénisterie en gros, qui travaille pour l'exportation, dont nous pouvons considérer les représentants comme les pionniers de la civilisation française à l'étranger. Partout où ils sont allés avec leurs meubles, on voit bientôt venir le cortége des autres fournisseurs auxquels ils ont frayé la route ;

La seconde catégorie comprend les maisons d'un ordre supérieur, qui travaillent pour ce que l'on appelle les gens comme il faut, la bonne compagnie, les fortunes aujourd'hui modestes, enviables autrefois, entre vingt-cinq et soixante mille livres de rentes;

La troisième catégorie, la plus élevée et la moins nombreuse, ne s'adresse qu'à la grande richesse et aux maisons de haut luxe.

Comme type de la première catégorie, je citerai la maison Collin Damin et Cᵉ, qui a succédé aux Kruger et aux Racaut. Cette maison, fort importante, puisqu'elle a fait en 1872 un chiffre d'affaires de près de six millions, occupe un nombre considérable d'ouvriers, fait rapidement et à bon marché, *et reproduit cinq à six cents fois* le même objet. L'art, on le comprend, a peu de chose à voir avec ce genre d'industrie. Du reste, la facilité croissante des voyages, la venue à Paris des gens riches de toutes les parties du monde, qui veulent avoir visité au moins une fois cette capitale de tous les luxes et de toutes les élégances, portent un coup sensible à l'industrie, qui trouvait jadis sa fortune dans l'exportation. Ceux qui viennent à Paris, — et tout le monde y vient maintenant, — se montrent plus difficiles que par le passé: ils veulent faire leur choix eux-mêmes, et ne se laissent plus imposer la volonté d'un autre.

Comme représentant assez exact de la deuxième catégorie, je citerai la maison Mazaros, qui fait travailler habilement les machines, et qui, sans arriver à la beauté artistique, apporte du moins beaucoup de soin dans sa fabrication courante. Les meubles exposés à Vienne par M. Mazaros sont quelque peu au-dessus de cette moyenne, honnête, mais modérée. Mazaros a la confiance d'un certain nombre de maisons d'Orient, entre autres du khédive d'Égypte, qui a plus de fortune que de goût : chacun sait cela.

Dans la troisième catégorie nous trouvons d'abord M. Fourdinois, auquel on ne pourrait reprocher que d'être un peu trop égal à lui-même, et de ne point varier suffisamment des formes qui sont d'ailleurs pures et belles. Si le chiffre de ses affaires est peu considérable, il faut reconnaître que sa fabrication est tout à fait supérieure et absolument digne de la clientèle aristocratique et opulente pour laquelle il travaille, — à des prix inabordables. M. Fourdinois a obtenu à Vienne le prix d'honneur de sa section, — et ce fut justice.

Grohé est aussi un artiste industriel du plus rare mérite. Ses meubles nous offrent cette particularité précieuse d'être tout à la fois très-riches et d'un facile usage; la ligne générale en est simple, mais ils sont toujours franchement artistiques, reproduisant avec une fidélité qui défie la plus sévère critique les plus beaux types de l'époque qu'il a choisie. Ajoutez, au point de vue de l'exécution, une main des plus habiles, et qui signe ses œuvres en leur imposant un cachet reconnaissable pour tous ceux qui ont le sentiment de la ligne et l'instinct de la forme.

En dehors de ces maîtres, véritables chefs d'industrie avec lesquels il faut compter, et qui auront un jour leur place marquée dans l'histoire du travail au dix-neuvième siècle, histoire qui mérite tant d'être écrite, si elle trouve jamais un écrivain digne d'elle, il faudrait citer encore, seulement pour Paris, un certain nombre d'industriels véritablement artistes, dont le chiffre d'affaires est peu considérable, qui n'ont même pas ce que l'on peut appeler un atelier, mais qui pourtant travaillent admirablement. Ce sont le plus souvent de simples ouvriers, parvenus, à force de persévérance, d'économie et d'infatigable zèle, à être leurs propres patrons. Ils ont lutté toute leur vie pour arriver à bien faire, et ils se résignent plutôt à rester pauvres qu'à laisser sortir de leurs mains des objets dont les conditions de fabrication ne leur sembleraient pas excellentes.

Tel est, par exemple, M. Lanneau, qui figurait à l'exposition de Vienne avec quelques meubles d'une grande simplicité, que la foule pourrait effleurer pendant dix ans sans songer même à les regarder, mais dont l'irréprochable dessin, la composition à la fois simple et savante, satisfont les juges les plus difficiles et charment ce qui reste encore en ce monde de véritables amateurs. Ancien dessinateur de la maison Jeanselme, Lanneau est aujourd'hui établi ; mais il ne travaille que sur une petite échelle, et c'est avec des moyens bornés qu'il obtient des résultats si remarquables.

Un peu plus considérable peut-être, la fabrication de Roudillon n'est ni moins consciencieuse ni moins soignée. Tout près de lui se place M. Le Moine, homme d'un vrai savoir, le plus érudit peut-être de nos fabricants, et qui a fondé l'utile association du patronage des jeunes apprentis. Cette association, hâtons-nous de le dire, a trouvé chez la plupart des fabricants un encouragement sympathique... et effectif, car ce pauvre capital tant calomnié, à qui l'on reproche de n'avoir pas d'entrailles et de s'enfermer dans son sac, fait au contraire les plus courageux efforts et les plus généreux sacrifices pour faciliter les progrès du travail sérieux ; jamais ceux qui sont arrivés n'ont tendu une main plus fraternelle à ceux qui veulent parvenir en suivant la voie honnête et droite. — Grâce à Dieu, c'est toujours la plus courte et la plus sûre. — MM. Roudillon et Le Moine étaient représentés à Vienne par d'excellents spécimens de leur belle et consciencieuse fabrication, qui ne fait pas honneur à eux seuls, mais à toute l'industrie française.

C'est encore un ouvrier, un glorieux parvenu du travail, ce bon Diehl, venu jadis à Paris avec trente-deux francs dans sa poche, et

qui est aujourd'hui un des fabricants les plus riches et les plus justement considérés de la place. Très-habile, très-fin, très-chercheur,
trop fin même et trop chercheur, car il croit toujours que la seconde
idée vaut mieux que la première, et, déjà en possession du bien, il
s'élance à travers tous les obstacles à la conquête du mieux... que
l'on n'est pas toujours sûr de rencontrer.

La fabrication de Diehl, qui s'élève à un chiffre d'affaires considérable, s'attaque surtout aux petits objets : c'est le roi de la mar-
queterie ; personne n'incruste avec plus de goût l'ivoire dans l'ébène,
ou le cuivre dans l'écaille ; il fait la *partie* et la *contre-partie*, et il est
passé maître dans l'une et dans l'autre. Mais notre ambitieux n'a
pas voulu se contenter de ces choses excellentes. Il s'est dit que,
faisant un aussi long voyage que celui de Paris à Vienne, il y devait
apporter un bagage plus considérable. Aussi avons-nous trouvé dans
son exposition des morceaux tout à fait remarquables, et ce que l'on
peut appeler vraiment des *pièces capitales*.

Dans l'impossibilité où nous sommes de les faire connaître toutes,
nous nous contenterons de citer quelques-unes de celles qui nous
ont paru les plus dignes d'intérêt.

On a surtout admiré un grand buffet Louis XVI, acajou d'Afri-
que, dont, par places, le bois disparaissait sous l'abondance d'une
ornementation magnifique.

Cette ornementation était en bronze doré mat, dont l'effet artistique était vraiment saisissant.

Sur le panneau du milieu on remarquait une scène pastorale, dans
la manière de Watteau, rendue avec une perfection extrême. La pastorale formait médaillon, et le médaillon était surmonté de génies
enguirlandés, d'une exécution pleine de finesse. Le fronton du meuble formait bas-relief, et déroulait devant nous les scènes les plus
gracieuses. De petits amours jouant à la main chaude : tel était le
sujet de ce bas-relief, dont tous les détails accusaient une perfection
rare.

La table qui accompagnait ce buffet était montée sur huit pieds,
très-richement décorée, avec les mêmes motifs. On s'arrêtait avec
complaisance devant ces deux pièces, d'un grand goût et d'une
richesse extrême. M. Diehl avait aussi dépensé beaucoup de recherches
et d'érudition pour la composition d'un lit superbe, style grec, ébène
et citronnier, deux bois dont l'alliance intelligente est des plus heureuses, et que rehaussaient d'ailleurs des bronzes somptueux dorés
mat, et des incrustations allégoriques d'une richesse de détail et
d'une pureté d'exécution qui deviennent fort rares aujourd'hui.

C'est au même style, qu'un caprice intelligent de la mode a pris
sous sa protection, qu'appartenait un fort beau buffet à trois battants, orné de bronzes dorés, représentant des sujets antiques. Tout
à côté, une longue table, montée sur huit pieds, et soutenue par des
griffons en bronze doré, offrait un ensemble de sujets mythologi-

ques, que l'on peut regarder comme le dernier effort de la marque-
terie sur bois.

Une autre table, mais celle-ci dans le style romain, était ornée de
ravissantes incrustations, représentant toutes les péripéties d'une
course de chars. On eût dit un véritable tableau.

Si, du monde grec, nous voulions passer au monde de la Renaissance, qui en est un souvenir et un reflet, nous trouvions chez Diehl
un immense prie-Dieu en ébène, richement sculpté et surmonté
d'un encadrement, avec colonnes à jour, contenant un médaillon en
bronze florentin, qui représentait la scène émouvante du crucifie-
ment de Notre-Seigneur, avec une puissance d'émotion singulière.
Le Christ est là, sur l'arbre du Salut, entre les deux voleurs; au
pied de la croix les Saintes Femmes forment un groupe pathétique.
Monseigneur l'archevêque de Vienne, Son Éminence le cardinal
Rauscher, s'est arrêté longtemps devant ce bel objet d'art, qui est
aussi un objet de piété, et qui peut également figurer dans un
musée et dans une chapelle.

De la Renaissance à Louis XIII, il n'y a qu'un pas. Il est franchi.
L'époque de Louis XIII a été fort remarquable dans l'histoire du
mobilier français : elle a su unir la sévérité à l'élégance; toutes ses
œuvres sont marquées au cachet de la distinction, et celles-là, entre
toutes, sont véritablement françaises. Nous avons donc vu avec
grand plaisir, dans l'exposition de Diehl, un meuble à bijoux qui
s'est inspiré des belles compositions de ce temps. Il est en ébène,
avec incrustations d'ivoire, et son grand panneau est orné d'une
peinture camaïeu, sur plaques d'ivoire, représentant *Vénus sortant
des eaux*, d'une morbidesse et d'une grâce exquises.

Je ne parlerai même pas de cette profusion de coffrets de toutes
formes, de tous styles et de toutes grandeurs, que Diehl avait envoyés
à Vienne. Il y avait pourtant là une boîte en ivoire qui était un
véritable prodige d'élégance : la fabrication du petit objet ne saurait
aller plus loin. Mais le chef-d'œuvre de l'exposition de Diehl était,
sans contredit, son grand médaillier, que l'on put voir dans les
beaux appartements qu'occupait au Ring-Park M. du Sommerard,
notre commissaire général, et où, deux fois par semaine, se pressait
l'élite de la bonne compagnie française et autrichienne.

Le panneau central de cette grande pièce, merveilleusement sculptée et d'une importance capitale, supportait un bas-relief en bronze
argenté, représentant un des grands épisodes de notre histoire, la
Défaite d'Attila, par Mérovée, dans la fameuse bataille de Châlons-
sur-Marne, en 451.

. Ce médaillier, d'une richesse exceptionnelle, est certainement une
des plus belles manifestations de l'art français à Vienne, et il a
placé le nom de Diehl très-haut dans l'estime des amateurs éclairés.
Il y restera.

XXIII

Les meubles que nous avons passés en revue jusqu'ici, remarquables par leur bonne fabrication, très-ingénieux comme disposition générale, ornés avec goût, décorés avec soin, ne sortaient point, cependant, des conditions ordinaires du mobilier plus ou moins élégant que nous voyons généralement chez les gens riches.

Mais l'Exposition de Vienne nous en réservait quelques-uns d'une richesse et d'une recherche tout à fait exceptionnelles, et qui se présentaient à nous sous un aspect si remarquable que nous leur devons une mention particulière.

Tel est, par exemple, un objet d'ameublement, qui est en même temps un objet d'art, et que j'ai rencontré dans l'exposition de MM. Christofle et Bouilhet. Beaucoup de gens l'ont regardé comme une des choses les plus magnifiques qu'il y eût à Vienne, au palais du Welt-Ausstellung. La célèbre maison française qui l'a créé le désignait sous ce simple titre : *Meuble à bijoux.* C'est peut-être trop de modestie, et on lui aurait pardonné une appellation plus pompeuse.

Composé et dessiné avec un soin extrême, et après de patientes et consciencieuses études, par M. Charles Rossigneux, ce meuble est, comme ensemble de lignes et comme aspect général, dans le goût et le style des meubles de la Renaissance. Mais MM. Christofle et Bouilhet, Rossigneux et ses collaborateurs, ont voulu qu'il fût comme le résumé de l'art contemporain, et qu'il nous offrît le spécimen le plus parfait de ce que peut faire l'orfévrerie moderne pour décorer richement un meuble précieux. La ciselure, l'incrustation, les damasquinures de toute espèce, l'émail cloisonné, l'émail translucide, l'émail de couleur, et le bronze finement patiné, tout a été mis en œuvre pour enfanter cette merveille, que je me sens impuissant à décrire. M. Charles Rossigneux a trouvé là un prétexte heureux pour déployer les plus rares qualités de sa nature d'artiste, cultivée par le travail de tout une vie.

La forme générale du meuble révèle les habitudes sérieuses de l'architecte, qui donne à tout ce qu'il fait un caractère de force et de durée. Son aspect est celui d'un *cabinet*, porté par deux colonnes et deux pilastres, ornés de chapiteaux et d'appliques en bronze doré. Il est fermé par une porte ornée d'un panneau de bronze *ajouré*, encadrant un émail translucide, et recouvrant un coffret en acier damasquiné, et un certain nombre de tiroirs, incrustés d'ivoire découpé finement. Les deux panneaux latéraux cachent discrètement de petites armoires à secret.

Tel est l'ensemble du meuble ; mais ce dont il est véritablement impossible de se rendre compte, si on ne l'a pas vu, c'est de la richesse, de l'élégance et de la beauté tout à fait artistique de son ornementation. Le médaillon de l'*Amour vainqueur*, figuré sur le grand panneau central, et peint sur émail à fond violet, par M. de Courcy, est vraiment charmant. Ce fils de Vénus est beau comme sa mère ; sa tête blonde est d'un éclat incomparable. Respirant la sérénité olympienne qui est, comme on sait, le caractère de la beauté antique, il semble indifférent aux peines des mortels, et c'est d'un œil froid, dédaigneux, presque cruel, qu'il jette les yeux sur son carquois d'émail bleu, tout rempli des flèches inévitables qui font aux dieux et aux hommes ces impitoyables blessures dont on ne veut pourtant pas guérir, tant on sent de douceur dans leur amertume. Consacré à l'Amour, dont il veut célébrer le triomphe, le beau meuble de M. Rossigneux semble prendre à plaisir de réunir tous les symboles et tous les attributs de celui dont on a dit :

> Qui que tu sois, voici ton maître :
> Il l'est, le fut ou le doit être !

Ici les myrtes et les lauriers, consumés par une flamme ardente, brûlent avec un pétillement joyeux ; plus loin, des cœurs unis, exposés sur des autels, paraissent ne se consumer que pour renaître de leurs cendres. Au-dessus du monument consacré à l'amour, e comme couronnement de l'édifice, un vase Louis XVI élance vers le ciel une bouffée de flammes... Et comme si ce n'était pas encore assez de tous ces symboles, pourtant assez significatifs et assez clairs, toutes sortes de devises galantes, tour à tour tendres ou passionnées, les expliquent et les commentent. S'il est vrai, comme on l'a dit, que l'unité dans la variété est une des conditions de la beauté artis tique, il faut savoir reconnaître que le meuble à bijoux composé par M. Rossigneux est aussi voisin que possible de cette idéale perfection. Il ne perd point son but de vue un seul instant. Je n'aura plus rien à dire de la beauté de l'exécution quand j'aurai cité des noms comme ceux de M. Berger, qui a modelé les ornements de ce meuble exceptionnel, et de M. Mathurin Moreau, qui a sculpté les figures du cartouche. L'éclat de la couleur égale ici la pureté de la forme. — Le *Welt-Ausstellung* ne nous a rien montré de plus parfait.

XXIV

M. Barbedienne, de son côté, avait aussi exposé quelques meubles d'un travail si rare et d'un tel fini que nous ne croyons pas avoir le droit de les passer sous silence. Je ne sais d'ailleurs rien de plus joli que ce délicieux coffret grec, de forme ovoïde, avec poignée, qui fut l'objet des secrètes convoitises de plus d'un musée. De chaque côté, une tête de lion forme la poignée. La crinière et la langue sont en or vierge ; les yeux et les dents en argent ; le reste de la face, en bronze. Ces superbes animaux mordent un anneau en argent doré, et bien

5

hardi qui leur fera lâcher prise. Ce coffret-bijou repose sur quatre pattes de lion en argent, dont les griffes sont d'or. Ces pattes s'allongent capricieusement en feuilles d'acanthe, d'où sort une tête d'*Ariane* antique, à la face de bronze et à la chevelure d'or. La fantaisie ne saurait aller plus loin, tout en restant fidèle aux règles éternelles du beau.

Le coffret grec, merveille de l'art français, est orné de médaillons d'argent, entourés de légers cercles d'or, représentant l'un *Diane* et *Apollon*; l'autre, *Mars* et *Vénus*. Le tout est enrichi d'ornements, dans le style grec le plus pur, nous montrant de jolies figures en bas-reliefs, en or et en argent, d'une irréprochable exécution, et habilement incrustées dans le bronze.

Cette délicate merveille est due à l'intelligente et heureuse collaboration de MM. Constant Sévin et Désiré Attarge, — *Arcades ambo!*

On sait que M. Barbedienne a été chez nous un des premiers à s'occuper de l'émail, si florissant jadis, puis oublié pendant de longues années, et dont il nous a été donné de voir la renaissance, aussi brillante qu'elle était inattendue. Notre grand industriel avait exposé à Vienne un assez beau choix de tables, coffrets, jardinières, flambeaux et candélabres. Quelques-unes de ces pièces étaient d'une importance exceptionnelle et d'une perfection de travail qui permettaient à l'artiste français de rivaliser avec la Chine et le Japon. Jamais, peut-être, le drapeau de l'industrie nationale n'avait été tenu d'une main plus ferme. La monture des pièces a, comme on sait, une très-grande importance dans la manufacture du bronze. La précision et la solidité de l'assemblage, la beauté des figures, la pureté des surfaces unies de l'ornementation contribuent singulièrement à la perfection de ces objets, marqués au cachet de la recherche et du luxe.

L'exposition de Barbedienne nous montrait quelques échantillons fort distingués de ce genre de mérite. Je me contenterai de citer deux grands vases en émail cloisonné, genre chinois, de 1m62 de hauteur, sur 0m70 de diamètre, dont la monture en bronze noir frotté d'or, genre chinois, comme le vase lui-même, avec dragons, papillons, arabesques et pendeloques, nous a paru un morceau d'une facture excellente, aussi distingué par la perfection de son travail que par la brillante imagination qui préside à sa composition. Je décernerai le même éloge à la monture d'un guéridon octogone, en émail cloisonné chinois, de 0m93 de diamètre, en bronze doré, vert et noir frotté d'or, avec arabesques, éléphants et clochettes, d'une magnificence rendant impossible toute comparaison.

Barbedienne, comme s'il eût tenu à honneur d'embrasser le cercle complet des arts décoratifs, à l'aide desquels l'homme de goût embellit sa demeure, avait aussi exposé quelques meubles, inspirés le plus souvent par cette grande et belle époque de la Renaissance, qui vit éclore tant de merveilles, et dont la riche ornementation admet tout à la fois la sculpture, la ciselure et l'incrustation. Il serait difficile vraiment d'unir plus de goût à plus de recherche. De telles œuvres ont fait beaucoup pour assurer et maintenir notre suprématie à l'étranger dans la carrière des arts industriels.

XXV

Nous ne saurions terminer cette revue du mobilier français, si remarqué à Vienne, sans dire un mot du perfectionnement récemment apporté dans un objet bien simple en apparence, devenu aujourd'hui de première nécessité, et dont l'art, ce grand magicien, a su, en y appliquant le fer bronzé, estampé, doré, platiné, le cuivre poli et travaillé, et la toile métallique avec dessins, faire un ornement coquet et de la plus riche fantaisie.

Nous voulons parler des garde-feux.

Ce qui a nui jusqu'ici à la vulgarisation des écrans, c'est la mauvaise condition dans laquelle ils se présentaient à nous. Sous le prétexte, très-bien trouvé et très-juste, de nous garantir des dangers du feu, ils nous enlevaient, grâce à leur mauvaise organisation, parfois sa chaleur et toujours sa gaîté. Il eût été vraiment plus simple de n'avoir pas de feu du tout que de le placer ainsi derrière un obstacle épais et opaque, qui empêchait complétement de sentir sa bienfaisante influence. C'était là, pourtant, ce qui arrivait infailliblement avec les plus usités, les plus élégants et les plus artistiques des écrans du temps passé, — les écrans en tapisserie, dont le dix-septième et le dix-huitième siècle nous ont légué de si jolis spécimens. Nous les avons un jour entendu nommer *écrans d'été*, et ce n'était vraiment pas si mal dit, car ce genre d'écran était bon surtout pour le temps où l'on n'allume pas le feu, et où, par conséquent, ils ne peuvent pas le cacher. Ils ne cachent que la cheminée, et dans ce siècle de maçons où nous vivons, car, hélas! les architectes sont morts, je ne trouve point que ce soit un si grand malheur! — Le véritable écran d'hiver, c'est celui que M. Bellenger-Fasbender avait envoyé à Vienne. Sa trame métallique est disposée de façon à pouvoir intercepter au passage les mortelles caresses de la flamme, sans s'opposer au rayonnement de sa chaleur; sans priver non plus les yeux de sa vive et douce lumière, qui vous réjouit déjà, avant même que son action bienfaisante ne vous ait pénétré!

Mais M. Bellenger-Fasbender, qui est un artiste en même temps qu'un industriel, — c'est pour cela que je parle de lui, — ne s'est point borné au côté utile et pratique de son invention. Il a compris, et c'est de quoi je le loue, que cette grande surface métallique ne saurait, par elle-même, offrir à l'œil rien de bien agréable. Aussi s'est-il appliqué à la décorer à l'aide de sujets rapportés ou incorporés dans le tissu même. Ces ornements admettent, d'ailleurs, une variété infinie; les chiffres y figurent avec les armoiries en émaux, de couleurs naturelles, que le feu avive et fait resplendir. D'autres fois, ce sont de véritables tableaux de genre, des sujets de tous les styles et de toutes les époques, jetés d'une main légère au milieu de l'écran, mais disposés de façon à ne jamais intercepter la chaleur et à laisser passer la lumière de la flamme. C'est ainsi qu'on n'altère, par aucun inconvénient, le très-réel service que cette ingénieuse découverte est, sans aucun doute, appelée à nous rendre.

Les tissus métalliques de la maison Fasbender-Bellenger nous ont paru supérieurs à tout ce que l'on a fait jusqu'ici; ils ne réalisent pas seulement un progrès : ils constituent une véritable découverte. C'est pourquoi nous avons tenu à les mentionner ici. N'est-ce pas le premier fruit des expositions de mettre ainsi le public en rapport avec les inventeurs, et n'est-ce point aussi le devoir de la presse de rendre ces rapports plus profitables et plus faciles ?

Pour notre compte, nous ne nous sommes jamais proposé d'autre but.

XXVI

Ce but, nous l'avons atteint une fois de plus, le jour où nous nous sommes trouvé à Vienne en présence de l'exposition de Mᵐᵉ Delong.

C'est qu'en effet Mᵐᵉ Delong, dont le nom s'inscrit aujourd'hui sur la liste glorieuse des inventeurs, a réalisé un notable progrès dans la façon de traiter les métaux, destinés à la décoration et à l'embellissement de nos intérieurs. On ne s'imagine pas aisément ce qu'il y a d'énergie et de force dans cette délicate main de femme, que dirige une intelligence de premier ordre.

Mᵐᵉ Delong traite le fer, l'acier, la tôle, le bronze, le cuivre, le zinc, comme l'ébéniste traite le bois. Grâce à des scies mécaniques d'une puissance inconnue jusqu'ici, et dont le mode d'opération est d'une simplicité qui n'a d'égales que la netteté et la précision de leurs opérations, elle arrive à des résultats pratiques que l'on n'avait pas même soupçonnés avant elle : elle supprime le temps, car c'est une véritable improvisatrice : elle diminue singulièrement les frais, et ne paraît pas se douter des difficultés dont elle triomphe comme en se jouant.

On sait de quels obstacles fut longtemps entouré le travail des métaux.

Un ouvrage en fer quelque peu considérable absorbait jadis tout une vie d'homme.

Aujourd'hui, en employant les procédés de Mᵐᵉ Delong, on travaille le métal avec la même aisance et la même promptitude que le bois lui-même.

Plus de moulage par la fonte, plus de repoussage par le marteau, plus de finissage par la lime.

Le métal, quelle que soit sa densité, est scié, découpé, sculpté, percé à jour, comme le serait une planchette de sapin à la fibre molle et tendre.

L'outil dont se sert l'habile industrielle n'est pas seulement assez puissant pour vaincre les substances réfractaires qu'on lui livre; il est encore assez docile pour se plier à toutes les exigences, à tous les besoins, à toutes les fantaisies d'un ingénieux esprit.

Mᵐᵉ Delong avait appliqué tout d'abord les premières découvertes de son génie inventif au reperçage et au recoupage des métaux précieux. Les bijoux, éclos sous ses doigts comme des fleurs d'or, peuvent soutenir la comparaison avec les chefs-d'œuvre des maîtres du genre. Mais elle ne voulut point s'en tenir là, et elle eut l'idée heureuse de se servir des instruments créés par elle pour travailler le fer, le zinc et le cuivre, en vue de leur application aux constructions architecturales. Il lui fallut alors agir sur de grandes surfaces, et sur des épaisseurs considérables.

D'autres l'avaient essayé avant elle, et leurs efforts étaient demeurés infructueux. Avec une persistance que rien n'a pu décourager, avec une supériorité d'intelligence à laquelle nous ne marchanderons pas l'éloge, car nous l'avons rarement rencontrée à un égal degré, même chez les hommes les plus distingués, Mᵐᵉ Delong est arrivée à créer des machines irréprochables, et des scies dont la dentelure, inventée par elle, exécute un travail qui n'a besoin d'aucune retouche.

Ces merveilleuses scies sont certainement une des créations les plus étonnantes et les plus utiles de notre époque, et Mᵐᵉ Delong a su donner à chacune d'elles la trempe la plus en rapport avec le métal qu'elle devait travailler.

A l'aide de ces instruments, Mᵐᵉ Delong perce des trous, taille des arabesques, découpe des dentelures, fines comme les vraies dentelles les plus aériennes, dans des plaques de cuivre de sept centimètres d'épaisseur !

Je ne sais rien de plus curieux que de suivre le travail de ces outils sans pareils, qui savent, au besoin, abandonner la verticale et prendre des inclinaisons d'une obliquité variée, selon les exigences de la tâche qu'on leur confie.

L'industrie toute nouvelle du découpage mécanique des métaux, réduisant les prix de la main-d'œuvre, hâtant l'exécution du travail, livrant du premier coup, et sans retouche, une œuvre finie, est appelée à produire une véritable révolution dans la décoration de nos demeures.

Les procédés de Mᵐᵉ Delong ne permettent pas seulement de remplacer le bois découpé par le métal ; mais, en combinant avec goût les métaux entre eux, en mariant à une applique découpée des ornements repoussés au marteau, en recherchant l'harmonie des tons heureusement contrastés et des nuances se faisant valoir les unes par les autres, ils ouvrent à l'art décoratif des perspectives nouvelles et presque infinies.

Mme Delong avait envoyé à Vienne des échantillons nombreux et variés de sa belle et intelligente fabrication : de la serrurerie d'art, des portes découpées à jour, des rosaces, des pavillons, des lambrequins, des fragments d'escalier, des grilles de chapelle, des fermetures de chœur, des rampes, des plaques de chauffage, des coupoles d'église, des impostes et des panneaux, des chiffres hardiment découpés, des morceaux de balcon à la tournure souple et légère, enfin des ornements de toute espèce, qui parurent à tout le monde aussi remarquables par l'élégance de leur dessin que par l'irréprochable perfection de leur travail.

Les plus flatteuses distinctions ont récompensé ces beaux résultats. — Mais personne n'a supposé la faveur, et chacun a salué la justice.

XXVII

L'industrie des tentures d'appartement est une des plus brillantes spécialités de la France. On sait le grand éclat qu'ont jeté depuis des siècles les fabriques d'Arras et de Beauvais, la Savonnerie et les Gobelins, ceux-là mêmes que tentèrent d'incendier les torches de la Commune. Aujourd'hui, l'industrie privée, que le mouvement social et politique tend à substituer partout à l'action gouvernementale, et qui se pose si résolûment en face des anciennes manufactures privilégiées et placées sous la protection de nos souverains, crée à son tour de véritables merveilles. Nous sommes donc heureux, puisque ni les Gobelins ni Beauvais n'ont daigné figurer à Vienne dans le grand concours industriel des nations, d'y rencontrer une maison de premier ordre, connue depuis longtemps pour l'excellence de ses produits et le grand goût qui préside à toute la partie artistique de sa fabrication.

J'ai nommé la maison Braquenié.

Les organisateurs de l'Exposition avaient fait à la maison Braquenié l'honneur bien mérité de lui confier la décoration de la belle entrée de la galerie française, désignée sous le nom de PORTE D'ITALIE. Grâce à ces habiles industriels, cette porte d'Italie avait pris un caractère singulièrement grandiose. La tenture dont ces messieurs l'avaient ornée était un magnifique tapis d'Aubusson, sans envers, à fond rouge, sur lequel se détachaient des branches d'olivier, dont la verdure, habilement jetée sur la pourpre du fond, s'en détachait de la façon la plus heureuse.

L'ensemble de l'exposition Braquenié, dans la nef principale de la France, s'offrait du reste à nous sous le plus bel aspect.

Le centre était occupé par une composition grandiose, empruntée à cette souriante mythologie des Grecs qui sera longtemps encore l'abondante et inépuisable source d'inspiration à laquelle viendront se désaltérer nos artistes: « l'*Enlévement d'Europe* ». Le père des dieux, qui aima souvent à être aussi le père des hommes, a pris la forme insidieuse chantée par les poètes; — celle d'un beau taureau, paisible et caressant; — il incline devant la jeune fille ses reins souples et puissants, et tourne vers elle sa tête parée de guirlandes et de couronnes. Elle, cependant, confiante comme la jeunesse, inconsciente du péril, s'élance sur cette monture nouvelle, et se livre aux flots, moins perfides que son ravisseur. La scène est fort bien rendue, avec une vérité, une facilité, une aisance que ne surpasserait pas le pinceau le plus habile. C'est le cas de répéter ici, en y faisant une variante légère, le mot du poète latin :

« *Et varios discet mentiri lana colores!* »

Au-dessous de cette pièce superbe, et comme pour lui faire cortége, on a placé un ensemble de siéges, chaises, fauteuils et canapés, dont la décoration est dans le même style et appartient au même ordre d'idées, ainsi que le prouvera, du reste, la simple énonciation des sujets: *Diane et Endymion; l'Enlévement de Déjanire; Daphné*, la belle victime d'Apollon; la *Chute d'Icare*, le premier inventeur des ballons..... plus lourds que l'air; *Orphée* et *Arion*, ces deux virtuoses du monde antique, dont l'un charma les monstres, et dont l'autre ne put attendrir les femmes; la *Diane chasseresse*, dont la vertu farouche et la fière beauté ont inspiré tant de sculpteurs, de peintres et de poètes.

De chaque côté du panneau central, on a placé quatre autres petits panneaux sur fond d'or, figures et attributs d'après des dessins d'Audran; ce sont *Jupiter, Vénus, Minerve, Mercure*. Ces fiers habitants de l'Olympe n'ont pas à se plaindre de la forme sous laquelle on les présente à l'admiration de la terre : ils ont un air de grandeur, de noblesse et de dignité qui rappelle leur céleste origine.

Deux compositions de M. Galland, formant trophée, célèbrent la *Paix* et la *Guerre*, dans un fort beau style, qui nous a paru remplir toutes les conditions de l'art décoratif.

L'exposition de M. Braquenié se couronnait, sous les frises, par cinq grands panneaux, dont les sujets ont été tirés, avec beaucoup de verve et d'esprit, de la vie héroïque et grotesque de l'ingénieux chevalier de la triste figure, *Don Quichotte de la Manche*, par Coypel, un des pinceaux les plus vifs, les plus humoristiques et les plus brillants de notre école française.

Dans une autre galerie (car on ne se logeait point à Vienne comme on voulait), MM. Braquenié avaient exposé un magnifique tapis velouté d'Aubusson, du genre que l'on appelle Savonnerie, avec guirlandes, corbeilles de fleurs et arabesques légères, se détachant sur un fond vert, très-calme et très-doux, qui soutenait puissamment l'harmonie de l'ensemble. L'artiste auquel on doit cette belle composition avait placé aux quatre angles un lion couronné, dans le style et l'attitude indiqués par l'art héraldique. On remarquait au centre des médaillons avec chiffres, et une imposante couronne ducale.

Ce très-beau produit, d'une fabrication tout à fait remarquable, orne aujourd'hui le salon du duc de Chaulnes, homme de goût et amateur éclairé, dont le mobilier se distingue jusque dans ses moindres détails par un caractère vraiment artistique.

Un autre tapis, également de grandes proportions, nous offrait une des compositions les mieux venues de M. Eugène Lamy, ce peintre de la vie heureuse, ce maître des élégances mondaines, dont l'atelier est un salon, et qui a rempli nos maisons, nos hôtels et nos palais des œuvres exquises de sa fantaisie. MM. Braquenié ont bravement accepté la lutte avec cette palette éblouissante, et ils n'ont pas été vaincus. Ils se sont inspirés du goût pur et de l'art ingénieux de M. Eugène Lamy, et ils ont produit un des plus magnifiques tapis qui se puissent voir, dans ces tons gais et clairs, riches et doux tout à la fois, qui sont la fête de nos yeux.

On voit que si nous avons eu le regret de ne pas rencontrer à Vienne les grandes œuvres des fabriques de l'État, une véritable compensation nous était réservée, puisque nous devions nous trouver en face des produits d'une maison vraiment importante, à laquelle ne suffisent déjà plus ses ateliers de France, mais qui envahit la Belgique, où elle entretient une colonie de travailleurs, et qui fait ainsi reconnaître à l'étranger la suprématie de notre goût et la valeur de notre industrie artistique.

XXVIII

Le mérite des expositions, le fruit le plus précieux que nous en puissions retirer, et pour nous et pour nos lecteurs, c'est la découverte de procédés nouveaux, c'est la conquête bien constatée pour l'industrie d'un résultat que l'on n'avait point encore obtenu jusqu'ici. Quand, sous la chaleur accablante qui dévore les étés de Vienne, au milieu de cette foule bourdonnante qui encombrait les galeries du Prater, nous avions le bonheur de la trouver, cette chose nouvelle, nous qui dirions volontiers avec le poëte :

Il nous faut du nouveau, n'en fût-il plus au monde!

il nous semblait que nous n'avions pas perdu notre journée; nos fatigues étaient vite oubliées, et nous rentrions chez nous le cœur joyeux.

Nous avons eu cette rare bonne fortune le jour où nous avons rencontré les intéressants produits de la manufacture des *Tapisseries de Belleville* et les beaux *Velours-Savonneries* de MM. Berchoux et Guerreau.

Les produits de la manufacture de Belleville ne ressemblent à rien de ce que l'on a vu jusqu'ici. Leur trait saillant consiste dans l'incorporation à un tissu quelconque, drap, moquette, toile au besoin, d'un ornement en velours, de tel caractère, de tel style et de telle importance que l'on voudra. Et cette incorporation est si parfaite, si absolue, réalisée à l'aide de procédés tellement certains et tellement précis, que le principal et l'accessoire ne font plus qu'un, et que l'on ne sait où celui-ci commence, où finit celui-là.

L'industrie des Velours-Savonneries, nous le disions tout à l'heure, est nouvelle chez nous, de même qu'elle est inconnue ailleurs. Elle date d'environ quinze ans. Ses premières tentatives furent tout à fait enfantines. Elles se bornèrent dabord à quelques semés de pois, de fleurettes et d'étoiles, que l'on jetait sur des étoffes de robes. Les commencements de toutes choses sont difficiles, et la perfection ne s'improvise point.

Ce fut seulement en 1865 et 1866 que s'opéra la transformation décisive d'un article qui devait acquérir plus tard une si réelle importance. Ce fut à ce moment que l'on vit apparaître pour la première fois des dessins de style, des ornementations de toute espèce et des décors de tous genres : portières, tentures, lambrequins, couvertures de cheminées, meubles de fantaisie. En un mot, ce qui jusque-là n'avait paru réalisable que dans les grands ateliers d'Aubusson et des Gobelins, une fabrique modeste le faisait, et, grâce à la modicité savamment obtenue de son prix de revient, elle rendait accessibles, même pour les petites bourses auxquelles on ne songe point assez, ces délicates merveilles. Les monogrammes, les blasons, avec leurs armoiries compliquées au gré de la science héraldique, qui présentaient de si sérieuses difficultés dans la fabrication de toutes les étoffes pour meubles, exécutés maintenant à palette libre et incorporés, comme nous le disions tout à l'heure, à toutes sortes de tissus, arrivent à produire les plus beaux effets de décor et d'ornementation dans les appartements où ils figurent.

Au point de vue de la fabrication, il ne faudrait pas confondre le Velours-Savonnerie avec les applications sur étoffe dont il a fait naître l'idée chez des contrefacteurs maladroits. Ni comme aspect général, ni surtout comme solidité, la comparaison n'est possible. Les divers essais tentés jusqu'ici par la fabrique de Belleville sur les étoffes les plus différentes ont complétement réussi. Le Velours-Savonnerie, c'est chose prouvée aujourd'hui, convient également au reps et à la tapisserie, à la soie et au velours d'Utrecht, et même à la toile à voile. Employé en larges surfaces, il donne un fini et un rendu de travail qui permettent de le comparer aux productions similaires les mieux réussies des Gobelins eux-mêmes.

Je terminerai par cette considération, qui ne laisse point que d'avoir son prix à une époque où quelques spécialistes brillants ont fait un art véritable de la décoration de nos intérieurs, que cette fabrication d'un nouveau genre se prête merveilleusement à toutes les exigences, je dirai volontiers à tous les caprices de l'architecture. Depuis les *à-plat* sévères, les camaïeux aux divers tons dans la même couleur, jusqu'aux fantaisies les plus légères de la brillante palette des coloristes, tout peut être rendu avec une fidélité qui n'a d'égale que sa puissance par la fabrique du *Velours-Savonnerie*. J'ajoute que, pour l'exécution des pièces sur commande, le métier est démonté après livraison. On n'aura donc jamais à craindre de retrouver chez son voisin l'objet que l'on aura fait exécuter pour soi-même. Le chef-d'œuvre n'aura été tiré qu'à un seul exemplaire.

Très-remarqués à Vienne, les Velours-Savonnerie ont paru aux connaisseurs une des inventions les plus précieuses qui aient été signalées depuis dix ans dans cette industrie des tentures d'appartement, pour lesquelles la France, justement fière de sa suprématie séculaire, est encore aujourd'hui sans rivale.

XXIX

Deux peintres luttaient jadis à qui mériterait le premier rang. De tout temps, paraît-il, la gent artistique fut en proie à des rivalités jalouses: on ne s'est jamais aimé d'un atelier à l'autre.

On convint de faire sur la place publique une exposition des œuvres ennemies.

Asclépias avait représenté une vigne : déjà, sur sa toile, le soleil de septembre avait rougi les pampres et doré les grappes.

— Écarte-toi! dit Asclépias à son rival.

Celui-ci obéit, et aussitôt, du toit des maisons voisines les moineaux, battant des ailes et poussant de petits cris joyeux, s'abattirent sur la toile et commencèrent à picorer les grains mûrs.

— Qu'en dis-tu? fit Asclépias avec des yeux où éclatait déjà l'orgueil de la victoire.

— Je dis, répondit Parrhasius, que tu es un homme habile, puisque tu as trompé les oiseaux!

— A ton tour! reprit l'autre.

Les esclaves de Parrhasius apportèrent le tableau de leur maître et se retirèrent aussitôt.

— Pourquoi, dit Asclépias, n'as-tu point fait enlever le rideau qui cache ta peinture? On ne juge pas les tableaux à travers les voiles!

E l'impatient s'avance vers le cadre et y porte la main. Quelle ne fut pas sa suprise en s'apercevant que l'autre n'avait point qu'un rideau.

— Qu'en dis-tu? reprit Parrhasius à son tour.

— Je dis, fit Asclépias, que j'avais trompé les oiseaux, mais que tu as trompé un peintre : tu es donc plus habile que moi!

La même histoire est arrivée à Vienne à l'un de nos artistes industriels les plus intelligents, M. Salagnad.

M. Salagnad est l'heureux créateur d'une industrie nouvelle, que
nous croyons appelée à un véritable succès, parce qu'elle répond à un
besoin véritable, — l'industrie des toiles peintes. Il est certain aujour-
d'hui que, pour un grand nombre de choses, l'offre et la demande,
ces deux termes nécessaires de toute transaction commerciale, ne
sont plus dans un juste équilibre. Le développement excessif de la
civilisation matérielle, auquel nous venons d'assister depuis vingt-
cinq ans, a créé chez nous, et ailleurs aussi, quoique dans des proportions moins grandes, des besoins nouveaux. C'est ainsi, par
exemple, que la tapisserie pour tentures, que l'on ne trouvait guère
jadis que dans les ateliers d'artistes, au fond de quelques châteaux
de province, ou dans certains hôtels du vieux Paris, est devenue
tout à coup tellement à la mode qu'un appartement qui se respecte
quelque peu ne saurait s'en passer tout à fait. Il en faut au moins
dans deux pièces, dans l'antichambre et dans la salle à manger.
Mais cet admirable genre de tenture, auquel nous n'en saurions
comparer aucun autre, n'existe point en des quantités tellement
inépuisables qu'il soit impossible d'en voir le bout. On s'en aperçoit déjà, au prix qu'atteignent maintenant les spécimens de quelque importance de cette belle fabrication. Il n'est pas difficile de
prévoir le moment où les morceaux bien conservés, et surtout les
ensembles, seront absolument inabordables. Tout le monde en voudra, et personne n'en aura plus! Il faut donc savoir gré à M. Salagnad de l'idée heureuse qu'il a eue de faire établir des canevas de
toile, qui ont l'apparence parfaitement exacte des anciens tissus si
renommés des Flandres, de Beauvais, d'Arras, des Gobelins ou de la
Savonnerie.

Sur ces canevas, des artistes, dont le pinceau est rompu à toutes
les difficultés de la peinture, reproduisent les plus beaux types de la
Renaissance et du Moyen âge, avec une exactitude et une fidélité
de trompe-l'œil qui met en défaut les juges les plus compétents.
C'est ainsi que, devant nous, un bon juré, appartenant, si je ne me
trompe, au Wurtemberg, a dit à M. Salagnad, en lui montrant une
belle reproduction d'une superbe tapisserie de Flandre :

— *Mais, monsir Zalagnatte, on n'esbose bas tes dabisseries t'autrevois ;
mais seulement tes josces moternes !*

Je m'arrête sur ce mot-là, qui vaut celui de Parrhasius, et qui,
venant d'un juge, peut-être même d'un rival, flattera M. Salagnad
beaucoup plus que mes éloges ne le pourraient faire. Je me contenterai de le remercier du réel service qu'il va rendre à tous ceux qui
ont le goût des belles choses, sans avoir, hélas! la possibilité de réaliser leurs désirs toujours. Grâce à lui, ils auront du moins des compensations très-satisfaisantes, et ils arriveront aussi à des effets d'harmonie, dans les décorations d'une certaine étendue, à peu près

impossibles à obtenir avec l'ancienne tapisserie, que, même les plus heureux d'entre les collectionneurs, n'obtiennent plus que par pièces et morceaux.

L'exposition de M. Salagnad, eu égard à la bonne exécution des produits, à la nouveauté des procédés, et à l'importance des progrès qu'elle permettra d'accomplir dans l'embellissement de nos demeures, devait être, et elle a été, en effet très-justement remarquée. Éclectique par nature, comme on n'est que trop porté à l'être dans un siècle qui n'a point à lui un style en propre et vraiment particulier, M. Salagnad nous offrait, à Vienne, des échantillons de tous les siècles, depuis le moyen âge, s'essayant avec une naïveté dont la gaucherie même n'est pas sans grâce, dans l'art, nouveau pour lui, de la décoration de nos intérieurs, jusqu'aux époques savantes et raffinées de Louis XV et de Louis XVI. L'abondance des modèles qu'il possède aujourd'hui, et dont il s'inspire avec beaucoup d'à-propos, lui permet de se conformer, dans son ornementation, au caractère général de l'hôtel, du château ou de la maison à laquelle il destine ses tentures, — et d'arriver ainsi à cette harmonie générale sans laquelle il n'y a point de beauté véritable pour l'homme de goût.

XXX

Après avoir parlé de cette belle industrie des tentures tissées, des tapisseries merveilleuses de haute et basse lisse, destinées à la décoration du palais des rois et des hôtels grandioses de l'aristocratie, comment descendre jusqu'à ce modeste papier peint, qui, de lui-même, n'oserait jamais braver un tel voisinage ?

Il n'en est pas moins vrai que le papier peint constitue une part très-notable de notre industrie. Il est partout, et, grâce au bon marché fabuleux auquel on peut le faire descendre, on peut assurer qu'il n'est pas de maison si humble qu'il n'y pénètre.

C'est là, du reste, une fabrication que l'on a poussée en France aussi loin que possible.

Le public ne se doute point des difficultés de cette industrie si considérable aujourd'hui. Il est vrai, qu'en général, le public ne se doute de rien! Qu'un seul détail lui fasse du moins comprendre tout ce que l'on fait pour le servir et pour lui plaire. Il faut parfois, avant d'arriver à la perfection d'un seul panneau de papier peint, employer jusqu'à six cents planches!... C'est seulement par ce nombre prodigieux d'impressions successives qu'on parvient à fondre si complétement les couleurs, et à obtenir des effets qui rivalisent avec les aquarelles les plus vives et les plus suaves tout à la fois. Les dégradations de teintes, le fini de l'exécution, l'harmonie des tons n'ont jamais été obtenus nulle part dans des conditions qui se puissent comparer à ce que réalise la fabrication française. Ici notre nation marche sans rivale, et ses productions se distinguent entre toutes par l'élégance du dessin, la richesse des couleurs, la variété des motifs, et la perfection vraiment rare de l'exécution.

De 1855 à 1867, les progrès réalisés dans l'industrie du papier peint consistèrent principalement dans l'invention de quelques genres spéciaux de papiers frappés, veloutés et dorés, et dans certains perfectionnements, apportés aux imitations des cuirs, ainsi que dans l'application de couleurs nouvelles.

Le progrès marquant et significatif que nous devons rapporter à l'année 1873, et qui nous a été révélé par l'Exposition de Vienne, est dû à la maison Balin.

Cette fois, ce n'est pas l'imitation du cuir que s'est proposée cette maison industrieuse, toujours avide de nouveau, toujours altérée de progrès, et qui semble ne devoir se reposer qu'après avoir atteint la perfection, — c'est l'imitation des étoffes elles-mêmes. Imitation qui n'est plus seulement un trompe-l'œil, mais encore, si j'ose dire, un *trompe-la-main*, car le toucher est victime de la même illusion que le regard, et l'on peut s'imaginer véritablement que c'est une épaisse et soyeuse étoffe que l'on a entre les doigts. Le reps et le velours semblent détrônés, et, grâce aux matières employées, grâce surtout aux excellents procédés de la fabrication qui les met en œuvre, on obtient la moelleuse souplesse et la résistante élasticité des tissus sortant de nos meilleures fabriques.

Hâtons-nous de dire que le mérite artistique ne le cède en rien ici au mérite industriel, et que le choix des grands types d'étoffes que M. Balin s'est efforcé de reproduire a été des plus heureux. Il s'est adressé tour à tour à cette Renaissance, qui fut si habile et si brillante chez nous, et si prodigue en belles œuvres, et aux époques presque aussi intéressantes et non moins fécondes de Louis XIII et de Louis XIV, qui firent de la grandeur et de la sévérité les principaux et indispensables éléments de la beauté des arts décoratifs.

On conçoit l'immense ressource qu'une pareille découverte doit nécessairement mettre entre les mains de l'homme de goût qui voudra, et qui saura s'en servir. Au lieu d'aller un peu au hasard, en se déterminant dans la préférence accordée à tel ou tel rouleau d'après des motifs plus ou moins futiles, on pourra, au contraire, prendre un grand parti, choisir le style général que l'on voudra donner à la maison tout entière, et lui imposer ainsi le plus heureux caractère d'harmonie et d'unité.

Je ne citerai dans toute cette exposition de 1873 que le seul nom de M. Balin, parce qu'il est à beaucoup près le premier des industriels de sa spécialité, et que celui qui en approche le plus reste encore à une distance infinie.

Nous n'avons pas craint la prolixité de ces détails, à propos d'une industrie modeste, parce que c'est une de celles que la fabrication

française a le plus perfectionnée en ces derniers temps, que l'étranger
nous l'envie et s'efforce de l'imiter, et qu'elle a été l'objet d'une
étude attentive de la part de tous les visiteurs sérieux du Welt-Ausstellung. Beaucoup de nations se plaignent d'être depuis trop longtemps nos tributaires pour la consommation des papiers de luxe. —
Il s'agit maintenant de savoir si nous garderons cette supériorité,
qui nous sera vivement disputée, dans un avenir prochain, par
l'Autriche et par l'Angleterre.

XXXI

A Vienne comme à Londres, comme à Paris, partout enfin,
M. Brocard est sans concurrents et sans rivaux ; on sent qu'il est
impossible de lutter contre lui. Il est, en effet, aussi original qu'habile,
et l'on ne songe même point à s'essayer dans la spécialité brillante
qu'il a choisie : il y reste maître absolu, placé à des hauteurs inaccessibles. M. Brocard, lui aussi, est un émailliste, — c'est peut-être
émailleur qu'il faudrait dire, — mais c'est le verre qu'il émaille, à
l'aide de procédés qu'il a trouvés lui-même, et qu'il n'a jusqu'ici
révélés à personne, — procédés certains, d'un effet infaillible, et qui
l'amènent à des résultats dont tout le monde constate aujourd'hui
la grandeur et la beauté.

M. Brocard se rattache par une filiation directe à ces habiles émailleurs sur verre dont nous avons pu admirer les œuvres en Orient,
et dont les plus belles mosquées de l'Islam montrent avec orgueil les
lampes magnifiques, suspendues à leurs voûtes par des réseaux de
soie, auxquels se rattachent des œufs d'autruche, d'un pittoresque inattendu dans l'ornementation générale des intérieurs orientaux.

M. Brocard a-t-il dérobé leurs secrets à ces grands artistes? S'en est-il
seulement inspiré, comme c'était son droit, en les modifiant d'après
son tempérament et les exigences d'une civilisation différente? C'est
ce que nous ne saurions dire : les résultats seuls nous appartiennent.
Ces résultats sont, du reste, fort beaux. Tout le monde peut les constater, et il n'est personne qui ne rende à l'artiste français la justice
qui lui est due.

Le verre de M. Brocard est d'une qualité toute particulière; sa
pâte fait sentir sous le doigt qui l'interroge une certaine rugo-
sité, d'ailleurs assez légère, mais qui forme comme un petit grain
retenant la lumière, — et la lumière s'y avive et s'y joue capricieusement, de façon à produire les plus jolis effets. Le caractère général
de l'ornementation est oriental : la ligne est souple, l'allure légère, le
contour gracieux. Le fond de l'objet est de cette teinte blanche, légèrement opaline, que l'on remarque dans certains verres dépolis, et
dans les vieux lustres de Venise. L'ornement se détache sur ce fond,
en reproduisant principalement les grandes couleurs héraldiques :

les verres de M. Brocard portent de gueules, d'azur et de sinople, mais ces couleurs sont arrangées et combinées de façon à former l'ensemble le plus flatteur et le plus harmonieux que l'œil puisse souhaiter.

J'ai seulement parlé des lampes de M. Brocard, parce que c'est la partie de son exposition qui m'a frappé davantage ! Mais il s'en faut de beaucoup que ses envois se soient bornés à cet unique produit de son art. M. Brocard exposait aussi des coupes de différents modèles, fabriquées d'après le même procédé, et qui se prêtent plus complaisamment à un usage familier. Ces belles lampes orientales ne peuvent, en effet, convenir à tous les intérieurs, et elles auraient mauvaise grâce à descendre du plafond blanc et or, qui semble l'idéal du beau à quelques-uns de nos décorateurs. Il faut autour d'elles des tons assortis et soutenus.

La coupe, au contraire, a sa place partout, et elle figure également bien sur la table de milieu d'un salon, sur la cheminée d'un boudoir, ou sur la crédence d'un cabinet d'amateur.

Malheureusement la difficulté de travail inhérente à ces belles pièces, la délicatesse de la main d'œuvre, et les risques de toute sorte qui grèvent cette fabrication peu commune ne permettront pas d'ici longtemps la vulgarisation des produits de M. Brocard : ils demeureront dans le domaine très-réservé de l'aristocratie des gens de grand goût, qui savent ce qui est beau, et qui ont le moyen et le courage de le payer son prix. C'est en Angleterre que nous avons rencontré le plus de coupes et le plus de lampes de M. Brocard. Paris les admire beaucoup, mais ne les a guère achetées jusqu'ici.

Paris a tort, et l'Angleterre a raison... Ce qui excuse un peu Paris, c'est qu'en ce moment, hélas ! il n'a peut-être pas le moyen d'avoir raison !

XXXII

La grande industrie des glaces, qui occupe assez de place dans une société où les femmes passent la moitié de leur vie à s'habiller et à se déshabiller, n'a pas été représentée à Vienne avec autant d'abondance qu'elle aurait pu et qu'elle aurait dû l'être.

Nous y avons cherché vainement les produits de Baccarat, de Saint-Gobain et de Saint-Louis. Le miroir n'y a été guère exposé que par une maison parisienne, — *la maison Alexandre.*

Parmi un nombre assez considérable de belles glaces, de toutes les dimensions et de tous les styles, dont il faut louer la coulée toujours pure, la fidélité de reproduction et l'irréprochable étamage, il en est une qui a le droit d'être particulièrement citée, tant à cause de ses proportions colossales que du grand style qui préside à sa forme générale.

Elle était taillée à biseaux, à la façon vénitienne, et son encadrement était formé de verres de couleur ingénieusement assortis, de façon à se faire valoir les uns par les autres. Du milieu de cette bordure jaillissaient, avec un parti pris assez audacieux, de grandes figures en bronze argenté, portant des candélabres, dont la lueur se projetait sur la glace même; la figure qui s'y reflète se trouve ainsi inondée de lumière. Cette glace d'Alexandre est une chose d'une importance réelle, qu'il eût été vraiment injuste de passer sous silence, et qui nous a révélé dans son auteur un véritable sentiment artistique. Ceci est vraiment du grand art industriel, et c'est par celui-là qu'il est bon que nous nous fassions représenter aujourd'hui dans le monde.

XXXIII

Quand nos souvenirs se reportent sur le Welt-Austellung, nous revoyons en pensée la vitrine de la maison Charrière, et nous retrouvons en nous les émotions palpitantes que nous dûmes à la contemplation de cette vitrine, toute remplie de merveilles ingénieuses et terribles.

On connaît la spécialité de cette maison, célèbre dans les deux mondes. Personne n'ignore qu'elle a su se créer une réputation aussi brillante que méritée dans la fabrication et le perfectionnement des instruments de chirurgie; nulle part mieux que là on n'excelle à scier, à couper, à perforer, à trépaner, en un mot à torturer de toutes les façons la misérable humanité. Il est vrai que ce que l'on en fait c'est uniquement pour son bien, et que nous sommes encore obligés de dire merci à nos bourreaux, MM. les chirurgiens.

Cette vitrine Charrière nous inspire donc je ne sais quel intérêt étrange, douloureux, mais réel pourtant, et dont il serait impossible de se défendre. Il y a dans cette émotion un certain égoïsme naïf, dont il serait puéril de vouloir se défendre. On se dit tout bas que peut-être ces scies, ces couteaux, ces pinces et ces bistouris sont destinés à devenir un jour les instruments de votre supplice. Qui sait si ce n'est point pour vous que M. Collin, l'habile et ingénieux successeur du grand Charrière, les a forgés, trempés et affilés? Qu'on le veuille ou qu'on ne le veuille pas, on apporte donc au spectacle de leur fonctionnement je ne sais quel intérêt passionné. Mais, tout en frémissant à cette vue, qui fait pâlir les plus braves, on ne pourra pas s'empêcher de rendre justice à une habileté poussée jusqu'au génie : on admirera cet art profond, souple, varié, infini, qui semble prévoir toutes les formes de la souffrance, pour y porter un plus sûr remède. Quelques-uns de ces instruments, mis en mouvement par des ressorts invisibles, semblent agir d'eux-mêmes, et obéir à leur propre instinct, à leur vie et à leurs passions. On dirait des animaux doués de colère, de désir, d'appétit, que l'on aurait tout à coup déchaînés sur vous, et qui prendraient je ne sais quel âpre plaisir à vous déchirer, à vous percer, à vous mordre. On serait parfois tenté de croire qu'ils trouvent dans leur action une sorte de volupté secrète, tant ils paraissent y mettre de rage et d'acharnement. Il est, j'ose le dire, bien peu de créations industrielles dont la mise en œuvre puisse exercer sur nous cette espèce de fascination prestigieuse. Si je veux trouver un point de comparaison qui me satisfasse, il faut que j'aille le chercher jusque dans ces instruments presque magiques que Robert-Oudin, mécanicien aussi émérite qu'il était prestidigitateur habile, savait créer pour le besoin de ses incompréhensibles opérations. Du reste, presque tous les instruments présentés à Vienne par la maison Charrière se recommandaient à nous au point de vue de leur nouveauté, tout aussi bien que de leur perfection.

Ce sont des inventions, et c'est là surtout ce qui leur donne le droit de figurer dans une exposition universelle : c'est là aussi ce qui nous impose, à nous, l'obligation d'en parler. La maison Charrière, donnant en cela un exemple de bonne foi et de probité commerciale et industrielle dont il est juste de la louer, associe toujours à son nom le nom du médecin sous l'inspiration duquel l'instrument a été construit. Le *sic vos non vobis!* du poëte latin n'est donc plus de mise ici, et chacun a la part qui lui revient : c'est la justice pour tous! Il est, du reste, peu de médecins, inventeurs sérieux d'un instrument de quelque mérite, qui n'en confient l'exécution à la maison Charrière, représentée aujourd'hui par M. Collin, le successeur de l'illustre fabricant qui l'a fondée. C'est qu'en effet on est certain d'avance de trouver ici le soin le plus minutieux apporté dans les moindres détails de la fabrication. Et il en doit être ainsi, car il faut, dans presque tous les cas de quelque gravité, que l'instrument de chirurgie soit aussi un instrument de précision.

Que de fois l'insuccès d'une opération, qui peut entraîner la mort du malade, aura été causé par une négligence du fabricant dans la construction de son instrument. M. Collin trempe lui-même ses sinistres outils; lui-même, aussi, leur donne la forme et le tranchant qu'ils doivent avoir, sans jamais confier à des intermédiaires, si habiles qu'ils puissent être d'ailleurs, ces soins si délicats. Chaque jour, à une heure désignée d'avance, le savant industriel, avec une bonne grâce parfaite, se mettait, au Prater, à la disposition du public pour faire fonctionner devant lui ses merveilleux produits, car on n'en pourrait apprécier suffisamment l'excellence et l'ingéniosité, s'il fallait se contenter de les apercevoir au repos et dans leur vitrine. Il en est d'eux comme des chevaux de course : on ne peut les bien juger qu'en les voyant en action. Il est bien vrai que, même avec la meilleure volonté du monde, M. Col-

lin ne pouvait chaque après-midi couper un bras ou une jambe à
quelque visiteur, uniquement pour faire plaisir aux autres : il ne faut
demander l'impossible à personne, pas même à un exposant ! mais
il en est, parmi ces instruments automatiques, qui ont le privilége
d'agir en quelque sorte dans le vide, sans que l'on soit obligé de leur
fournir d'aliment, et leur jeu bizarre n'était certes pas une des
curiosités les moins attractives de cette partie du Welt-Austellung.
Maintenant, que citerais-je bien, moi profane, à des lecteurs non
moins profanes que moi, parmi tant de choses que je ne connais
que d'hier, et que peut-être j'oublierai demain? Je ne puis, en
vérité, que me faire l'écho des expérimentateurs qui voulaient
bien me convier à leurs essais. Je sais que l'on admirait beaucoup
les *œsophagotomes* du docteur Trélat, qui entrent chez vous à l'état
de petite boules d'argent tout inoffensives, et qui, une fois introdui-
tes dans la place, s'entr'ouvrent, laissent passer leur couperet savant,
et, taillant dans le vif, tranchent résolûment les parties malades.
On ne louait pas moins l'*aspirateur* de M. Dieulafoy, qui pompe
jusqu'au fond des corps les principes mauvais et délétères qui s'y
trouvent; le *ligateur d'artères* de M. Biglow, de Boston, qui rapproche le tissu rétractile des vaisseaux où roule le sang rouge, passe
à l'entour le fil de soie, et fait son nœud avec la précision et la dex-
térité des doigts les plus habiles; la *sangsue artificielle*, qui n'a
jamais de caprices, et qui ne refuse point de vous faire son utile
piqûre, sous le prétexte qu'elle a des nerfs ou que votre peau ne lui
est pas sympathique; l'*ouvre-bouche* de M. Collin, dont l'action
insensible vous dilate la mâchoire par insinuation, à un point tel
que vous pouvez loger dans votre palais tous les instruments du
monde et l'opérateur avec eux; le *polypotome*, du même inventeur,
qui vous incise dans toutes les parties du corps où se cachent ces
affreux parasites connus sous le nom de polypes; le *compas* du docteur Onimus, pour préciser la sensibilité, et qui prouve mathématiquement à un malade qu'il se trompe quand il croit qu'on lui fait
du mal; des *brise-pierres* à écrous, d'un poli engageant, et qui se
manient si doucement qu'on leur laisse faire sans répugnance les
opérations les plus effrayantes; la *ceinture ombilicale*, du professeur
Dolbeau, qui rendrait des points aux corsets de Mlles des Vertus;
la *scie à lame tournante*, qui fait toute seule les opérations les plus
difficiles; les *appareils transfuseurs*, qui prennent le sang de vos
veines, et le font passer dans celles du malade, à qui vous pouvez
ainsi donner une vie nouvelle et des forces rajeunies; des *lits de
douleur*, inventés par M. Reliquet, et en comparaison desquels
celui de Procuste n'était qu'un lit de roses.

Ces lits effrayants vous prennent, vous attachent, vous immo-
bilisent dans la position voulue, et, quand une fois ils vous tiennent, l'opérateur vous coupe tout ce qui lui plaît, en ne vous laissant
que le souci de dire *Amen!*

Je ne fais qu'indiquer, taisant plus de choses que je n'en dis, picorant la fleur du panier, et laissant dans l'oubli une foule de détails, intéressants pourtant, et qui, certes, mériteraient bien d'être expliqués. Mais j'aime mieux finir en signalant une chirurgie plus aimable et plus galante, dédiée aux gens du monde par MM. Charrière et Collin; celle-là comprenait les instruments mignons, mais savants et compliqués comme les autres, qui font aujourd'hui partie intégrante d'une toilette soignée; que l'on peut acheter sans être muni d'un diplôme, et que la main élégante des femmes manie aussi bien que la main pédante des docteurs. Qu'ils aient en vue le pied ou la main, l'œil ou l'oreille, l'ongle ou la dent, ces petits instruments sont toujours d'une perfection absolue, admirablement combinés pour atteindre le but que l'on se propose : c'est cela qu'il faut, cela même, et pas autre chose! Nulle comparaison n'est possible entre ces exquises merveilles de précision ingénieuse, dont la matière première est toujours parfaite et la main-d'œuvre toujours irréprochable, et les produits similaires que l'on achète trop souvent dans les bazars ou chez les parfumeurs. Ici, au contraire, M. Collin, qui a voulu rester à la hauteur de sa fabrication habituelle, n'a pas apporté moins de soins à la confection d'une paire de ciseaux de toilette qu'à celle d'un appareil pour réduction de fractures, d'un ophtalmofantôme ou d'un endoscope!

Les beaux travaux de M. Collin ont reçu à Vienne les plus magnifiques récompenses auxquelles un fabricant puisse aspirer : grand diplôme d'honneur, médaille de mérite, médaille de perfectionnement. — Et, comme on dit au Palais : « Ce fut justice! »

XXXIV

Parmi les créations les plus françaises de l'art industriel, le léger éventail va se placer de lui-même au premier rang. Peut-être n'en était-il point une seule, parmi les productions exposées à Vienne, qui fût plus typique de notre genre particulier de travail. Celle-là, entre toutes, porte bien, en effet, l'empreinte de la main française, et il n'en est point qui soit à l'étranger l'objet d'une plus flatteuse recherche.

Si le commerce et l'industrie avaient besoin, comme les hommes, de lettres de noblesse, nous en pourrions donner à l'éventail. Dès le commencement du seizième siècle, nous le voyons à la cour de France, où il fut introduit par les parfumeurs italiens, venus chez nous à la suite des brillantes princesses de la maison de Médicis. Plus tard, après le mariage espagnol de Louis XIV, l'éventail devint encore plus à la mode que par le passé. Ce ne fut plus une vogue, ce fut une fureur. Pas une main de femme qui ne jouât de l'éventail. Les maîtres éventaillistes formèrent bientôt une des communautés les plus importantes des *arts et métiers* de Paris. Un édit de Louis XIV, en date de 1673, les constitua en corps de *jurandes*, et approuva leurs statuts. Le *Roi-Soleil* comprenait mieux que personne que ses sujets devaient avoir besoin de l'éventail!

Ce fragile objet, qui tient une si grande place dans la toilette des femmes, ne laisse point que d'occuper pour sa fabrication un nombre d'ouvriers relativement considérable, et empruntés aux industries les plus diverses : à la tabletterie, à la dorure, à la miroiterie, à la plumasserie, à la peinture, à la broderie.

On le voit, cette petite chose, si futile en apparence, simple ou ornée, riche ou modeste, fait concourir tout un monde à sa fabrication, et est l'œuvre commune de bien des métiers, qui réunissent leurs efforts pour l'enfanter.

Il se fabriquait jadis à Paris des éventails depuis *quinze deniers*, c'est-à-dire *seize centimes*, jusqu'à trente et quarante pistoles, qui font trois et quatre cents francs. Pour la cour et pour la ville, pour la capitale et pour les provinces, le commerce des éventails était déjà très-considérable. On en fabriquait aussi beaucoup pour l'exportation, et parmi nos principaux tributaires nous comptions alors en première ligne l'Espagne, l'Angleterre et la Hollande. L'Espagne, qui a toujours fait une grande consommation d'éventails, gardait pour elle nos précieux produits; mais la Hollande et l'Angleterre, plus marchandes encore que coquettes, les réexpédiaient à l'étranger. A vrai dire, ces nations étaient surtout des intermédiaires. Il nous venait aussi en France quelques éventails de la Chine et du Japon, mais on ne les considérait point comme des objets de commerce servant de base à un trafic régulier; ce n'étaient que des raretés et des curiosités: ils étaient plus recherchés par l'amateur que par les femmes. C'étaient des éventails de cabinet.

L'éventail, dont tant de gens se servent sans avoir jamais réfléchi sur sa composition, est formé de plusieurs pièces. La première, qui s'appelle la feuille, est une surface plus ou moins considérable ayant la forme d'un segment de cercle. Cette feuille est parfois simple et parfois doublée.

Souvent le dessus est en papier: le dessous est, d'ordinaire, une mince peau de chevreau que, dans la langue technique de la fabrication, on désigne sous le nom gracieux de *cabretille*. Le corps de la feuille est aussi formé quelquefois par du satin, de la gaze, du tulle, de la dentelle ou du crêpe. La feuille est fixée sur une monture, que l'on appelle le *pied* ou le *bois* de l'éventail.

Avant de joindre la feuille à son bois, on la fait passer dans un moule composé de deux feuilles de papier très-fort, qui lui impriment ces plis ineffaçables que, dans la suite, l'éventail garde toujours. Chacun de ces plis forme ce qu'on appelle un *brin*. Ces brins varient de longueur, entre dix et vingt centimètres. C'est sur leur surface que l'artiste, peintre, sculpteur ou doreur, exerce son talent;

c'est leur décoration qui fait le mérite vrai de l'éventail. Les deux branches extérieures, désignées sous le nom de maitres-brins ou de panaches, protégent l'éventail quand il est fermé. Les brins se continuent sur le haut de l'éventail, par de petites flèches très-minces et très-flexibles, nommées bouts, ayant toute la longueur de la feuille qu'ils sont destinés à soutenir. Une petite *broche*, avec deux œils formant rivures, réunit tous ces brins et compose la tête plus ou moins ornée de l'éventail. On prodigue aux plus riches l'or et les pierreries.

C'est le département de l'Oise qui a le privilége à peu près exclusif de fabriquer les bois d'éventails. Trois ou quatre mille ouvriers, répartis dans les villages, entre Beauvais et Méry, trouvent dans cette fabrication une occupation à peu près constante. Les matières principalement employées par eux sont la nacre, l'ivoire, la corne, l'os, l'écaille, le citronnier, le santal, l'ébène, l'alizier, l'acacia, le prunier, le poirier et le pommier. Ces ouvriers, qui ont l'habitude de leur travail, toujours le même, y déploient une grande habileté de main. Malheureusement il leur manque à tous les principes théoriques du dessin. Il est vrai que quelques-uns suppléent par le goût à cette lacune de leur éducation, et qu'ils arrivent à tracer sur les panaches de leurs éventails des mosaïques vraiment charmantes. Ils pratiquent aussi l'incrustation avec un merveilleux instinct; mais leur triomphe est la découpure à jour de l'os et de l'ivoire.

Ces découpures, dont la finesse égale parfois celle des plus jolies dentelles, sont exécutées à l'aide de petites scies, que ces ouvriers fabriquent eux-mêmes avec des ressorts de montres. Ils réussissent également bien dans la sculpture des fleurs et des ornements, et ne craignent pas d'aborder, quand il le faut, les figures en relief.

Le bois de l'éventail passe de leurs mains dans celles de plusieurs autres corps de métiers, tels que débiteurs, façonneurs, polisseurs, teinturiers, vernisseurs, découpeurs, graveurs, doreurs, grilleurs, sculpteurs et pailleteurs. Chacun d'eux fait son œuvre et contribue pour sa part à la perfection de l'ensemble.

Quant à la *feuille* de l'éventail, elle se fait tout entière à Paris. Un dessinateur compose et arrange les sujets, qui sont ensuite lithographiés ou gravés, puis imprimés, coloriés ou peints, à moins qu'il ne s'agisse d'une création absolument originale et qui n'aura qu'un exemplaire unique, signé Hamon, Gérôme, Eugène Lamy, Alix Duval, ou Eugène Moreau, — Moreau, un des maîtres en ces légèretés élégantes. Ce n'est qu'après avoir passé entre tant de mains que l'éventail sera enfin livré au commerce et donné à l'acheteur. Il vaudra alors vingt centimes... ou dix mille francs!

Paris ne produit pas pour moins de dix millions d'éventails chaque année. La France en consomme pour environ trois cent mille francs; le reste est absorbé par l'exportation. L'Espagne et le Portugal, qui font une grande consommation d'éventails, et qui,

depuis une trentaine d'années, ont essayé d'améliorer leur fabrication, n'ont pu s'élever jusqu'ici au-dessus de l'article commun. Nos
fabricants d'éventails trouvent aujourd'hui leurs principaux débouchés en Italie, au Brésil, au Mexique, à la Havane, à Saint-Thomas,
au Chili, au Pérou et à Buénos-Ayres. Ces élégants produits vont
même jusqu'aux Indes-Orientales et jusqu'à Manille. Mais, dans
ces régions lointaines, il nous faut lutter contre les Chinois, qui
nous font une dangereuse concurrence, pour tout ce qui regarde les
produits inférieurs et la main-d'œuvre à bon marché. Il est vrai
que, dès qu'il s'agit de haute élégance et de distinction artistique,
ils ne tentent même point la lutte. Quant à l'Amérique du Nord,
elle ne veut point d'autres éventails que ceux qui portent pour signa-
ture un nom parisien.

Comme tous les commerces de luxe, intimement liés à la prospérité des nations et qui font de la politique sans le savoir, la fabrication des éventails a été soumise chez nous à des fluctuations singu-
lières. Il est peu d'industries qui aient été plus que celle-là soumises
à des revirements inattendus.

Très-brillante sous Louis XIV, sous Louis XV et sous Louis XVI, la
fabrication des éventails s'arrêta complétement pendant la Révolution.
A quoi bon je vous prie, éventer les têtes, alors qu'il suffisait de
les couper?

Pendant la glorieuse épopée du premier empire, on ne se rafraî-
chissait guère qu'à coups de sabre. L'éventail était presque inutile :
aussi sa fabrication fut à peu près nulle.

Quand, après 1815, la paix rouvrit à nos productions les débouchés de tous les marchés de l'Europe, les femmes élégantes de tous
les pays redemandèrent des éventails à la France. On en fabriqua
donc beaucoup; mais on avait perdu les traditions du grand art, et
ces éventails des premiers temps de la Restauration ne furent, à
vrai dire, que des chefs-d'œuvre de mauvais goût.

Un peu plus tard, cependant, une fille de Naples, Marie-Caroline,
celle qui appartient à l'histoire sous le nom de *Duchesse de Berry*, en
épousant le fils du comte d'Artois, apporta chez nous avec elle, pour
ranimer une cour vieillie, l'éclat et la gaieté de sa jeunesse en fleur.
Le plaisir naissait sous ses pas : il lui fallait l'enivrante atmosphère
des fêtes : on en donna, et de fort belles! On donna surtout des fêtes
historiques, souvenir intelligent des temps évanouis, que l'on res-
suscitait pour la joie d'une nuit ; mais il fallait, pour être admis
dans ces réunions brillantes, arborer le costume des siècles dont on
galvanisait pour un moment les individualités marquantes. Ces
beaux costumes, portés avec une désinvolture superbe par les des-
cendants des personnages ainsi représentés, firent paraître singulièrement mesquins et misérables les petits éventails du temps. On
comprit qu'ils faisaient un ridicule anachronisme avec les splendeurs qu'ils étaient chargés d'accompagner.

Cependant la fabrication véritablement inférieure du moment ne permettait pas de faire mieux.

On essaya donc de retrouver quelques-uns de ces chefs-d'œuvre du passé, que le souffle révolutionnaire avait dispersés à travers l'Europe. On explora les pays qui avaient profité de nos malheurs pour s'enrichir de ces merveilles de notre industrie, si longtemps enviées du monde entier. Mais on n'en découvrit qu'un petit nombre; les titulaires actuels mettaient une sorte de point d'honneur à les conserver, et la masse des compétiteurs était telle que les éventails retrouvés atteignirent tout de suite des prix fabuleux.

Ce fut à ce moment qu'un industriel au début de la vie, et remplaçant le savoir qu'il n'avait pas encore, mais qu'il devait bientôt acquérir, par une sagacité merveilleuse, d'ailleurs homme de goût, doué d'un grand flair commercial, et vraiment artiste à sa manière, comprenant instinctivement le beau, et devinant ce qui devait plaire à sa clientèle aristocratique et riche, — j'ai nommé M. Duvelleroy,— entreprit d'opérer en France la restauration si nécessaire et si vivement souhaitée de l'éventail. Ce ne fut pas l'œuvre d'un jour, et il fallut s'y remettre à plus d'une fois; mais enfin, à force de soins, de zèle et de persévérance, on atteignit le but: on le dépassa même en quelque sorte, car après avoir restauré l'éventail, M. Duvelleroy le poussa hardiment dans une voie artistique nouvelle, — où il est allé fort loin, et bien au delà des limites qu'on eût été tenté de lui assigner tout d'abord. Entouré d'une élite de sculpteurs et de peintres, dont il s'était assuré la collaboration dévouée, — qu'il me suffise de citer ici des noms tels que ceux de Jacquemart, Feuchère, Gavarni, Diaz, Eugène Lamy, Camille Roqueplan, Glaize, Hamon, Cicéri, Eugène Isabey, — M. Duvelleroy sut, en quelques années, donner à la fabrication de l'éventail un essor qu'elle n'avait jamais eu, et il plaça cette industrie brillante au rang où nous la voyons aujourd'hui, et qu'elle a occupé à Vienne, avec une supériorité si incontestable qu'il ne serait venu à personne l'idée de la lui disputer. Les belles étrangères assiégeaient sa vitrine avec un mélange d'admiration et de désir qui doit être la chose la plus flatteuse du monde pour un homme et pour un fabricant.

L'exposition de M. Duvelleroy n'était peut-être pas aussi considérable qu'on l'eût souhaité; mais on peut dire qu'elle ne contenait que des merveilles, et leur arrangement même en doublait le prix. Les sujets mythologiques s'y mariaient à la fantaisie moderne; les fonds nacrés étincelaient de lueurs chatoyantes; les dentelles neigeuses découpaient leurs fins réseaux sur la feuille rose ou bleue, tandis que, tout à côté, des applications noires se détachaient par un vif relief sur des blancheurs éclatantes. On ne s'éloignait de ce monde enchanté que pour y revenir bientôt, avec la pensée de ne le plus quitter.

Que le lecteur nous pardonne ces détails, un peu longs peut-être, sur une industrie si française, et qui joue un si grand rôle dans la toilette, — j'allais dire dans la vie, — de la plus belle moitié du genre humain. Nous n'irons point jusqu'à prétendre, avec je ne sais quel faiseur de madrigaux, que l'éventail soit le sceptre du monde, — comme on l'a dit du trident de Neptune, — mais c'est du moins le sceptre de la femme... et c'est presque la même chose; car, si l'homme règne, n'est-ce pas la femme qui gouverne ?

XXXV

« Je ne suis pas la rose! a chanté quelque part le poëte Saadi, mais j'ai vécu près d'elle! »

Il paraît que lorsqu'on a vécu près de la rose, on s'en souvient longtemps.

Le 1er mai 1873, jour de l'ouverture de l'Exposition de Vienne, un employé maladroit laissa choir sur le sol un flacon d'essence de rose. Les débris furent soigneusement enlevés, et l'éponge diligente passa vingt fois sur le parquet qui avait bu la précieuse liqueur.

Le 1er juillet, c'est-à-dire deux mois plus tard, on respirait encore la douce senteur dont, à l'entour, s'étaient imprégnés tous les objets.

J'aime les parfums, subtils esprits des choses, essence presque immatérielle de la matière même, âme odorante exhalée des corps, et qui, par une association d'idées à laquelle personne ne saurait échapper, nous rend en quelque sorte les êtres mêmes, alors qu'ils ne sont plus. Les peuples nerveux et sensitifs se sont toujours occupés des parfums avec une sorte de passion ; ces ardentes organisations n'ont jamais su se dérober à leur action, et c'est à eux que, dans des moments passagers d'épuisement, elles demandent la renaissance de leur énergie vitale.

L'Orient est depuis longtemps la patrie des parfums, et, bien que la distillation, à l'aide de laquelle on les obtient, soit loin de procéder avec la rigueur et la précision scientifiques qui ne se trouvent qu'au fond de l'alambic européen, la nature a tant fait pour ces belles régions, filles du soleil, que c'est surtout en les parcourant que le voyageur comprend la poésie du parfum; c'est surtout après les avoir habitées qu'il se sent asservi pour toujours au cher esclavage qui les lui rend nécessaires.

La parfumerie française, et surtout la parfumerie parisienne, était fort en faveur à l'Exposition de Vienne. Cette parfumerie était abondante; elle était variée; elle était excellente. Tandis que l'Allemagne ne nous offrait que quelques flacons de sa vulgaire eau de Cologne, ou quelque distillerie douteuse, très-probablement empruntée à l'Angleterre, ou contrefaite d'après Paris, nos compatriotes, au contraire, se recommandaient à tous par le choix intelligent des

odeurs les plus balsamiques ou les plus suaves. On eût pu faire avec
eux un cours de chimie élégante et mondaine.

L'industrie si importante aujourd'hui de la parfumerie comprend
des maisons de divers genres. Il y a des fabricants de matières premières, tels que les manufactures de Grasse, de Nice et de Cannes;
celles des départements de l'Hérault et de la Drôme; enfin quelques
fabriques parisiennes, — justement renommées pour l'excellence de
leurs produits. Ces maisons élaborent les matières premières, et les
livrent au parfumeur proprement dit, qui les applique avec plus ou
moins d'art aux besoins de sa clientèle.

On peut ranger sous trois chefs les hautes œuvres de la parfumerie :
les savons, les pommades et les extraits. Tous les parfumeurs tendent
à devenir *savonniers*, et il faut leur rendre cette justice, qu'ils apportent
aujourd'hui à la fabrication du savon de toilette le fruit de leur expérience et de leurs recherches. Leurs savons se sont sensiblement amé-
liorés depuis quelques années: leur pâte est généralement homogène
et douce; les parfums sont plus fins et mieux employés; l'introduction
de la glycérine, soit en nature, soit à l'état de glycérolé d'amidon,
est un fait important dans cette fabrication. La glycérine, en effet,
en se mélangeant avec l'alcool, nous donne les savons translucides, si
à la mode aujourd'hui, et dont on ne conteste plus la supériorité.

La pommade, bien qu'elle ne soit qu'un simple mélange de corps
gras et de principes odorants, n'en exige pas moins une série d'opérations délicates : le hachage, le broyage des pannes, avec des lavages
aussi nombreux qu'abondants, la fonte à l'eau, la décantation, la
fusion et l'écumage, le repos à l'eau, et une dernière décantation.
C'est surtout lorsqu'il s'agit de l'achat des pommades qu'il faut
savoir choisir son vendeur. Si les grandes maisons nous en offrent
généralement de parfaites comme aspect, toucher et senteur, il en
est un certain nombre qui falsifient honteusement leurs produits,
en y mélangeant des substances inertes, qui augmentent leur poids
en diminuant leur qualité.

Jusqu'au jour où la parfumerie, par une suite incessante d'évolutions et de progrès, s'est élevée au rang de manufacture scientifique,
l'habileté du parfumeur a consisté surtout dans l'assortiment des
produits odorants, combinés de façon à imiter les parfums naturels,
ou à créer de nouvelles senteurs. Ce travail, que l'on peut qualifier
de l'épithète méritée d'artistique, reste toujours une des spécialités
importantes de la parfumerie. Il y avait dans l'Exposition française
de Vienne des *bouquets*, comme les appelaient MM. les spécialistes,
qui ne laissaient vraiment rien à désirer.

Ce qui frappait tout d'abord le visiteur, quand il entrait dans
cette section de l'Exposition universelle, outre la senteur vague et
pénétrante qui flottait dans l'atmosphère surchargée, c'était l'élégance et le bon goût des arrangements extérieurs que présentaient
tous ces produits séduisants et gracieux.

A ce point de vue, un parfumeur qui est en même temps un homme de goût, M. Guerlain, avait fait de véritables tours de force. Sa vitrine était un modèle, un véritable objet d'art. Il eût été impossible d'imaginer une plus jolie disposition de flacons, de boîtes, de coffrets et de sachets de toutes sortes. Mais on pouvait être certain que cette élégance et ce luxe n'étaient point un leurre, et que le contenu serait encore meilleur que le contenant n'était beau.

Esprit plein d'initiative, connaissant son époque, et sachant quelle fièvre d'inconnu et quel besoin de nouveau la tourmentent, M. Guerlain a compris qu'à chacun de ces grands concours internationaux qui s'appellent des expositions universelles il faut, si l'on veut y paraître avec quelque avantage, apporter un produit original, inconnu jusque-là, et qui frappe son coup. C'est ce qu'il a toujours fait jusqu'ici, c'est ce qu'il avait voulu faire à Vienne comme partout.

La découverte de 1873 s'appelait l'OPOBALZAM.

Qu'est-ce que l'*Opobalzam?* demanderont mes lecteurs, peut-être aussi mes lectrices.

L'*Opobalzam*, ce délicieux parfum, que Guerlain, après de longues recherches, a trouvé dans le plus secret de ces laboratoires d'alchimiste, où il invente tant de merveilles, est donné par un arbre de la famille des baumes. Cet arbre est si précieux aux yeux des Orientaux que les monarques de l'Égypte, dans les États desquels la nature le fait naître, s'en réservent la culture exclusive, comme un privilège et un monopole. Dans cet arbre royal, tout est parfum. Le baume pur coule de son écorce entr'ouverte, comme le sang généreux jaillit d'une blessure; la feuille pilée donne une essence des plus suaves, et la fibre du bois, macérée dans l'eau, devient la base d'un mélange exquis. Il est difficile de décrire avec des mots un parfum qui s'adresse surtout à la sensation, et dont le propre est d'être invisible. Disons seulement qu'une des qualités de ces effluves irrésistibles est de joindre la force à la douceur. Mais on ne s'aperçoit tout d'abord que de la douceur, et c'est seulement à la longue et peu à peu que la force se fait sentir, quand déjà le parfum victorieux s'est emparé de vous. L'*Opobalzam*, souvenir du Welt-Ausstellung de 1873, restera comme une des plus heureuses créations de Guerlain.

XXXVI

Si M. Guerlain a pour lui l'Opobalzam, dont il a le droit d'être fier, un autre chimiste distingué, M. Rigaud, dont une commission choisie parmi les membres les plus distingués du corps médical de Vienne, a su apprécier, dans des expériences décisives, les beaux travaux sur la pepsine, M. Rigaud, disons-nous, a pour lui l'YLANG-YLANG.

L'Ylang-Ylang a été la fureur de Vienne pendant toute la durée de l'Exposition. On ne compte plus les jolies têtes qu'il a fait tourner.

Ce parfum vraiment exquis, un peu capiteux peut-être, est le produit de la distillation d'une belle fleur jaune, de la famille des crucifères, qui s'épanouit sur un arbre magnifique, originaire de Manille, où on le connaît sous le nom poétique et gracieux d'*Ylang-Ylang*, dont les savants de notre époque ont fait *Unona Odoratissima*. C'est M. Rigaud qui l'a introduit chez nous, du moins en essence, et il y a bientôt obtenu ses lettres de grande naturalisation. Rien ne manque à cette plante privilégiée, pas même une origine légendaire et merveilleuse. On raconte, en effet, qu'elle fut découverte dans les gorges les plus profondes de la montagne, par un esclave fugitif, condamné à mort, qui, pour en avoir rapporté un bouquet à son maître, obtint sa grâce et sa liberté.

L'essence de l'Ylang-Ylang est la plus suave, la plus délicate, et, pour tout dire en un mot, la plus orientale qui se puisse rêver.

M. Rigaud avait eu à Vienne une idée ingénieuse, et qui n'a pas contribué pour une médiocre part à populariser sa création nouvelle. Il avait fait reproduire la fleur artificiellement, et chaque jour, vers trois heures de l'après-midi, c'est-à-dire au moment des promenades élégantes et des visites aristocratiques, il la faisait distribuer, imprégnée de son parfum naturel et vrai, à tous ceux qui passaient à portée de sa vitrine. On l'acceptait le premier jour; le second, on la demandait, et comme les Viennois, depuis Joseph II, sont assez esprits forts, les maris ne craignaient point, malgré la couleur safran, d'arborer à leur boutonnière les pétales embaumés.

Quant aux femmes, qui n'ont rien à redouter de cette nuance de mauvais augure, elles portaient indifféremment au corsage, ou dans leurs beaux cheveux, le poétique Ylang-Ylang.

Disons pour les amateurs de linguistique que, dans la langue du pays, l'appellation *Ylang-Ylang*, signifie *perdu-perdu*. C'était sans doute le cri désespéré du pauvre esclave, quand il se vit seul et abandonné, au sein d'une nature immense et farouche, avant de trouver la fleur libératrice.

A côté de l'Ylang-Ylang, M. Rigaud avait, du reste, présenté au jury international de nombreuses essences orientales, traitées par lui avec une remarquable habileté de procédés. Je me contenterai de citer parmi les plus réussies : la *Malaguetta*, le *Schampaka*, le *Cananga* et le *Nizam*, qui remplissent toutes les conditions que l'on doit rechercher dans les essences-types. Je veux dire la légèreté, la suavité, et ce je ne sais quoi où l'on reconnaît le parfum de bonne compagnie, — mais qui ne se peut définir.

XXXVII

On aurait pu craindre que le groupe des arts chimiques, dans lequel se trouvait la section de la parfumerie, ne fût un peu sacrifié, à l'Exposition de Vienne. Il avait en effet le malheur d'être précédé par la collection de graines, écorces, bois et racines de l'Algérie et de nos colonies, dont l'étude, qui intéresse le savant, l'industriel et l'économiste, devait détourner quelque peu les visiteurs élégants, — et ce sont les visiteurs de cette catégorie qui font la fortune des expositions de luxe.

On avait su obvier à ces inconvénients par la séduction de l'étalage, l'habile arrangement des vitrines, et la langue dorée des jeunes messieurs chargés d'en faire les honneurs à l'étranger. Un de ceux qui se distinguèrent davantage dans cette spécialité de l'éloquence-appliquée à la parfumerie, ce fut l'insinuant ambassadeur de M. Violet, parfumeur-chimiste, inventeur du savon royal de thridace, fournisseur breveté des cours étrangères, et propriétaire de la *Reine des Abeilles*, qui trône, à Paris, sur le boulevard des Capucines, à deux pas du Grand-Hôtel. — Ce jeune homme, qui parle d'or, a obtenu un succès de vogue auprès de ces Allemandes, que nous avons eu si longtemps la simplicité de prendre pour des naïves, avec un petit volume vert qui s'intitule audacieusement : *L'art de s'embellir*, et qui arbore ce sous-titre sans vergogne : *Les Fards et leur emploi*. Je ne sais pas pour combien de millions de francs on aura vendu de *fards* et de *cosmétiques* aux femmes de Vienne; mais le petit livre vert aura été certainement un des grands succès de librairie de notre époque. Au 15 juillet, deux mois seulement après l'ouverture du Welt-Ausstellung, il en avait été déjà distribué plus de 150,000 exemplaires. Le jeune littérateur de la maison Violet prend les choses de haut, et remonte jusqu'à l'antiquité la plus reculée. S'il faut l'en croire, et il serait bien difficile de ne l'en croire point, puisqu'il a pour lui, à ce qu'il nous assure, l'autorité du prophète Énoch, ce serait un ange, le noble Azariel, qui aurait le premier enseigné aux femmes de la Bible l'usage des fards, cultivés depuis lors avec tant de succès par la reine Jézabel, qui s'en servait si habilement,

Pour réparer des ans l'irréparable outrage !

comme a dit Racine dans un vers célèbre.

Il est bien certain que ce n'est point M. Violet qui s'inscrira jamais en faux contre ces vénérables parchemins. Peut-être passera-t-il plus légèrement, sans toutefois les nier, sur les attaques des prophètes hébreux, des satiriques latins et des censeurs modernes, qui ont tour à tour accablé les fards sous leurs anathèmes. Il se consolera de ces diatribes, parfois assez virulentes, en nous assurant que les femmes du meilleur monde, les plus élégantes, les plus délicates et les plus nerveuses, n'ont cessé de faire usage des produits séduisants auxquels il a consacré sa science. Son petit livre est un traité sur la matière, dont Tibulle et Catullo eussent fait leurs délices. Je ne doute pas qu'Ovide ne l'eût mis en vers latins. Tout s'y trouve, et le classement des fards d'après les substances qui les composent et l'intensité de coloration qu'ils produisent, et l'heure du jour où il faut les employer. Nous avons le fard du matin et le fard de l'après-midi, qui diffèrent de celui du soir. Il y en a de spéciaux pour les femmes de cour, que l'on ne doit point employer en République; il y a celui des bourgeoises et celui des artistes. La manière de s'en servir, les instruments dont on use pour l'appliquer : houpe, style, patte de lièvre, coton en rame, tout s'y trouve, jusqu'à la manière de faire d'une façon intelligente ses commandes par lettre, quand on est dans l'impossibilité d'apporter à l'artiste un échantillon de sa peau, et que l'on est réduit à n'entretenir de relations avec M. Violet qu'au moyen de la correspondance.

Tout cela paraît d'une précision scientifique : les mathématiques ne sont pas plus exactes que les démonstrations de l'auteur anonyme; mais j'avoue que ces démonstrations révélatrices me plongent parfois dans une rêverie inquiète, contre laquelle je me défends mal... la description du fameux *Coffret de Jouvence*, qui, s'il faut en croire l'auteur, est aujourd'hui entre les mains de toutes les femmes, et le réseau d'azur, qui invente des veines sur des épaules dont le satin, je le vois bien maintenant, manque quelque peu de sincérité, n'ont pas laissé que de me jeter un froid. J'ai eu des doutes rétrospectifs qui m'ont fait frissonner. Comment! me suis-je dit, toutes ces choses charmantes que nous admirions avec une naïveté juvénile, que nous eussions voulu décrire et chanter avec l'enthousiasme d'un poëte, ce n'était pas le bon Dieu qui les avait faites... c'était M. Violet! Illusions perdues, vous retrouverai-je jamais? C'était l'art d'un parfumeur qui causait mes transports! C'en est fait : je ne passerai plus sans frémir devant les salons d'essai que cet enchanteur, plus puissant que Merlin, vient d'établir en plein Paris! J'y serais poursuivi par des fantômes! toutes les femmes me sembleraient teintes et peintes. Sur toutes les lèvres roses je croirais voir l'incarnat onctueux, ou le cosmétique purpurin; les grands yeux bruns me paraîtraient allongés par le kohl, et votre teint sans pareil, madame, me semblerait le résultat sophistiqué du blanc sec, du blanc liquide ou du blanc en poudre!

Où sont-ils ces temps heureux où nos pères chantaient :

> Et toujours la Nature
> Embellit la Beauté.

Musique de Hérold et poésie de Scribe... car c'est de la poésie... de Scribe!

XXXVIII

Parmi les industries artistiques qui se proposent pour but l'embellissement de nos demeures, il n'en est point qui, dans les expositions où l'on sait leur donner la place qu'elles méritent, attirent plus l'attention de la foule que celle des vitraux peints.

Poussé très-loin autrefois, tombé plus tard dans un regrettable et injustifiable abandon, l'art des vitraux, mélange singulier de naturel et de convention, a été, depuis une vingtaine d'années, l'objet des études les plus intelligentes et les plus consciencieuses, et nous pouvons dire que nous assistons aujourd'hui à sa renaissance. Grâce aux progrès de la chimie, le peintre verrier possède maintenant la plus riche palette qui se puisse souhaiter, et, s'il en sait faire un judicieux emploi, il arrivera à des effets d'une réelle puissance, à cette condition toutefois qu'il ne méconnaîtra point les lois essentielles d'une industrie toute particulière, absolument *sui generis*, et qu'il n'oubliera point les différences essentielles et caractéristiques qui séparent le vitrail du tableau.

La peinture sur verre étant un art essentiellement monumental, les vitraux doivent toujours être en harmonie avec l'édifice qu'ils décorent. On ne peut les transporter de celui-ci dans celui-là. Admirables à la place qui leur a été destinée tout d'abord, ils doivent fatalement perdre tout leur prestige si on leur en donne une autre, parce que l'on n'aura plus la convenance et l'accord entre la décoration et l'objet décoré. Cette faute, l'éclectisme, qui domine aujourd'hui chez nous, nous la fait parfois commettre, quand il n'est pas dirigé par une critique saine et un sentiment juste des modifications exigées par les changements survenus dans l'art de bâtir, par les dispositions nouvelles de la maison moderne, par la nature même de notre ameublement, qui ressemble si peu à celui que l'on voyait chez nos bons aïeux, dans les siècles où le vitrail atteignit son glorieux apogée.

L'industrie artistique du verre coloré remonte à la plus haute antiquité. Les Égyptiens eurent de tout temps une très-grande réputation comme verriers. La première fabrique de verre fut établie à Diospolis, capitale de la Thébaïde; il s'en établit d'autres presque en même temps à Thèbes et à Memphis. Les artistes de ces grandes et célèbres villes savaient composer des émaux de diverses couleurs, et ils les appliquaient fort habilement sur le verre; ils savaient aussi le dorer et l'employer à l'imitation des pierres précieuses. La fameuse colonne du temple d'Hercule, à Tyr, dont parlent Hérodote et Théophraste, et qu'ils nous représentent comme faite d'une seule émeraude jetant un éclat extraordinaire, n'était autre chose qu'une colonne de verre d'une coloration puissante. Il en était de même de la fameuse statue de Sérapis, dont nous trouvons la description dans Appien, et qui était formée de blocs de marbre teints dans la masse.

On le voit, l'industrie artistique du verre était déjà poussée fort loin longtemps avant l'ère chrétienne.

Les Romains, qui durent leur initiation artistique à la Grèce et à l'Orient, ne connurent cette industrie délicate et charmante qu'après leurs conquêtes en Asie. On sait que leur rude nature ne tarda point à s'amollir au contact d'une civilisation plus raffinée et plus douce, qui devait finir si promptement par les corrompre en les pénétrant.

Dès les premières années de l'empire, une foule d'ouvriers, apportant avec eux le secret des arts qui enfantent le luxe et qui vivent de lui, et qui étaient restés inconnus aux grands siècles de la république, afflua dans la capitale du monde. C'est de cette époque que date aussi l'établissement des premières verreries romaines. On en fit l'essai au point de vue de la décoration monumentale, dans l'amphithéâtre de Scarus, où on l'employa sur une très-grande échelle. Ce splendide édifice, décoré de trois cent soixante colonnes, avait trois étages superposés.

Le premier était formé d'un revêtement de marbre, le second, de plaques et de colonnes en verre coloré, qui attestent le grand développement auquel était parvenue l'industrie artistique qui nous occupe.

Les Romains ne tardèrent pas à connaître toutes les branches de l'art du verre. Ils doraient le verre, le filaient, et en fabriquaient des espèces de tresses, qu'ils faisaient entrer dans la composition de mosaïques d'un effet saisissant.

Ils avaient obtenu aussi deux sortes de coupes d'une nature particulière et fort précieuse, l'une d'un rouge opaque que Pline désigne sous le nom d'*hematinum*, — nous pouvons traduire assez exactement par sanguin; — l'autre appartenait à cette catégorie de vases appelés *Alassonti*. L'empereur Adrien en parle dans une de ses lettres, et il paraît qu'ils avaient la propriété de présenter des couleurs variées et des reflets différents, suivant l'angle lumineux sous lequel on les examinait. On parle beaucoup aussi de la coupe de Glaucus de Scio, dont on se servait pour faire des libations à Bacchus; elle était en verre ciselé et taillé au rouet. Une treille partait du fond et montait en serpentant jusqu'au bord du vase, qu'elle couronnait de son feuillage. Les grappes entremêlées à ses pampres semblaient vertes, lorsque la coupe était vide; mais, lorsqu'on la remplissait d'un vin généreux, elles prenaient aussitôt les teintes de la maturité.

Les artistes romains excellaient aussi dans la fabrication de petites mosaïques en verre, représentant toutes sortes de sujets, des fleurs, des oiseaux, ou de légères arabesques, sur un fond tantôt bleu céleste et tantôt rouge vif. Les arabesques étaient formées par la juxtaposition d'un certain nombre de petits fils de verre que l'on unissait au moyen du feu. On le voit, tout ceci annonce un art déjà fort avancé.

Dans les premiers siècles de l'ère chrétienne, le verre servit presque exclusivement à orner les palais des empereurs et des patriciens opulents. On couvrait les plafonds et les murailles de grandes plaques de verre coloré.

On se servait aussi de vitres pour clore les fenêtres.

Ces vitres, blanches tout d'abord, furent bientôt revêtues d'émaux; bientôt aussi, à la vitre unique et d'une seule pièce, on substitua de petites mosaïques translucides, que l'on unissait les unes aux autres au moyen d'armatures de différentes sortes. Le vitrail était créé.

A partir du quatrième siècle, les auteurs grecs et romains font de fréquentes mentions des vitraux qu'ils ont admirés ici ou là. Prudent parle de ceux de la basilique de Saint-Paul, hors les murs, à Rome, dont la voûte était revêtue de lambris dorés, et dont les fenêtres cintrées étaient closes par des vitraux aux teintes habilement nuancées; la basilique de Sainte-Agnès était aussi décorée de vitraux d'un merveilleux effet; Sainte-Sophie, de Constantinople, avait également reçu des vitraux, dont Procope a vanté la splendeur.

Au siècle suivant, l'usage des vitres colorées se répandit de l'Italie et de l'Orient jusque dans les Gaules. Les fenêtres de nos églises furent presque toutes décorées de vitraux. Le poëte Fortunat, évêque de Poitiers, aujourd'hui canonisé, a célébré dans ses poésies l'éclat des verrières de l'église cathédrale de Paris, décomposant la lumière aux approches de l'aurore et du couchant.

Les premiers vitraux étaient enchâssés dans la pierre, le marbre, le plâtre ou le bois, qui reliaient entre elles leurs diverses parties. L'abbé Didier eut l'heureuse idée de substituer à ces châssis épais et lourds des armatures de fer, et la mise en plomb, qui donne tant d'élégance et de grâce au vitrail.

Les premières verrières n'étaient autre chose que des juxtapositions de morceaux de verre coloré dans la masse; c'était la mosaïque, et rien de plus!

Bientôt, on raccorda par quelques traits les diverses combinaisons des verres colorés. Ces traits, dans l'origine, furent peints avec un mordant quelconque; un peu plus tard, le trait fut indiqué dans le verre lui-même, au moment de sa fabrication.

Dans ces premiers essais de l'art, les couleurs servaient à marquer les ombres, à dessiner les ornements et les plis des draperies, à modeler les chairs. Ces couleurs sont presque toujours des gris, des bruns et des noirs sans éclat. Quant au verre, teint dans la masse, en rouge, en jaune, en vert, en bleu ou en violet, il s'offre toujours à nous avec des tons magnifiques. Les peintres du douzième siècle, qui produisirent de si admirables verrières, n'employaient guère que des verres rehaussés de couleurs primitives : ils rejetaient presque systématiquement les teintes composées.

Bien rarement ils exécutaient de grandes figures; leurs vitraux ne sont guère autre chose que des mosaïques transparentes, dans lesquelles ils ne visent qu'à l'effet général, sacrifiant tout à l'harmonie. Il leur arrive souvent de faire un cheval jaune, rouge ou vert; mais cette couleur est impérieusement demandée par la loi des contrastes: l'esprit et la logique peuvent se plaindre quelquefois; mais l'œil est toujours satisfait.

Ce sont d'ailleurs les plombs qui dessinent les principaux motifs de la peinture. Une armature en fer consolide le tout. Ces petites pièces de verre, ainsi agencées dans leur tige de plomb, excitent chez nous une admiration inconsciente, à laquelle un artiste n'essayera jamais de se soustraire. On pourra voir les plus beaux types de cette catégorie dans certaines fenêtres de la cathédrale d'Angers, de la basilique de Saint-Denis, dans les cathédrales de Bourges et de Lyon, et dans l'église de Saint-Père, à Chartres.

Les peintres verriers du treizième siècle obéissent à la même inspiration que ceux du siècle précédent : comme ceux-ci, ils recherchent toujours l'harmonie entre leur œuvre et l'ensemble de l'édifice, et ils se recommandent également par l'élégance de leurs dispositions générales, et par le prestige de leur couleur. C'est toujours la même disposition des verrières légendaires, à cartouche, sur un fond réticulé avec bordures en lacis et enroulements de feuillage, surtout pour les fenêtres de l'abside et des bas-côtés. Déjà, pour la grande nef, qui a besoin de laisser passer plus de jour, on commence à peindre sur les vitraux des figures de proportions colossales, ou tout au moins grandeur nature. Ces figures, généralement longues, roides et graves, sont drapées à plis serrés, comme les personnages que nous voyons dans l'iconographie byzantine, sans raccourcis comme sans perspective : tout reste à l'état rudimentaire; tout garde une simplicité, je dirais volontiers une austérité qui n'exclut pourtant ni l'élégance ni même la grâce : élégance sévère, grâce sans afféterie. Les accessoires restent à l'état rudimentaire : un temple est représenté par un fronton et deux colonnes; un arbre est symbolisé par une branche fleurie, une rivière par une petite bande azurée, qui semble onduler comme un flot. Toutes les figures sont sur le même plan; on n'a pas encore soupçonné la perspective aérienne : en revanche, le mysticisme et l'allégorie se perdent en d'insondables profondeurs.

Le vitrail, comme l'architecture religieuse, dont il est peut-être l'accessoire le plus éclatant, atteint le plus haut point de sa marche ascendante, et il charme le connaisseur tout à la fois par la richesse de ses colorations, par la pureté, l'élévation et la naïveté du sentiment qu'il exprime. Quelques-unes de ces verrières sont d'un effet véritablement magique.

7

Parfois, autour de la figure principale, des verres violets ou couleur d'escarboucle, enchâssés dans leurs mailles de plomb, figurent, lorsqu'on les examine de près, les légions des esprits célestes, les anges, les archanges, les chérubins, les trônes, les dominations et les séraphins de feu.

« C'est vraiment une vision du paradis ! » s'écriait un jour un archéologue enthousiaste.

Je le veux bien ! par malheur, le paradis est bien haut, et, du sol de la cathédrale, où nous sommes obligés de rester, nous autres, pauvres hommes qui n'avons pas d'ailes, nous ne pouvons guère distinguer les sujets que l'artiste a ainsi placés au-dessus des choses terrestres, dans des sphères inaccessibles.

Nous n'en sommes pas moins frappés, et comme éblouis, par ce resplendissant assemblage des plus brillantes couleurs.

L'effet est surtout charmant quand on sait choisir et son jour et son heure, quand le soleil qui les traverse incendie les fenêtres de ses rayons, ou plutôt quand la pluie qui les fouette, laissant arriver jusqu'à eux une lumière déjà décomposée, verse sur le pavé du temple, comme un torrent de flots irisés, la splendeur de ses flammes mouillées.

Nous sommes assez riches en échantillons de cette belle période, qui vit le triomphe du vitrail ; il suffirait de parcourir les cathédrales de Bourges, d'Angers, de Reims, de Rouen, de Chartres et de Paris, la Sainte-Chapelle, et quelques autres monuments religieux de cette grande époque, pour se convaincre que s'il a été donné à l'homme de jamais atteindre la perfection, ce beau rêve a été réalisé par les grands verriers du treizième siècle.

Dès les premières années du siècle suivant, des observateurs attentifs purent signaler d'inquiétants symptômes de déclin dans la fabrication du vitrail. Déjà le verre et la pierre ne forment plus ensemble ce tout harmonieux que nous avions admiré. L'architecte, moins puissant, ne retient plus les peintres-verriers sous son empire. Ceux-ci ne se résignent plus à n'être que l'auxiliaire de celui-là : ils cherchent une vie indépendante.

Peut-être n'ont-ils pas encore la prétention de représenter des scènes complètes, et de suivre, comme dans leurs tableaux, les lois de la perspective ; mais déjà leurs grandes figures sont d'un dessin très-correct, et les ombres accusent finement leur modelé.

L'expression énergique du drame cède le pas au fini des détails et à la beauté des formes. Il faut bien reconnaître, d'ailleurs, que les meneaux, qui divisent les fenêtres en plusieurs travées, doivent pousser naturellement à l'emploi des grandes figures isolées.

Aussi voyons-nous paraître une innombrable quantité d'Apôtres, de Saints, de Prophètes et de Patriarches. Les uns sont debout, regardant et dominant la foule du haut de leur piédestal ; les autres sont assis sous de superbes dais, d'une construction architecturale et grandiose, couronnant noblement la fenêtre. Presque toujours ces vitraux sont encadrés dans des bordures à larges rinceaux, aux couleurs variées, d'un aspect éminemment décoratif.

La peinture sur verre atteint du reste son plus curieux développement au cours de ce siècle. Pas une église, pas une chapelle qui ne soit décorée, remplie de verrières. On en trouve partout, dans les palais des princes, dans les châteaux des seigneurs, dans les maisons des bourgeois riches : ils représentent ou des sujets tirés de l'histoire, ou des armoiries et des symboles, ou bien encore des portraits de famille.

Ce goût des vitraux peints est si général et si dominant que les rois de France, imitant en cela l'empereur Justinien, accordèrent aux peintres-verriers des priviléges considérables. La pratique de leur art était considérée comme une profession noble, et l'on rencontre souvent dans les écrits du temps cette expression qui, tout d'abord, peut paraître singulière : « les gentilshommes verriers ». Des patentes royales de Charles V et de Charles VII les déclarent francs, quittes et exempts de toutes tailles, aides et subsides, gardes de portes, guet et arrière-guet.

Parmi les plus beaux vitraux de cette époque, nous citerons ceux de l'église Saint-Thomas, à Strasbourg. Les figures de Saint-Valère et de Saint-Maxime, à Limoges ; la rose de Saint-Nazaire, à Carcassonne, et les grandes figures de la chapelle de Saint-Piat, dans la cathédrale de Chartres.

Au quinzième siècle, la peinture sur verre continue à s'éloigner de plus en plus de son point initial. Entre elle et l'architecture, la séparation est désormais complète. Ce ne sont plus, à proprement parler, des vitraux que font MM. les gentilshommes verriers : ce sont plutôt de véritables tableaux sur verre, qui seraient à leur place partout ailleurs aussi bien que dans la chapelle ou dans l'église où nous les voyons, et dont l'artiste, beaucoup trop indépendant, ne s'est pas occupé le moins du monde quand il les a peints.

C'est qu'alors le peintre verrier s'absorbe dans une préoccupation unique et parfois dangereuse, parce qu'elle s'éloigne de son but : il veut lutter avec la peinture à l'huile, arriver aux mêmes effets, obtenir le même fini.

C'est là méconnaître absolument le but que se sont proposé tout d'abord les créateurs du vitrail. Les qualités nouvelles qui distinguent les œuvres de cette époque, la finesse des détails, le soin, parfois un peu précieux de l'exécution, tout cela s'efface et disparaît dans la distance. Ces vitraux sont faits pour être vus à trois pas, et on les regarde à trente mètres : l'effet est donc manqué, ou du moins il ne répond ni à l'effort que l'on a fait, ni au talent que l'on a dépensé.

Quelle fut la cause d'une révolution aussi profonde ? Faut-il l'attribuer uniquement à un revirement d'idées assez naturel d'ailleurs dans cette race mobile des artistes ?

Non! Les peintres verriers subirent, à leur insu peut-être, l'influence de deux grandes découvertes dues aux progrès de la chimie. La première fut l'invention de cette riche couleur que l'on appelle le jaune d'argent, et la seconde, l'art de fabriquer des verres doubles, c'est-à-dire des lames colorées sur l'une de leur face et dans une portion très-minime de leur épaisseur, tandis que la face opposée conserve la coloration du verre ordinaire.

Cette couche légère de couleur, que l'on enlevait avec l'émeri, mettait à la disposition de l'artiste des places blanches sur un fond général qui restait coloré, places qu'il remplissait soit de ce jaune d'argent dont nous parlions tout à l'heure, soit d'émail d'or ou de toute autre nuance. Cet art des enlevages, combiné avec l'application des couleurs d'émail, offrait à l'artiste des combinaisons trop séduisantes pour qu'il pût résister à l'envie de les employer. Il faut, du reste, savoir reconnaître que le dessin des figures s'est singulièrement perfectionné : les têtes, peintes sur verre incolore, ont de légers tons roux très-agréables, et les personnages, drapés de ces riches vêtements à plis cassés, comme nous les retrouvons dans les miniatures du temps qui décorent les marges des manuscrits, se détachent sur des fonds de tapisseries que nous verrons bientôt remplacés par des paysages ou par de grandes architectures. Ajoutons, comme trait caractéristique de cette époque, que le sujet principal du vitrail coupe presque toujours sa partie inférieure, tandis que le sommet est réservé à des clochetons, à de grands dais, et à d'autres accessoires d'un effet très-décoratif. Le fond du tableau offre assez de variété : tantôt il est uni et tantôt damassé ; tantôt rempli par des édifices d'aspects variés, et tantôt par des paysages; souvent une main prodigue a jeté sur les premiers plans des bouquets de fleurs aux tons éclatants.

Les cathédrales de Bourges, de Rouen et d'Évreux, nous offrent de remarquables spécimens des verrières de cette époque. On en trouve encore dans les églises de Saint-Gervais à Paris, de Saint-Séverin et de la Sainte-Chapelle à Rouen. Les verrières de Rouen, à fond blanc, décorées de colossales figures de prophètes et d'apôtres, de prélats et d'abbés, revêtus de manteaux bleu tendre, sont d'un fort agréable effet. Mais c'est à Beauvais que nous trouvons les échantillons les plus remarquables des vitraux du quinzième siècle. Ils sont l'œuvre d'Enguerrand Le Prince, un des peintres verriers les plus habiles dont les arts industriels aient gardé la mémoire. La beauté du dessin, la sévérité du style, l'habileté de la composition concourent avec le charme de la couleur pour faire des vitraux de Le Prince de véritables chefs-d'œuvre.

Les artistes du seizième siècle suivirent, en l'accélérant encore, l'impulsion donnée par ceux du quinzième. Ils poussèrent même plus loin la finesse de leur dessin. Ils sacrifièrent tout au modèle et à la ligne, et remplacèrent les éclatantes couleurs qui avaient fait l'orgueil des premiers vitraux par des grisailles ou des tons neutres.

Le peintre-verrier n'est déjà plus qu'un émailleur. Il a complétement oublié les grandes traditions qui firent la gloire de ses devanciers ; mais il pousse la perfection de certains détails jusqu'à un degré qui n'avait jamais encore été atteint, de même qu'il ne sera point dépassé.

Les étoffes ne le cèdent point aux têtes, et nous pourrions citer tel personnage dont le manteau semble réellement brodé de perles, constellé d'émeraudes et de rubis, étincelant des feux de la topaze et de l'escarboucle.

L'invention de l'imprimerie, mettant des livres dans la main des fidèles, et rendant nécessaire une lumière plus grande dans les églises, amena l'abandon complet des vitraux à coloration riche et puissante.

A partir de la fin du seizième siècle, on peut considérer la fabrication du vitrail comme un art perdu. « L'art du verrier est noble, dit quelque part Bernard Palissy; mais plusieurs sont gentilshommes pour exercer le dit art, qui voudraient bien être roturiers et avoir de quoi vivre ! »

Nous possédons encore d'assez beaux spécimens des vitraux du seizième siècle. Nous citerons parmi les plus remarquables ceux d'Auch, de Chartres, de Clermont, de Metz (hélas !), de Rouen, et de cette jolie église de Brou, près de Bourg en Bresse; puis, à Paris, des églises Saint-Gervais, Saint-Eustache et Saint-Étienne-du-Mont.

On peut dire qu'au dix-septième et au dix-huitième siècle la peinture sur verre était à peu près abandonnée en France. L'architecture, sous Louis XIV et sous Louis XV, avait rompu brusquement avec toutes les traditions du moyen âge.

On déshonorait les vieilles cathédrales par des restaurations inintelligentes et des additions mesquines, qui en altéraient singulièrement le caractère. On ne comprenait plus la poétique beauté du jour mystérieux tombant des hautes verrières sombres, et versant sur les longues dalles des rayons décomposés, comme ceux du soleil quand ils traversent un prisme. Ceux de nos artistes verriers qui se sentaient un peu de talent quittaient la France, et allaient demander le moyen de vivre à l'Angleterre, à la Hollande et à la Suisse.

La Suisse surtout sut conserver, au milieu même de cette décadence, les traditions des maîtres du seizième siècle : je veux dire une finesse excessive d'exécution, et le charme naissant de l'opposition des couleurs vives du verre peint dans la masse, avec les couleurs appliquées.

La Révolution française porta le dernier coup au vitrail ; non-seulement on délaissa complétement cet art si charmant, si essentiellement décoratif, et dans lequel nos maîtres français avaient fait preuve d'un talent si exquis, mais, avec une fureur que n'avaient pas connue les Iconoclastes de la décadence byzantine, on s'acharna stupidement contre ces admirables témoignages d'un passé glorieux.

Notre époque, si curieuse de luxe intérieur, si empressée, — c'est une justice qu'il faut lui rendre, — à rechercher tout ce qui embellit la demeure de l'homme, ne pouvait oublier le parti que nos ancêtres avaient su tirer du verre peint.

Je le comprends, car les vitraux sont, sans contredit, la plus riche et la plus brillante application des arts industriels à la décoration des monuments publics ou privés.

La vivacité si éclatante des couleurs, que le verre doit à sa transparence; ces tons éblouissants, qui, tout à la fois, étonnent et charment les yeux par leur radieux éclat; ces chauds et chatoyants reflets, embrâsant tout ce qu'ils touchent, font du vitrail une chose à part, que rien ne peut remplacer, et dont l'œil qui les perd, après les avoir connus, regrette éternellement la splendeur. Réduits à l'état rudimentaire, et composés seulement de petites pièces de différentes formes et de diverses couleurs, ils prennent un aspect si riche que les plus précieux métaux ne peuvent lutter contre eux. Mais quel prestige ne doivent-ils pas avoir quand un véritable artiste les anime de sa pensée, leur donne son âme, et, au mérite de ces gammes harmonieuses, étincelantes, ajoute, comme une séduction nouvelle, la poésie vivante du sujet heureux et la correction d'un beau dessin!

C'est là ce que beaucoup d'hommes éminents comprennent aujourd'hui. Ils apportent donc à la peinture sur verre le fruit de leur expérience et de leurs travaux, et la traitent avec une sûreté magistrale. Aussi nous assistons à une véritable renaissance de cette belle industrie artistique, renaissance entourée des plus radieuses espérances, si nous en croyons le talent des artistes à qui nous la devons.

Cette renaissance ne date pas d'hier. Elle remonte déjà, pour le moins, à une quarantaine d'années, et elle coïncide avec l'ardente réaction qui nous ramena tout à coup vers le moyen âge. Il était bien impossible que le vitrail fût oublié quand on cherchait à ressusciter toutes les créations artistiques contemporaines de celle-ci. Peintres et fabricants, ouvriers et artistes, tous firent assaut de zèle et d'ardeur pour rendre une nouvelle vie à cet art séduisant.

MM. Gérente, Hesse, Galimard, Maréchal, Larivière, d'autres encore, étudièrent, avec un zèle que rien ne devait lasser, les belles productions du douzième siècle et du treizième, et ils ont produit des œuvres véritablement dignes d'éloges. Les pays étrangers nous les envient, et l'Angleterre nous les a empruntées plus d'une fois. Soit qu'ils restaurent les vitraux anciens, soit qu'ils se livrent à des créations nouvelles, ils font preuve d'autant de goût que de savoir. La restauration de Saint-Denis, la grande verrière d'Amiens, les vitraux de l'église Saint-Laurent, ceux de l'oratoire de Mme la marquise du Plessy-Bellion, ceux de l'église Sainte-Clotilde, nous montrent ce que l'on peut attendre de ces maîtres consciencieux, qui ne reculent devant aucun sacrifice, devant aucun effort, quand il s'agit d'atteindre un noble but.

On peut dire qu'aujourd'hui la peinture sur verre est plus à la mode que jamais. Elle n'est plus réservée, comme autrefois, aux églises et aux palais : on la trouve, au contraire, à peu près partout.

Un mouvement de diffusion qui semble irrésistible l'a, en quelque sorte, vulgarisée, avec une promptitude à laquelle ses partisans les plus fanatiques n'avaient peut-être pas le droit de s'attendre. Les architectes, en l'adoptant, ont assuré son succès, que rien ne saurait plus arrêter aujourd'hui. On ne comprend plus, maintenant, sans vitraux une maison quelque peu élégante.

Je ne prétends point que l'on en mette partout ; mais il y en a toujours dans une pièce ou deux, dans l'antichambre ou dans la salle à manger, dans une galerie ou dans une chambre à coucher, dans un cabinet de travail ou dans quelque mystérieux oratoire : c'est là surtout qu'ils sont à leur place.

Mais du moment où nous le transportons dans la maison moderne, il faut nécessairement que le vitrail que nous y mettons change de caractère. Ces verrières tant admirées de nos vieilles cathédrales, telles que les avaient comprises ces grands maîtres qui s'appelèrent Levieil, Pinaigrier, Félibien, Jacques de Parol, Enguerrand Le Prince, et dont il ne viendrait à l'esprit de personne de contester la parfaite appropriation aux monuments pour lesquels leurs auteurs les avaient conçues et exécutées, ne conviendraient guère à nos demeures modernes, dont les proportions sont tout autres, le style tout différent, et l'ameublement lui-même d'un caractère que ces artistes ne pouvaient prévoir, auquel, par conséquent, ils ne pouvaient conformer aucune de leurs œuvres décoratives. Quelques-uns de nos verriers modernes ont donc commis une erreur grave, quand ils ont cru que le même vitrail qui faisait un si grand effet au milieu de l'abside d'une cathédrale gothique, où on le voyait à la distance voulue, conviendrait également au kiosque d'un jardin anglais, ou à la salle à manger d'un hôtel du parc Monceau. On s'est exposé par là à de singuliers mécomptes.

Mais, du moins, le mal est sorti du bien ; l'expérience a porté ses fruits amers et bienfaisants tout à la fois. On a profité de la leçon. Pour des besoins nouveaux, l'on a su créer un art nouveau ; on a compris que les anciens procédés de peinture n'étaient plus applicables de nos jours, — et l'on en a trouvé d'autres.

Au milieu du dix-huitième siècle, le verre était encore presque exclusivement composé de silice et de potasse. Mais il manquait de fusibilité, et conservait, même sous l'influence de la température la plus élevée, une viscosité extrême ; il s'affinait difficilement, exigeait d'énormes dépenses de combustible, et se prêtait assez mal au travail de l'ouvrier. Mais, vers 1760, grâce aux efforts de Bosc d'Antic.

on adopta l'addition de la chaux qui, unie à la silice et à la potasse, forme un silicate double, beaucoup plus fusible que les silicates simples. Aujourd'hui, à l'aide de nouveaux perfectionnements, le verre a été amené à un état de fusibilité qui le rend tout à la fois très-facile à travailler et très-économique à fabriquer. Ajoutons que les incessants progrès de la chimie ont singulièrement enrichi la palette du peintre verrier, et mis à sa disposition des ressources presque infinies. Il dispose maintenant de tout une gamme de coloration dont les autres peintres n'avaient pas même le soupçon. La distance, généralement moins grande, où l'on se place pour juger les œuvres de nos verriers, les autorise également à donner plus de précision à leur dessin, plus de correction à leur modelé, plus de fini à leurs détails. En un mot, ce n'est plus seulement le vitrail que nous sommes en droit de leur demander, c'est le tableau sur verre, que les peintres verriers des cathédrales des quinzième et seizième siècles nous donnaient déjà, mais qu'ils ne pouvaient nous donner sans être jusqu'à un certain point infidèles à leur mission, sans se détourner de leur véritable but.

Parmi les artistes industriels appartenant à cette brillante spécialité, et dont l'Exposition de Vienne nous a permis d'apprécier les œuvres, il n'en est point qui soient entrés dans le mouvement moderne avec plus de franchise et d'énergie que M. Paul Bitterlin. Si sa réputation a l'éclat du verre sur lequel il exerce son habileté rare, il ne viendra certes à l'idée de personne de prétendre qu'elle en ait aussi la fragilité. De trop nombreux succès l'ont consolidée. M. Paul Bitterlin n'est inconnu de personne aujourd'hui, et tous ceux qui suivent les curieuses évolutions des arts industriels en France, à notre époque, se rappellent encore la jolie exposition par aquelle il représenta notre peinture sur verre à Londres, en 1862.

Ce fut là que nous vîmes pour la première fois les curieux échantillons de sa gravure modelée, dont le relief était une véritable nouveauté pour le monde industriel.

On s'étonna; on admira plus encore. Ceux qui savent juger les hommes par leurs œuvres comprirent ce jour-là qu'ils se trouvaient en face d'un véritable inventeur.

M. Bitterlin prouvait à tous qu'il était bien décidé à ne pas marcher dans l'ornière battue.

L'Exposition des Beaux-Arts appliqués à l'Industrie, en 1863, fut pour lui l'occasion d'un nouveau triomphe, car il se vit décerner la grande médaille d'or. On le proclama le régénérateur du vitrail en France.

Deux ans plus tard, l'Union centrale lui décernait une nouvelle médaille, et constatait les progrès accomplis grâce à sa courageuse initiative.

En 1867, à la suite de cette Exposition universelle de Paris, qui marquera d'une date si éclatante cette période de l'histoire des Arts et de l'Industrie dans le monde moderne, M. Bitterlin obtint la plus haute récompense réservée à sa classe.

Le Welt-Ausstellung de Vienne, objet de cette étude, lui a valu tout à la fois une médaille de progrès et une médaille de mérite. C'est dire assez que l'on appréciait également et la valeur absolue et la valeur relative de ses remarquables travaux.

Les grandes œuvres décoratives de M. Paul Bitterlin sont aujourd'hui répandues partout. C'est à lui que nous devons les beaux plafonds lumineux de nos nouveaux théâtre, le *Châtelet*, le *Vaudeville*, le *Théâtre-Lyrique* et la *Gaîté*. Il ne se borne point, du reste, à la France, et nous le retrouvons encore à la Chambre des pairs de Portugal, au Sénat et à la Chambre des députés de Belgique, comme nous l'avons déjà vu au nouveau Tribunal de commerce de Paris. Partout enfin où l'on a voulu établir de grandes installations de verre ou de cristal colorés, on a compris que c'était à lui qu'il fallait s'adresser.

Maître de tous les secrets des anciens peintres verriers du Moyen Age et de la Renaissance, que lui a révélés une étude attentive et profonde, et auxquels il ajoute les merveilleux résultats obtenus par la science exacte et positive des chimistes contemporains, M. Bitterlin a su nous donner des verrières parfaitement appropriées à l'habitation moderne, et se ployant à tous les besoins, je dirais volontiers à tous les caprices de nos constructions hybrides, qui ne se confinent plus dans un genre déterminé, mais qui essayent volontiers tous les styles, avec l'éclectisme facile devenu en toute chose le mot d'ordre de notre temps.

M. Paul Bitterlin nous avait donné d'ailleurs, à l'Exposition de Vienne, des échantillons d'une façon toute nouvelle d'employer le verre en vitrail, et qui parurent singulièrement intéressants aux juges les plus autorisés.

Je veux parler des verres gravés dont on peut obtenir, à l'aide d'un judicieux emploi, des effets vraiment merveilleux.

M. Bitterlin avait été obligé, jusqu'en 1863, de recourir à des moyens mécaniques qui n'étaient point exempts de certains inconvénients. C'est ainsi qu'il ne pouvait obtenir de décor sur fonds transparents sans être obligé de cerner son dessin par un trait de gravure.

Ce procédé ne laisse point que d'être quelque peu violent, et il nuit singulièrement à l'effet artistique de la composition.

Il a donc fallu chercher un autre procédé. Ce procédé, M. Bitterlin l'a trouvé, et il nous en a démontré la merveilleuse efficacité par des exemples qui s'imposent. Il obtient en effet directement la gravure, sans altérer en rien la transparence du fond. Il peut ainsi tout rendre sur le verre et sur le cristal, qui cèdent à la pointe de son burin comme l'acier lui-même.

C'est à l'aide d'un agent chimique que M. Paul Bitterlin arrive à ces importants résultats. Cet agent, c'est l'acide fluorhydrique, qui agit sur le verre avec une puissance instantanée, en décomposant l'acide silicique que renferme celui-ci.

Mais les difficultés que l'on rencontre dans la préparation de l'acide fluorhydrique, et les dangers inhérents à son emploi, avaient long-temps retardé l'application pratique de ce procédé. On sait, en effet, que ce terrible destructeur désagrége avec une irrésistible force tous les tissus organiques qu'il a seulement touchés.

M. Bitterlin, grâce à ses savantes et heureuses recherches, est arrivé à se rendre complétement maître de ce terrible agent : il le domine et le dirige à son gré. Il a ainsi remporté un des plus beaux triomphes obtenus par la science moderne, en faisant de ce redouta-ble ennemi de l'homme un de ses plus dociles serviteurs, un de ses plus utiles auxiliaires.

Personne, en effet, ne saurait contester aujourd'hui que c'est à l'acide fluorhydrique, à lui exclusivement, que nous sommes redevables de cette admirable décoration du verre, qui nous rend non pas seule-ment les formes extérieures des choses, et ce que l'on a si bien appelé leurs lignes enveloppantes, mais leur relief même, et toute l'appa-rence de leur modelé. Aidé des complicités obéissantes de la lumière asservie, et donnant à son œuvre plus ou moins de transparence, selon qu'il augmente ou diminue le poli ou le grenu du verre, l'ha-bile industriel est parvenu à rendre avec une justesse irréprochable les compositions les plus difficiles et les plus compliquées.

Que l'on me permette un seul détail. Avec cette gravure savante, si admirablement variée dans ses intensités différentes, M. Bitterlin, sans sortir des gammes blanches et brillantes, est parvenu à obte-nir, sur une même glace, dix-huit tons dont l'œil peut noter les valeurs distinctes.

Cette puissance vraiment rare, que M. Bitterlin sait donner à la gravure, l'a poussé à propager son emploi, parfois même aux dépens de la couleur.

Je le comprends.

La gravure, en effet, avec ses transparences que rien n'altère, ses jolis tons, tour à tour argentins et diamantés, ses passages du ton majeur au blanc pur, à travers une gamme chromatique de nuances délicatement fondues; avec ses mille détails ingénieux, arrivant toujours à l'harmonie et ne tombant jamais dans l'obs-curité, la gravure offre à celui qui sait s'en servir des ressources presque inépuisables.

La préférence marquée que M. Bitterlin accorde à la gravure ne l'empêche pas de tirer un très-grand parti des verres colorés qu'il emploie aussi avec une habileté pleine de goût. Tantôt, prenant un grand parti, il compose une verrière complète en verres peints, dont on peut admirer le dessin élégant, le pur contour, les fermes mode-lés, et les tons d'une riche variété. Mais souvent M. Bitterlin apporte plus de réserve et de discrétion dans l'emploi qu'il fait de la couleur.

Dans bien des cas, en effet, l'émail qu'il rapporte ainsi sur le verre ne donne lieu chez lui qu'à des applications légères et partielles, qui se détachent avec grâce d'un fond pointillé, rompant en quelque sorte la masse colorée, se subdivisant à l'infini, et la faisant chatoyer sous le regard comme un écrin de pierreries, sur lequel tomberait un vif rayon de lumière.

On a aussi beaucoup admiré à Vienne, dans les galeries du Prater, les gravures argentines de M. Paul Bitterlin.

Quand, parfois, le soleil les métallisait, en leur donnant des scintillements vifs ou des lueurs opalines, auxquelles s'ajoutait le rehaut inattendu des émaux bleus et jaunes, entourés d'un léger filet noir; quand une feuille de verre rouge, appliquée sur verre blanc, par un travail d'une précision savante, nous faisait descendre du cramoisi le plus ardent jusqu'à la fraîcheur rosée des belles chairs, pour ne s'arrêter qu'après avoir atteint le blanc le plus pur ; quand, par un procédé tout différent, sur un verre blanc émaillé de jaune, on enlevait, à l'aide de l'oxyde, le décor en demi-teinte, de façon à faire étinceler les réserves comme des topazes brûlées, qui semblaient embraser le verre, on était frappé d'une réelle admiration, en présence de ces effets si puissants, et l'on comprenait sans peine que l'on se trouvait en face d'un art véritablement exquis, et si complétement renouvelé qu'il en paraissait tout nouveau, et l'on se disait que l'habile inventeur mettrait bientôt à la disposition de nos architectes des ressources presque infinies.

Parmi les artistes industriels qui se sont voués à la recherche de ce qui peut embellir et décorer les temples de Dieu, les palais des grands ou les habitations des simples citoyens, il n'en est donc point qui nous aient paru plus dignes d'attention et de sympathie que M. Paul Bitterlin. Aussi nous rangeons-nous parmi ceux qui ont applaudi des deux mains, quand il a été l'objet de distinctions aussi flatteuses qu'elles étaient méritées.

XXXIX

Si, dans l'Exposition universelle de Vienne, il est une section qui doive avoir pour nous un intérêt particulier, nous avouons sans peine que c'est la section de la librairie et de la typographie, par qui et pour qui nous vivons. Outre l'admirable privilége qu'il a de nous mettre en communication avec la pensée de tous les siècles et de tous les pays, le livre nous intéresse et nous attire par lui-même : il nous plaît; il nous charme. Nous ne saurions passer à côté d'un volume sans céder aussitôt à l'irrésistible envie qui nous prend de l'ouvrir, de le feuilleter, d'examiner son œil, comme on dit dans le métier, de vérifier son caractère, de mesurer ses marges, d'étudier sa justification et jusqu'au grain de son papier. Dans les différentes expositions industrielles qu'il nous a été donné de voir jusqu'ici, les livres ont toujours été un des premiers objets de nos préoccupations et de nos recherches. Souvent, ils nous ont payé au centuple la peine que nous nous étions donnée pour eux.

Malheureusement, il n'en sera pas tout à fait ainsi avec l'Exposition de Vienne.

Si la France n'avait pas pris part à cette grande lutte courtoise des nations, les galeries du Prater, au point de vue du moins de la typographie, ne nous offriraient qu'un bien médiocre intérêt.

C'est ainsi que l'Angleterre compte à peine trois ou quatre exposants, appartenant tous à des sociétés religieuses qui, en raison même de leur but, se proposent plutôt un bon marché qui leur permettra de vulgariser leur doctrine, qu'une perfection d'exécution assez indifférente à ceux pour lesquels ils travaillent. Je ne ferai d'exception que pour Grant, l'éditeur de *Londres illustré*, texte anglais, avec dessins sur bois de Doré, publication sérieuse et importante, et pour les collections artistiques d'Angleterre, par M. Édouard Lièvre, artiste lui-même du plus haut mérite, dessinateur plein de finesse et de goût, édité par M. Holloway. A part ces deux ouvrages, je ne vois rien à citer de l'exposition typographique de l'Angleterre.

Il nous est venu également bien peu de chose d'Amérique, et nous n'aurons guère à mentionner ici que *Lippencot and C°* de Philadelphie, et la maison Sirebner de New-York.

L'empire d'Allemagne, qui, dans sa vaste circonscription, comprend tant de libraires, d'imprimeurs et d'éditeurs distingués, n'avait qu'à vouloir pour occuper un rang éminent dans le grand concours typographique de 1873; mais il a pratiqué un système d'abstention dont nous pouvons apprécier les effets sans en deviner la cause : c'est ainsi que les grands entrepreneurs de Leipzig, qui se sont fait une spécialité, — j'allais dire une célébrité, — dans la fabrication des billets de banque et des actions de chemins de fer, ne figuraient pas même sur le catalogue. Il est vrai que le directeur de l'Imprimerie Impériale de Berlin, M. Decker, exposait une belle édition des *Evangiles*, texte allemand et caractères gothiques; le *Couronnement de Kœnigsberg*, en 1862, avec de belles illustrations lithographiques, et une jolie édition *en français* des *Œuvres de Frédéric le Grand*. Mais la Prusse ne pouvait-elle donc faire que cela?

M. Cotta, de Stuttgard, éditeur de Gœthe, de Schiller, d'Auerbach, de Herder et d'Uhland, s'était fait représenter par une collection in-18, qui est sans doute d'un bon marché agréable aux acheteurs, mais qui n'a pu rien ajouter à la réputation du libraire.

Je dois cependant signaler dans cette vitrine une illustration d'*Auerbach* qui pourrait passer pour le chef-d'œuvre de la gravure sur bois, et une grande édition de Faust, avec gravures sur bois et sur acier, dont le style a été pour nous comme un souvenir attardé de l'école romantique de 1830, mais qui, à ce titre même, n'étaient point indignes d'examen.

Les livres d'images, en chromo-litographie, de M. Weise, de Stuttgard, spécialement destinés aux enfants; les illustrations du journal hebdomadaire *Uber Land und Meer*, publié dans la même ville, chez Halberger, sous la direction du plus populaire des romanciers allemands, M. Hacklaender; l'*Illustrirtes-Welt*, sorte de magasin pittoresque, qui fait un certain nombre d'emprunts à notre *Tour du Monde*; les *Galeries de Gœthe et de Schiller*, recueils de planches sur acier, et de photographies, d'après les dessins de Kaulbach, publiées chez Bruckmann, de Munich; le *Voyage au pôle nord* (1869-1870), sous le commandement du capitaine Kœldewey, édité par la maison Brockhaus de Leipzig, la plus importante peut-être de toute l'Allemagne, ne sont certes point des publications sans mérite, loin de là! Mais on ne saurait voir en elles le chef-d'œuvre attendu, que devait nécessairement faire éclore le concours ouvert à Vienne entre tous les libraires et tous les éditeurs du monde.

XL

Ce chef-d'œuvre, c'est une maison française qui nous l'a donné: il s'appelle d'un bien grand nom: les ÉVANGILES; il a pour illustrateur un des plus grands artistes, et peut-être le plus grand dessinateur de notre époque, M. Bida, et pour éditeur la MAISON HACHETTE, qui n'avait jamais tant fait pour la gloire de la typographie contemporaine, ni pour sa propre célébrité.

Les ÉVANGILES de la maison Hachette ne sont pas seulement le plus beau livre que nous ait offert l'Exposition universelle de Vienne; mais, de l'avis de tous ceux qui entendent quelque chose aux questions si complexes et si délicates de la librairie, ils resteront comme le monument le plus magnifique de la typographie du dix-neuvième siècle, et peut-être de tous les siècles.

Que nos lecteurs nous permettent de nous arrêter un instant devant ce chef-d'œuvre: les chefs-d'œuvre ne sont pas chose si commune, même dans les expositions universelles! Il est juste, d'ailleurs, de rendre à chacun de ceux qui furent appelés à y prendre part l'honneur qui lui revient; il est juste aussi de ne point laisser s'effacer sans un mot de souvenir et de sympathique admiration la trace des efforts persévérants et des sacrifices sans nombre qu'a demandés une pareille entreprise. Tout y a concouru, le dessin et la gravure des eaux fortes; la création des caractères et des ornements; l'impression typographique et l'impression en taille douce.

Qu'il nous soit permis de donner quelques indications sur chacune de ces diverses parties d'un grand tout vraiment admirable.

La maison Hachette, en entreprenant cette édition des Évangiles, eut l'intention d'en faire, par la beauté de son texte et l'importance de ses planches, sa publication capitale. Après tant d'éditions importantes, qui lui avaient assuré la plus juste popularité, elle croyait n'avoir pas fait assez encore. Elle voulut couronner son édifice. Il est beau, quand on a satisfait les autres, de ne pas se trouver content de soi-même.

Les Directeurs de cette grande Librairie se trouvaient alors en relation avec un artiste éminent, M. Bida, qui, par son rare mérite, la pureté et l'élévation de son style, a su, tout en restant un simple dessinateur, conquérir une situation qui n'a rien à envier à celle de nos peintres les plus illustres. Plusieurs séjours en Orient avaient déjà préparé M. Bida au gigantesque travail qu'il allait entreprendre, et cependant, il voulut, avant de le commencer, faire un nouveau voyage en Terre Sainte, et vivre de nouveau dans les beaux lieux dont il allait reproduire les aspects grandioses; il voulait étudier une fois encore, et plus intimement, les sites majestueux, doux ou terribles, qui virent se dérouler les sublimes péripéties de cette histoire à la fois humaine et divine, qui s'appelle la vie et la mort de Jésus, et que racontent les Évangiles.

Au retour de ce nouveau voyage, encore plus intéressant pour lui que les premiers, parce qu'il avait un but plus spécial et plus direct, M. Bida se mit à l'œuvre. Pendant neuf ans, il n'a cessé d'apporter chaque mois un ou plusieurs dessins à ses éditeurs.

En 1870, au moment où éclatait la guerre désastreuse dont nous subissons encore les amères conséquences, il terminait le *cent vingt-huitième* — qui est aussi le dernier. Ces cent vingt-huit dessins, nous les avons étudiés avec l'attention qu'ils méritent, et nous ne craignons pas de dire qu'ils constituent une des galeries les plus originales et les plus intéressantes de notre époque. Nous y avons retrouvé, nous y avons salué avec une sympathique admiration toutes les qualités qui nous ont depuis longtemps séduit chez l'artiste : l'élévation, la sincérité, la distinction, qui se retrouvent dans son talent comme dans son caractère. Grâce à lui, nous faisons plus que de *lire* l'Évangile : nous le *voyons* se dérouler devant nous; nous assistons à ces diverses scènes émouvantes, pathétiques comme le drame le plus saisissant dont la terre ait été le théâtre, — et le ciel le témoin, — car le ciel descendit vers nous, pour voir vivre et mourir le fils de son Dieu.

Ce n'était pas tout que d'avoir mené à bien cette longue série de près de cent trente dessins, qui tous, on peut le dire sans crainte d'être démenti, étaient d'une importance capitale.

Il s'agissait de les graver, et cela même était une importante affaire. La maison Hachette la confia à un peintre habile,

M. Edmond Hédouin, qui partagea la tâche entre nos plus célèbres aquafortistes, Mme Henriette Browne et MM. Léopold Flameng, Veyrassat, Braquemond, Célestin Nanteuil, Haussoulier, Mouilleron, Massard, Bodmer, Gaucherel, De Blois, Chaplin, Girardet, E. Gilbert et Bida. M. Hédouin lui-même en grava quelques-uns.

Cette œuvre de la gravure n'a pas demandé moins d'onze années !

Mais le travail tout entier marchait simultanément, et l'on faisait, pour ainsi parler, tout à la fois : c'est ainsi qu'en même temps que l'on s'occupait du dessin et de la gravure des grandes planches, dans d'autres ateliers on préparait l'exécution typographique. Ce n'était point là chose facile. Les éditeurs à qui nous devions déjà tant d'admirables spécimens de l'art typographique voulaient cette fois, après avoir surpassé les autres, se surpasser eux-mêmes.

Leur premier soin fut donc de créer pour la nouvelle œuvre un caractère spécial, particulier, qui n'eût encore jamais servi, et qui s'approchât de la perfection, autant du moins que la chose est permise à une œuvre humaine.

Familiers avec toutes les difficultés de leur artistique et délicate profession, les éditeurs des Évangiles eurent encore une fois la main heureuse dans leur choix. Ils s'adressèrent à un homme dont le nom s'est souvent présenté sous notre plume au cours de ces études, architecte et dessinateur du plus rare mérite, auquel les Arts Industriels ont été souvent redevables d'importants progrès et d'améliorations sérieuses, — M. CHARLES ROSSIGNEUX, bien connu pour son goût éclairé, et l'amour qu'il porte aux beaux livres.

M. Rossigneux fut chargé de tracer les contours des nouveaux caractères. L'opération n'était pas aussi aisée et aussi simple qu'on serait tenté de le croire au premier abord ; elle exigeait autant de précision que de goût. M. Rossigneux commença par réunir les meilleurs spécimens des caractères employés par les imprimeurs français qui ont marqué dans leur art ; il les fit grandir par la photographie, pour que leurs qualités et leurs défauts devinssent plus sensibles. Puis, après une étude comparative des plus sévères, il dessina mathématiquement son alphabet sur une grande échelle, et, employant la photographie dans un sens tout contraire à sa première mise en œuvre, il le réduisit aux dimensions voulues, afin d'arriver ainsi à une exactitude absolue. Ces poinçons une fois obtenus, la gravure en fut confiée à un spécialiste des plus autorisés dans cette partie, M. Viell-Cazal, descendant d'une ancienne famille de typographes, qui a été lui-même imprimeur, et qui s'est chargé également du dessin et de la gravure des capitales du texte, et de celles de tous les titres. Ce fut lui qui dirigea la fonte des caractères, exécutés à la fonderie générale, au moule mécanique, par MM. Baron et Lebreton.

M. Charles Rossigneux ne borna pas sa part de collaboration au dessin des caractères : il s'occupa également de celui des ornements : titres, têtes de chapitres, lettrines et culs-de-lampe. L'emploi de la figure humaine étant réservé exclusivement aux grandes planches, il lui fallut demander à son imagination et à son goût d'autres motifs d'ornementation. A force d'art, d'études ingénieuses et de délicatesses d'esprit, il trouva les plus aimables symboles, pour rappeler, dans son ornementation, le texte même reproduit dans la page qu'il encadre. Exécuté tout d'abord au double de la grandeur des gravures, et ramené par le pantographe aux proportions voulues, ce travail immense, qui ne comprend pas moins de deux cent quatre-vingt-dix dessins, a occupé pendant sept années consécutives un nombre considérable d'ouvriers. M. Gaucherel, que le libre choix de ses confrères a porté depuis longtemps au premier rang parmi les membres de nos jurys d'exposition, s'est chargé de la gravure de ces dessins sur acier.

Chaque dessin avait été d'abord gravé sur une planche séparée : mais le mauvais effet des biseaux de ces planches contraignit de renoncer à ce procédé. Il fallut chercher autre chose. On prit alors de grands aciers, d'une dimension supérieure à celle des pages, sur chacun desquels on grava l'ornement, à la place exacte qu'il devait occuper dans le texte, en tenant compte de l'allongement du papier par le mouillage. Ces opérations, multiples et délicates, ne demandèrent pas moins de huit années à M. Gaucherel et à ses collaborateurs, MM. Muzelle, l'Hôtellier, Legéniselle, Collier et Ramus. Avant d'être livrées à l'imprimeur, ces planches, déjà si laborieuses, étaient l'objet d'une dernière révision, et on les retouchait d'après les corrections indiquées par M. Hédouin.

On avait déjà les éléments de l'impression. Il ne restait plus qu'à les mettre en œuvre. Cette impression présentait deux parties bien distinctes :

L'impression typographique en deux couleurs : titres, cadres et texte ;

L'impression en taille-douce des ornements dans le texte : titres, têtes de chapitres, lettrines et cul-de-lampes.

Le mélange de ces trois impressions : rouge, noir et taille-douce exigeait une exécution parfaite. Cette exécution a été confiée à M. Claye.

La grande notoriété de M. Claye — le premier de nos imprimeurs parisiens — son expérience, son habileté, constatées par de si nombreuses et si remarquables productions, le désignaient d'avance au choix de MM. Hachette. L'impression typographique commença dans ses ateliers, en janvier 1869, sous la direction particulière de M. Vieil-Cazal.

Une des plus grandes difficultés de l'entreprise fut d'arriver à rendre irréprochable le registre des filets et des pages. Même pour les ouvrages qui ne sont trempés qu'une fois, et qui ne subissent qu'un tirage, le trempage du papier et son retrait inégal sont deux obstacles à la parfaite concordance du *verso* et du *recto*. On comprend les difficultés que doit présenter cette concordance, quand il s'agit d'un ouvrage qui subit des trempages réitérés, et qui, pour la typographie seulement, passe quatre fois sous la presse à des époques différentes.

Après de nombreux essais, accompagnés de nombreuses déceptions, cette partie si importante de l'œuvre fut enfin menée à bien, avec une perfection acclamée aujourd'hui par tous les hommes compétents, et qui fait du livre des *Saints-Évangiles* le chef-d'œuvre de la typographie de ce siècle, et probablement de tous les siècles.

Mais l'impression en taille-douce, dont je n'ai point encore parlé ici, l'impression en taille-douce des eaux-fortes, d'après les dessins de M. Bida, et des ornements gravés sur les dessins de M. Rossigneux, offrait autant de difficultés, et elle exigeait plus de temps que l'impression typographique. L'impression des ornements surtout présentait des obstacles dont on ne pouvait triompher qu'à force de soins, de constance et d'habileté. Chaque ornement devait, en effet, s'imprimer à part, à la place juste qui lui était réservée par l'impression typographique; s'il s'en écartait seulement d'un millimètre, la page était perdue. Un homme seul était peut-être capable de mener une telle tâche à bonne fin. C'était M. Salmon qui, de simple ouvrier, est devenu l'un de nos maîtres imprimeurs les plus justement renommés. Grâce à lui et à ses collaborateurs dévoués, l'impression des ornements n'a eu rien à envier à celle du texte et des gravures.

J'aurais voulu par ces détails, dont j'ose espérer que mes lecteurs me pardonneront la prolixité, leur donner une idée des difficultés de toute sorte inhérentes à la confection d'un pareil livre. Mais je m'aperçois que je suis loin d'avoir tout dit et je commence à comprendre que je ne pourrai pas tout dire. Quelques détails, des chiffres, des chiffres éloquents, donneront peut-être sur ce sujet des idées plus justes que mes paroles. Un fait entre autres : si les eaux-fortes et les ornements en taille-douce des *Évangiles* avaient dû être tirées sur une seule presse, ce tirage n'aurait pu être achevé *en moins de cinquante ans !* Une ouvrière assemble en trois jours l'édition d'un livre ordinaire : l'assemblage des *Évangiles* a nécessité l'établissement d'un atelier spécial, et il a occupé *quinze ouvrières pendant plus d'une année.* Voilà au prix de quels travaux, de quels efforts et de quels sacrifices on arrive à l'exécution matérielle d'un beau livre.

La récompense sera-t-elle du moins proportionnée à la peine? Non, s'il s'agit d'une récompense matérielle et appréciable en argent, car en admettant même que l'édition tout entière du livre précieux que nous avons essayé de faire connaître à nos lecteurs, soit épuisée jusqu'au dernier volume, la maison Hachette se trou-

8

vera encore *en déficit de trois cent mille francs* sur son opération !
Mais elle a prouvé plus d'une fois que les préoccupations de cette
nature ne l'arrêtaient point dans les grandes entreprises où l'intérêt
public pouvait avoir sa part, et celle-ci est du nombre. Ce qu'elle a
voulu avant tout, c'était élever à la typographie française le monument qui lui manquait encore, qui ne lui manque plus aujourd'hui,
et devant lequel s'inclinent maintenant les autres nations, jalouses
peut-être, mais du moins s'avouant vaincues. C'est le propre du chef-
d'œuvre d'imposer silence à l'envie. On ne conteste pas la lumière.

La surveillance générale de ces multiples opérations, la direction
artistique et morale, si j'ose dire, de cette vaste entreprise avait été
laissée à l'un des associés de la maison Hachette, M. Émile Templier
— que je ne nomme point ici sans quelque hésitation — parce qu'il
aime mieux être que de paraître, et que je cours risque en essayant
de rendre justice à son rare mérite de blesser une modestie plus rare
encore. Que les sentiments affectueux qui m'unissent à lui depuis
si longtemps, me servent d'excuse à ses yeux.

Dans la section des arts industriels, le livre des ÉVANGILES
a été regardé comme le chef-d'œuvre du *Welt-Ausstellung ?*

XLI

Si le bonheur est de ce monde, il doit habiter la maison de
M. Mame. L'habile et intelligent éditeur à qui nous devons déjà
tant de chefs-d'œuvre, peut, en se promenant sur les bords de la
Loire, jeter son anneau dans le fleuve. Il le retrouvera le lendemain
dans le saumon que lui servira son chef. Quoi qu'il entreprenne, il
est toujours sûr de réussir ; ce qu'il veut faire, c'est aussi ce qu'il
fait : la fortune attend ses ordres. Mais à tant de bonheur M. Mame
en ajoute un autre : c'est celui de n'avoir pas un envieux. Tout ce
qu'il obtient semble lui être dû, et l'on ne considère chez lui l'honneur et l'argent que comme la juste récompense d'une vie consacrée
tout entière au travail, remplie par l'amour du beau et du bien.
On sait qu'il s'est toujours proposé un but élevé, et qu'il a su mettre
dès le premier jour son idéal assez haut pour qu'il lui fallût s'efforcer
longtemps avant de l'atteindre. Aussi, arrivé jeune encore au but
que tous, ou du moins presque tous se proposent, à l'opulence et à
l'honneur, qui vaut mieux que *les honneurs*, au lieu d'écouter cette
voix complaisante qui nous dit avec le poëte :

> *Vivite felices, quibus est fortuna peracta !*
>
> **Vivez heureux, quand la fortune est faite !**

M. Mame travaille aujourd'hui encore comme s'il lui fallait assurer le pain de sa vieillesse et l'avenir de ses enfants.

Nous connaissons le secret de cette incessante et infatigable acti-vité: il est dans le but même que M. Mame se propose. Il ne tra-vaille plus aujourd'hui pour lui-même: il travaille pour les autres, et si l'on peut mettre des bornes au désir dont on est l'objet, il n'en est point pour celui qui embrasse le bien-être de nos semblables. Substituer le principe du dévouement à celui de l'égoïsme, c'est re-culer indéfiniment les bornes de son activité — c'est vivre deux fois!

L'Exposition de 1873 à Vienne, nous a donné la confirmation écla-tante de cette vérité. Ayant déjà reçu toutes les distinctions qu'un industriel puisse souhaiter, membre du jury international, et par conséquent hors concours, ayant d'ailleurs obtenu en 1867 le grand diplôme d'honneur de sa classe, M. Alfred Mame ne saurait rien attendre d'une lutte nouvelle: elle serait pour lui sans intérêt. Il a cependant bravé les ennuis et supporté les frais toujours considé-rables d'une exposition en pays étranger, afin d'apporter à ses con-frères le précieux appoint de sa présence, et de rendre plus éclatant et plus sûr encore le succès de notre typographie nationale. On en conviendra, c'était là un acte louable de tous points, et il eût été injuste d'en méconnaître l'intention généreuse.

M. Alfred Mame a donc exposé, sans aucune arrière-pensée d'utilité personnelle, et uniquement pour montrer aux étrangers ce que pou-vait faire une grande maison française. Il faut, avec lui, moins consi-dérer tel ou tel livre particulier, bien qu'il ait montré d'incontestables chefs-d'œuvre, la *Touraine*, par exemple, la *Bible*, illustrée par Doré, la *Chanson de Rolland* ou les *Grands Écrivains de la France*, enrichis des admirables dessins de Fouquet, que l'ensemble de sa colossale production. La vraie exposition de M. Mame n'est donc pas seule-ment à Vienne; elle est à Tours plus encore, et nous comprenons fort bien que les membres du jury international, sans tenir compte plus que de raison de l'abstention modeste de M. Mame, aient voulu apprécier les résultats obtenus par la maison qu'il dirige. Nous ne croyons point que nos lecteurs leur accordent moins d'at-tention, et nous estimons que ce qui a paru captiver l'étranger ne saurait être indifférent à nos compatriotes, par cette unique raison que c'est le mérite d'un des nôtres qu'il s'agit de louer ici.

Pour l'importance de la production il n'est pas une maison, ni dans cet hémisphère, ni dans l'autre, qui puisse lutter avec la mai-son Mame, qui met au monde régulièrement VINGT MILLE VOLU-MES PAR JOUR, c'est-à-dire, petits ou grands, plus de six millions de livres par an!

La maison Mame a été fondée à Tours en 1796, par M. Armand Mame. Trente-sept ans plus tard, son fils, M. Alfred Mame, deve-nait l'associé de son père et de son beau-frère, M. Ernest Mame, député d'Indre-et-Loire.

En 1845, Alfred restait seul à la tête de l'établissement.

C'est de cette époque que date le développement immense de la maison ; développement d'autant plus remarquable, qu'il a été accompli par un homme seul, sans le secours d'aucun associé, d'aucun commanditaire.

Complétée en 1853, par l'annexion de tous les travaux relatifs à la reliure, la maison Mame ne tarda pas à devenir la plus grande *fabrique de livres* du monde entier.

Ce n'est pas seulement une imprimerie, livrant aux libraires ou au public le produit de ses ateliers ; c'est, si nous osons nous exprimer ainsi, une vaste usine intellectuelle, réunissant dans sa sphère d'activité des opérations qui, partout ailleurs, sont divisées en un certain nombre de mains, et qui constituent autant d'industries différentes, industries de l'imprimeur, de l'éditeur, du relieur, du stéréotypeur et du graveur, — c'est-à-dire tout un monde !

Dans son enceinte, vaste comme une ville, la maison Mame occupe environ mille ouvriers et employés des deux sexes. Elle en fait vivre autant au dehors, sans compter les industries coopératives qui l'alimentent, telles que papeterie, fonderie de caractères, fabrique d'encres, peausseries, etc. Les ateliers où travaillent les ouvriers sont entourés de jardins, qui entretiennent là un air toujours pur, et maintiennent chez les travailleurs les meilleures conditions possibles de salubrité. Les heures de travail, établies et déterminées par des règlements, ne sont ni diminuées par le chômage, ni prolongées par des corvées extraordinaires ; le repos du dimanche est toujours scrupuleusement observé. Prévoyant et riche, le maître va de lui-même au-devant de la demande des intéressés, et il augmente le salaire quand l'augmentation des denrées a rendu cette surélévation nécessaire. Aussi, les grèves sont-elles chose inconnue dans la maison heureuse, qui ne se souvient pas d'avoir jamais connu la moindre querelle, ou seulement un désaccord entre le patron et l'ouvrier. Malgré les déclamations des apôtres des couches sociales, l'ouvrier est, hélas ! toujours un mineur : il faut vouloir pour lui, le prémunir contre ses propres entraînements, prévoir ses besoins, assurer son avenir.

C'est ce que l'on fait dans la maison Mame, où de sages institutions ménagent aux travailleurs des ressources presque inépuisables. A l'aide de dons considérables, offerts par les patrons, deux caisses de *secours mutuels* ont été créées pour les malades ; l'une fonctionne pour l'imprimerie ; l'autre pour les ateliers de reliure. Toutes deux assurent, outre une subvention quotidienne en argent de 2 fr. 25 c., pour tout le temps de la maladie, la gratuité du médecin et de la médecine.

Ajoutez deux caisses de retraite pour la vieillesse, alimentées par M. Mame seul, au moyen de versements faits chaque année à la caisse nationale des retraites pour la vieillesse. Proportionnés au stage des ouvriers dans la maison, ces versements sont combinés de telle sorte qu'à soixante ans l'ouvrier peut avoir une retraite de

600 francs au moins. Comme complément de ces institutions, une autre œuvre fondée et défrayée par M. Mame, procure gratuitement, en cas de maladie, la consultation du médecin, et le médicament du pharmacien aux femmes et aux enfants de tous les ouvriers de la maison.

Nous passons sous silence des secours d'une nature plus intime, plus directe et plus personnelle, bons de pain, bons de viande et de bois, distribués chaque semaine et en abondance, pendant les mois rigoureux de l'année, aux ouvriers pauvres et chargés de famille.

Au point de vue moral, la direction ne s'est pas montrée moins prévoyante. Chaque service a dans la maison son chef spécial, assisté de contre-maîtres intelligents et fermes, qui maintiennent l'ordre de la façon la plus absolue.

Le travail des hommes est complétement séparé de celui des femmes; les heures d'entrée et de sortie ne sont pas les mêmes, et on a trouvé le moyen de rendre les rencontres impossibles dans les escaliers et dans les cours.

Avec le chômage du lundi, le vice hideux de l'ivrognerie, qui démoralise l'ouvrier en le ruinant, a été complétement extirpé de l'établissement. Les enfants, dont on ne saurait trop s'occuper, puisqu'ils sont le printemps de l'année et l'espoir du pays, reçoivent l'éducation morale et religieuse la plus soignée, et, chaque semaine, on décerne aux plus laborieux et aux plus sages des récompenses et des encouragements de toute nature.

Un grand nombre de ménages sont occupés dans l'établissement, et l'on s'efforce, autant que le permettent les exigences du service, de leur arranger de petits ateliers de famille, comprenant cinq ou six personnes, le père, la mère et les enfants, qui réalisent ainsi un salaire assez considérable pour arriver promptement à une véritable aisance. Une partie des travaux de pliure et de couture des livres est réservée pour les femmes que retiennent chez elles les exigences du ménage. Environ cent cinquante mères de famille se trouvent ainsi occupées à leur foyer même, et gagnent leur vie et celle de leurs petits enfants, sans pour cela s'éloigner d'eux, sans être privées du bonheur de leur présence, cette joie des mères, que rien ne remplace!

M. Mame avait exposé au Prater le plan de la cité ouvrière qu'il a fondée à Tours : ce plan a été de la part des jurés de toutes les nations l'objet de l'attentif examen dont elle est digne. Au point de vue des questions économiques et sociales, nous connaissons vraiment peu de choses qui méritent davantage une étude consciencieuse et suivie. La cité ouvrière de M. Mame comprend aujourd'hui *soixante-deux* maisons très-confortables, et toutes établies dans les meilleures conditions possibles de salubrité. Chacune d'elles est arrangée pour loger six personnes: elle a son eau et son jardin. Au milieu de la cité, on a planté un beau square, dont la jouissance est commune à tous les locataires. Le prix de location de ces maisons est aussi minime que possible. Il a été fixé à cinquante centimes par jour de travail, soit trois francs par semaine. L'ouvrier est logé gratis le dimanche! Tout près de la cité, se trouve la salle d'asile, fondée également par M. Mame, et dirigée par les sœurs de Saint-Vincent-de-Paul, où les enfants de ses ouvriers sont reçus gratuitement.

Un peu plus loin, se trouve un autre établissement, contenant une crèche, une salle d'asile et un ouvroir, où peuvent être reçus cinq cents enfants.

M. Alfred Mame a réalisé cette dernière fondation en y appliquant les cent mille francs qu'il avait offerts en 1871 pour la libération anticipée du territoire.

Secondé aujourd'hui par son fils, M. Paul Mame, qui est animé des mêmes intentions charitables et généreuses, le grand éditeur de Tours semble avoir réalisé tout ce qu'il est humainement possible de faire pour assurer dans le présent et dans l'avenir le bien-être de ses nombreux ouvriers, sans négliger la question non moins importante de l'instruction et de la moralité. On peut croire vraiment que les limites du possible sont atteintes, que plus serait trop, et que vouloir aller au delà ce serait se précipiter soi-même dans l'utopie et la chimère, où l'on ne rencontre plus que la déception.

Tel n'a pas été l'avis de M. Mame. S'il s'arrête ici pour le présent, nous croyons savoir qu'il n'a pas encore dit le dernier mot de l'avenir, que d'autres projets fermentent dans cette tête qui travaille toujours, et qu'il ne demande au maître souverain des hommes et des choses que la force et le temps nécessaires pour les accomplir.

Il voudrait, quittant cette grande cité de Tours où son nom est entouré de tant de reconnaissance et de considération, transporter en pleine campagne sa puissante industrie, enlever ses ouvriers à l'influence corruptrice des villes, et là, taillant largement dans des terrains à lui, leur attribuer à chacun un ou deux arpents, qui leur permettraient de se délasser, par le travail de la culture, du travail de l'atelier. Au bout d'un certain temps, chaque ouvrier aurait ainsi sa maison, son jardin et son champ.

Augmenter le nombre des propriétaires, n'est-ce pas augmenter aussi le nombre des défenseurs de l'ordre social! Peut-on rêver une façon plus intelligente et plus noble de servir son pays?... Non, sans doute! Mais si c'était un rêve! Eh bien! si c'était un rêve, il resterait toujours à M. Mame tant de solides réalités qu'il aurait le droit de se consoler d'une généreuse illusion. Pour nous, qui n'avons d'autre soin que celui d'écrire fidèlement l'histoire de cette Exposition universelle de Vienne, à laquelle on n'a pas rendu toute la justice qu'elle méritait, nous ne pouvons que joindre nos félicitations à celles du jury international, et après avoir loué tant de fois les admirables travaux du premier de nos imprimeurs, offrir l'expression de nos plus vives et de nos plus sincères sympathies à l'homme généreux qui passe dans la vie en faisant le bien.

XLII

A côté des gigantesques expositions des grands libraires-éditeurs tels que MM. Hachette et Mame, expositions coûteuses et qui ne sont pas à la portée de tout le monde, nous en trouvons une autre, collective celle-là, mais très-intelligente, très-distinguée, tout à fait digne d'attention.

On sait que le Cercle de la Librairie, de l'Imprimerie, de la Papeterie, du commerce de la Musique et des Estampes réunit dans une même association les membres de toutes les professions qui concourent à la fabrication du livre et à la diffusion de la pensée.

Fondé en 1847, ce Cercle, si éminemment utile, n'a cessé, depuis cette époque, de voir croître, avec le nombre de ses membres, l'influence qu'il exerce sur tout ce qui intéresse les industries représentées par lui. Il compte, au moment où nous écrivons, deux cents membres titulaires habitant Paris, et quarante-quatre membres correspondants, habitant les départements ou l'étranger.

Depuis 1857, le Cercle de la Librairie est propriétaire de la *Bibliographie de la France*, journal général de l'Imprimerie et de la Librairie, créé en 1811, et qui enregistre, d'après les documents communiqués par le ministère de l'intérieur, les titres des volumes, brochures, gravures, compositions musicales, édités dans toute la France. Sa collection forme donc l'histoire la plus complète du mouvement intellectuel de notre pays dans ces soixante-deux dernières années.

Tous les exposants de la Librairie, de l'Imprimerie, de la Papeterie, du commerce de la Musique et des Estampes se sont réunis en syndicat, au Cercle de la Librairie, qui a pris une part importante à l'organisation délicate de cette section de l'industrie française.

Mais le Cercle n'a pas cru devoir se borner à cette simple intervention. Il a pensé que si de grandes et riches maisons devaient représenter leur industrie avec un incontestable éclat, dans ce concours international, il était bon de convier tous ses membres à une exposition collective, dans laquelle chacun se limiterait à l'envoi d'un très-petit nombre de volumes, types de sa spécialité, qui donneraient un aperçu sommaire de la qualité, sinon de l'importance de sa fabrication. Cette exposition est donc, avant tout, un ensemble, une collectivité, dans laquelle, pourtant, le visiteur attentif pourra retrouver la part et le mérite de chacun de ceux qui ont eu l'honneur d'y contribuer. Le Cercle a d'ailleurs voulu faciliter le travail des chercheurs, en publiant un catalogue qui mérite d'être cité parmi les choses les plus parfaites de l'Exposition. Sorti des presses de M. Claye, que ses confrères eux-mêmes proclament le plus habile d'entre eux, ce catalogue méritait bien les honneurs de l'Exposition.

Soit pour le choix du papier, soit pour l'élégance des types, soit pour l'irréprochable correction de toutes ses parties, il est lui-même un livre charmant, digne d'être conservé, et de prendre place dans la bibliothèque de tous les collectionneurs. Il sera d'ailleurs le plus fidèle et le plus précieux souvenir de l'exposition typographique de la France au palais du *Welt-Ausstellung*.

Soixante-dix huit éditeurs, imprimeurs ou fondeurs de caractères avaient pris part à cette exposition collective, en y envoyant les produits les plus distingués de leurs maisons respectives. Nous n'aurons point, hélas! même un mot pour chacun d'eux, alors même que chacun mériterait un éloge.

Il nous faut pourtant citer, parmi les choses les plus remarquables, dans la vitrine de M. Baudry, les deux grands volumes avec planches de M. Rouillé, l'*Art architectural en France,* et un magnifique volume in-folio du même auteur, intitulé : *Les appartements privés de S. M. l'Impératrice,* aux Tuileries. Ce dernier volume, qui fut toujours entouré d'une foule émue et sympathique, est devenu aujourd'hui l'unique témoignage de bien des splendeurs évanouies. On sait que l'impératrice avait convié les artistes les plus distingués de notre époque à orner les appartements qui étaient sa demeure particulière. Il y avait là de petites merveilles d'élégance et de goût. La torche incendiaire des bandits de la Commune en a fait un monceau de ruines, et il n'en resterait plus aujourd'hui qu'une cendre légère, si M. Rouillé n'avait songé à tout décrire par la plume, à tout reproduire par le crayon. Personne n'était plus capable de mener à bien une pareille œuvre que l'habile architecte, si remarqué dans le concours ouvert pour la reconstruction de l'Hôtel-de-Ville, et qui, dans la pensée du public, balança le succès des lauréats, et parut même à beaucoup de critiques digne d'obtenir le prix.

Tout serait à citer chez M. Jules Claye. Je me contente de cueillir la fleur : *Daphnis et Chloé,* les *Contes de Perrault* et un ravissant *Album* de sujets rustiques.

Je ne prendrai qu'un seul volume chez MM. Firmin-Didot, qui en offrent tant d'autres à notre sympathique attention ; mais ce volume unique, c'est l'*Ornement polychrome* de M. Racinet, c'est-à-dire un des ouvrages de décoration les plus curieux, les plus intéressants que puissent rencontrer un amateur ou un artiste. J'ai dit qu'il était édité par M. Firmin-Didot. Je n'ai donc plus à faire l'éloge de sa perfection. Membre de l'Institut, premier président du Cercle de la librairie, M. Firmin-Didot, le vénérable doyen de nos imprimeurs, sait trop ce qu'il doit à son nom pour ne pas faire de chacun de ses livres le spécimen irréprochable de sa brillante fabrication.

Nous n'avons à nous occuper ici ni de M. Mame ni de MM. Hachette, représentés, pourtant, dans l'Exposition collective, celui-là par la *Sainte-Bible,* et par le beau volume des *Jardins,* ceux-ci par la

Rome de Francis Wey, l'*Histoire de France* de Guizot, et le *Dictionnaire de la langue française* de Littré. Ces ouvrages, d'un grand intérêt comme textes, d'une grande beauté comme typographie, rentrent dans la série de ceux que nous avons étudiés déjà quand nous avons passé en revue les expositions particulières de ces grands industriels.

M. Raphaël Jacquemin est un artiste de mérite, un graveur plein de talent. Je crois qu'il s'est fait éditeur pour se publier lui-même. Nous ne pouvons que lui en savoir gré. Son *Iconographie générale et méthodique du costume*, du quatrième au dix-neuvième siècle, est aujourd'hui un ouvrage réputé classique, qui réunit sur une grande échelle les monuments les plus rares. Il a obtenu la souscription des artistes les plus éminents et des principales bibliothèques du monde.

L'ouvrage très-complet de M. Jacquemin se recommande au double point de vue des renseignements techniques et du style de chaque époque, qu'il a su conserver avec beaucoup d'intelligence, et de fidélité, et une délicatesse exquise de sentiment. Les types sont pris sur des peintures, des sculptures, des manuscrits de chacune des époques que l'artiste a voulu nous faire connaître. L'exactitude est parfaite et le document irréprochable.

L'ouvrage, qui figurait à l'Exposition de Vienne, est complet. L'auteur a écrit au bas de la dernière page ce bienheureux mot « *Fin* » qu'aucune main sincère ne trace sans une réelle et profonde émotion, après une œuvre de labeur et de conscience. Cette tâche l'a occupé pendant de longues et patientes années ; il n'a rien négligé pour la conduire à son terme ; il a fait preuve de résolution, de persévérance, de courage et de dévouement, car il a entrepris à ses frais cette publication colossale, sans savoir s'il en recevrait jamais la récompense. De pareils efforts méritent du moins un encouragement sympathique : ils seront toujours certains de le trouver chez nous.

M. Jouaust est l'imprimeur du monde élégant : il a une clientèle de duchesses, et c'est à lui que s'adressent les marquises quand elles veulent publier leurs mémoires. C'est chez lui aussi que nous allons, dans les jours trop rares où la fortune nous sourit, chercher ces jolies éditions de bibliophiles, sur papiers à la forme, sur papiers de Chine, que rendent plus précieux encore des caractères admirablement gravés et des ornements typographiques exquis. Nous ne disons rien des peaux de vélin ; nous ne nous permettons même pas de les regarder : ce sont des livres de millionnaires ! M. Jouaust avait enrichi l'exposition collective des typographes parisiens d'un bel exemplaire de *Daphnis et Chloé*, in-18 raisin, imprimé sur papier de Hollande à la forme, non vergé. Le texte est encadré de rouge, illustré de dessins sur bois de Giacomelli, et de dessins d'Émile Lévy, gravés à l'eau-forte par Flameng. Il y avait ajouté un *Paul et*

Virginie, in-8°, raisin, imprimé sur papier vergé français, avec gravures à l'eau-forte, par Foulquier, illustrateur à la mode des grands classiques. Rien de plus joli que ces deux volumes, qui vulgariseront à l'étranger la réputation que M. Jouaust a su conquérir en France, d'homme de goût, de libraire élégant, d'éditeur distingué.

Un libraire de province, mais qui ne craint aucune comparaison, et qui se pose ici en rival des maîtres les plus célèbres de Paris, M. Le Brument, figurait avec honneur à l'exposition collective, bien qu'il n'y fût représenté que par un seul volume, l'*Histoire de la faïence de Rouen*, par M. André Pottier, ouvrage considérable, et qui donnait, aux visiteurs de l'Exposition de Vienne, une brillante idée de notre typographie appliquée à des spécialités. Ce magnifique volume in-4° est imprimé sur beau papier vergé, d'un grain pur, fin et serré; il est orné de fleurons, de culs-de-lampes et de monogrammes, exécutés avec une perfection rare. Ajoutez soixante planches imprimées en couleur, par un homme qui a la spécialité, chez nous, de ce genre de travail, M. SILBERMANN, et vous comprendrez que le Cercle de la librairie devait bien à M. Le Brument la place qu'il lui avait, du reste, accordée avec un empressement fraternel.

Un autre éditeur, mais parisien, celui-là, et justement renommé pour le soin qu'il apporte à l'exécution de ses livres, et aussi pour le choix particulier, parfois même un peu original des auteurs qu'il aime à publier, M. Alphonse Lemerre, qui a consacré tant de soins et tant d'efforts à la restitution des classiques français du seizième siècle, d'après les textes de la *Pléiade*, l'éditeur attitré des poëtes contemporains et de la Petite Bibliothèque Littéraire, avait confié au Cercle de la librairie quelques jolis échantillons de ces beaux et bons ouvrages que se disputent les bibliophiles le jour même de leur apparition. Tels étaient, par exemple, les *Caractères de La Bruyère*, les *Œuvres de maître Rabelais*, les *Œuvres d'Horace*, avec la traduction nouvelle de Leconte de Lisle, petite édition in-24, qui vous invite à la prendre et à la mettre dans votre poche quand vous partez pour la campagne, pour la mer ou pour les grands bois, — car Horace est le bienvenu partout; c'est un de ces amis dont on ne peut plus se passer quand il est une fois entré dans votre intimité.

Au bas de la petite notice consacrée à l'exposition de M. Édouard Lièvre (un auteur qui s'édite lui-même), et qui n'a envoyé à Vienne que cinq ou six volumes, mais des *in-folios* d'une splendeur d'illustration remarquable, et d'une grande élégance de texte, je lis ces mots très-simples, mais qui révèlent un homme ayant la conscience de son mérite, ou tout au moins de ses efforts :

« Désire être l'objet d'une appréciation particulière. »

Loin de fuir ses juges, M. Édouard Lièvre vient lui-même au-devant d'eux.

Auteur et éditeur tout à la fois, M. Édouard Lièvre exposait quatre ouvrages sur les beaux-arts, d'un intérêt extrême et d'une exécution hors ligne : les *Collections célèbres d'œuvres d'art en France*; *Collection Sauvageot au musée du Louvre*; les *Arts décoratifs à toutes les époques*; enfin un ouvrage avec texte anglais et français, dont nous avions admiré les premiers fascicules à Londres en 1872 : *les Collections d'objets d'art en Angleterre.* Le goût de l'art décoratif, qui va se répandant partout, principalement en France, en Angleterre et en Russie, devait avoir nécessairement pour corrollaire des livres spéciaux, où fût gravé et décrit un choix de ces richesses qui ne peuvent être que le lot de quelques-uns, mais dont tous peuvent jouir, au moins par la description qu'on leur en fait et la reproduction qu'on leur en montre.

M. Édouard Lièvre a été un des créateurs et des propagateurs de ce mouvement. La publication qu'il a faite de la *Collection Sauvageot*, des *Collections célèbres* et des *Arts décoratifs*, dont tous les musées et les collections de France lui avaient fourni les matériaux, avait obtenu tout d'abord un trop grand et trop légitime succès pour qu'il songeât à s'arrêter en chemin; aussi a-t-il complété son magnifique envoi à Vienne par un quatrième livre : *les Ouvrages d'art dans les collections d'Angleterre,* etc.

Forcé, après les durs mois du siége, d'aller chercher un refuge à Londres pendant les jours néfastes d'insurrection qui ont pesé sur Paris, à l'heure où une bande de misérables faisait la loi au troupeau désarmé des honnêtes gens, il trouva près des amateurs anglais cet accueil sympathique qui encourage les entreprises les plus ardues. Toutes les collections lui furent ouvertes, et il n'eut plus qu'à puiser dans cet ensemble de merveilles et de trésors.

Il y a puisé largement, et cinquante planches *in-folio* d'une exécution magistrale, confiée au burin des graveurs les plus habiles, ont accru d'une acquisition incomparable le musée intime de tous ceux qui aiment les belles choses, et qui se disent volontiers avec le poëte anglais :

> *A thing of art is an endless joy!*

> Un objet d'art, c'est une joie qui ne finit plus!

L'exposition particulière de M. Édouard Lièvre a été une des plus remarquées du Welt-Ausstellung.

M. Masson, président actuel du Cercle de la librairie, qui édite à la fois dix-sept publications périodiques, libraire de l'Académie de médecine, chargé des publications de ce corps savant, de celles de la Société de chirurgie, de la Société d'anthropologie, de la Société médico-psychologique, et qui a été un des principaux organisateurs de l'exposition collective, avait négligé quelque peu ses affaires pour s'occuper plus activement des affaires des autres. Cependant il nous a suffi de voir son grand *Atlas d'anatomie pathologique,* de MM. Lancereaux et Lackerbauer, avec quatre-vingts planches en chromo-lithographie, pour nous rendre compte de ce qu'il peut faire, lorsque, quittant pour un moment le train habituel de ses publications quotidiennes, il entreprend une œuvre exceptionnelle par son importance, les soins qu'elle exige, et les difficultés matérielles de son exécution.

La maison Morel, chez laquelle, depuis de longues années déjà, se centralisent les grandes publications architecturales de France, a rendu d'éminents services à cette branche de l'art; ces beaux ouvrages ne sont pas toujours restés le domaine exclusif des praticiens, ils sont sortis du cabinet pour entrer dans le salon; des mains fines et blanches ont feuilleté ces splendides illustrations :

L'Hôtel-de-Ville de Lyon, par Tony Desjardins;

La Monographie du château d'Heidelberg, par MM. Pénor et Daniel Ramé;

La Monographie du palais de Fontainebleau, par le même Pénor et Champollion-Figeac;

Les Monuments modernes de la Perse, par M. Pécoste;

L'Architecture romane du Midi de la France, par M. H. Révoile.

Tous ces beaux ouvrages, exposés à Vienne, y tenaient une large place et contribuaient à l'éclatant succès de la typographie française. La maison Morel n'avait pas été moins bien inspirée en exposant les trois premiers volumes de son intéressant journal *l'Art pour tous*, dont on ne saurait trop encourager la vulgarisation, parce qu'il répand dans la masse des travailleurs des idées justes et saines, et qu'il est plus capable que tout autre recueil de hâter les progrès de l'art décoratif. Et l'art décoratif, n'est-ce pas l'essence même de l'art industriel?

Obéissant à un sentiment de piété filiale que sauront comprendre toutes les âmes délicates, M. Eugène Plon, successeur de son père, dont il continue les honorables traditions, n'a voulu exposer les œuvres de sa maison que sous le nom de celui qui l'a fondée. Henri Plon a donc assisté une fois encore à ces fêtes de l'art, auxquelles, pendant de longues années, il prit une part si active et si brillante. Son fils n'a plus eu qu'à choisir, entre tant de publications importantes, celles qui pourraient donner l'idée la plus juste de son mode de publication. N'est-ce point là le but que l'on doit toujours se proposer dans les expositions?

Avec le *Musée des archives nationales* et la *Marine au siège de Paris*, de M. le vice-amiral de la Roncière Le Noury, nous avons eu un spécimen des plus grands ouvrages in-4°;

Avec la *Vie de Notre Seigneur Jésus-Christ*, par l'éloquent évêque d'Orléans, un spécimen du grand in-4°;

La Sœur Eugénie, ou la *Vie et les lettres d'une sœur de charité*, nous a donné un échantillon de ces in-18 élégants qui semblent le plus commode des formats.

Il était bon que les visiteurs de l'Exposition pussent se rendre un compte exact de ce que nous savons faire dans tous les genres. Il leur a été facile de voir ce dont la typographie française est capable aujourd'hui.

Les expositions semblent faites surtout pour les maisons comme celles de Reinwald et Ce, qui ont des relations constantes avec l'étranger. C'est leur propre clientèle qu'elles retrouvent ainsi par delà nos frontières. Nous nous sommes intéressés particulièrement à un livre cosmopolite, qui, on en conviendra, était à sa place au Prater. C'est un *Dictionnaire général de tous les termes de l'architecture*, en français, en allemand, en anglais et en italien, d'une exécution très-soignée, et dont la disposition très-claire et très-intelligente rend les choses nettes et perceptibles pour tout le monde à première vue.

La maison Renouard a sa spécialité brillante, que nul à présent ne songe à lui disputer. C'est celle des livres d'art, édités avec un soin et une recherche qui en font des publications de luxe au premier chef.

L'Histoire des peintres de toutes les écoles, avec les belles reproductions de leurs œuvres les plus célèbres; la *Grammaire des arts du dessin*, de M. Charles Blanc; l'*Album des sculpteurs italiens*, de M. Perquintz, occupent un rang éminent dans ce genre de publication. Nous avons vainement parcouru toute l'exposition étrangère pour y rencontrer des livres d'art édités dans des conditions aussi satisfaisantes. Nous n'en avons trouvé nulle part.

Chacun des exposants de cette intéressante catégorie a tenu, du reste, à se faire représenter à l'exposition collective par ses productions les plus typiques et les plus parfaites. C'est à ce titre que, parmi les envois de M. Rorct, nous avons remarqué deux publications du plus haut mérite, et dont l'illustration ne laisse rien à désirer. Le texte de la première est en latin; elle a pour titre *Illustrationes plantarum orientalum*, Auctoribus Jaubert et Spach. L'ouvrage comprend cinq volumes in-4° et cinq cents planches, traitées avec le plus grand soin. Peut-être, cependant, lui ai-je préféré encore l'inimitable choix des plus belles fleurs et des plus beaux fruits de *Redouté* : il n'y avait là qu'un seul volume in-1°; mais les cent quarante-quatre planches coloriées qu'il renferme ont la pureté, la suavité et l'élégance des plus exquises compositions du maître.

M. Rothschild, un nom qui sonne d'or, et dont les publications sur l'Architecture, l'Archéologie, la Botanique, l'Horticulture et la Chasse, sont ornées de tout ce que l'art moderne a inventé de plus élégant pour la décoration des livres, gravures sur acier, chromo-typographie, chromo-lithographie, et photo-typographie, M. Rothschild, disons-nous, avait choisi dans ses trésors, et il a envoyé à Vienne un certain nombre d'œuvres d'un intérêt capital, dont le mérite, comme texte imprimé et comme illustration, ne pourra que donner un lustre nouveau à une maison récente encore dans la grande industrie française, mais dont la réputation n'est déjà plus à faire. Elle est universelle.

A la tête de ses publications, qui ont obtenu à Vienne le même succès que chez nous, je citerai tout d'abord un livre qui est un véritable monument. J'ai nommé les *Promenades de Paris*, texte et dessins par M. Alphand, l'habile ingénieur qui a le plus contribué à faire de ces promenades une des merveilles du monde. Paris n'a jamais inspiré à personne un plus grand, un plus bel ouvrage. A ceux qui aiment les chiffres, à ceux que la statistique n'effraie point, et qui trouvent quelque satisfaction à savoir la valeur des choses, je dirai que le prix de revient, pour l'éditeur, de ce seul volume dépasse *sept cent mille francs*.

M. Rothschild avait cru devoir accompagner les *Promenades de Paris* de quelques autres ouvrages, d'une importance secondaire, si on les compare au premier, mais qui, par eux-mêmes, sont des œuvres du plus sérieux mérite. Qu'il me suffise de citer les *Musées de France* et la *Colonne Trajane*, de M. Frœhner, collaborateur de Napoléon III pour son grand ouvrage de la *Vie de César*; le *Monde des Bois*, de Hœfer, le *Monde des Fleurs*, de Lecoq, le *Monde des Papillons*, de Georges Sand, les *Roses*, de Jamain et Forni, les *Fougères*, de Rivière, et les *Plantes à feuillages colorés*, de M. Rothschild lui-même, qui, après avoir si souvent édité les autres, s'est accordé un jour sa protection et s'est édité lui-même. Ces beaux volumes, objet d'un soin particulier, qui s'applique à leurs moindres détails, suffiraient à l'honneur de la typographie qui les produit, et tous les bibliophiles de l'Europe les ont sincèrement admirés.

XLIII

Au nombre des belles industries artistiques qui, d'ordinaire, ont le privilége, dans les expositions universelles, d'attirer l'attention des visiteurs sur la section française, il faut compter celle de la reliure. Paris, en 1867, nous offrit des merveilles en ce genre. L'effort avait été véritablement considérable, et tous les maîtres du genre avaient tenu à honneur de figurer sur la liste de nos exposants. On put voir alors que l'art de la reliure, si cultivé chez nous depuis longtemps déjà, n'avait point dégénéré, et que les fils étaient toujours dignes de leurs pères.

Nous sommes obligé de reconnaître que le mouvement a été moins vif à Vienne et le concours moins nombreux. A vrai dire, nous n'avons remarqué qu'un seul relieur français dont les œuvres fussent dignes d'un examen sérieux. Ajoutons vite qu'il exposait des échantillons d'un très-rare mérite, et que sa modeste vitrine renfermait des morceaux hors ligne. Ce qui lui donnait à mes yeux un attrait tout particulier, c'était la variété tout aussi bien que le goût qui présidait à la composition de son envoi.

M. Lortic, parmi ceux de sa profession, passe pour un des plus érudits. Personne ne conteste son savoir qui est, en effet, très-grand. Il a vécu, par l'étude, dans la familiarité des premiers relieurs de toutes les époques, et il est ainsi parvenu à s'approprier leurs procédés, et à reproduire leur style. Examiner sa vitrine, c'est faire un cours général de reliure. Nous retrouverons, en effet, chez cet éclectique par système d'irréprochables reproductions de ce qu'ont produit de meilleur et de plus beau les plus habiles relieurs de la France et de l'étranger, depuis le treizième siècle jusqu'au nôtre. Pour arriver à cette assimilation puissante, M. Lortic a dû se livrer à de consciencieuses et patientes études, dont il recueille aujourd'hui les fruits. Toute reliure qui sort de ses mains est un objet d'art. Il aime, quand on lui laisse la liberté de son choix, à parer chaque auteur de la livrée de l'époque à laquelle il appartient.

M. Lortic n'a pas exposé plus de cent cinquante volumes, mais, avec ces cent cinquante spécimens de reproduction féconde et variée, nous pouvons nous faire une idée assez juste de ces belles périodes de notre histoire, où les grands, les princes et les rois s'occupaient avec sollicitude de l'art typographique, et mettaient tout leur soin à choisir le maître auquel ils confieraient la tâche délicate d'embellir un livre par la reliure.

L'époque de la Renaissance, privilégiée entre toutes, vit paraître les premières reliures vraiment remarquables. Celles qui portent les devises et les armes de François Ier, d'Henri II, de Diane de Poitiers, de François II, de Charles IX et de Henri III sont aujourd'hui, quand elles paraissent dans les ventes, l'objet de compétitions ardentes.

Après ces éminents collectionneurs, Henri IV, le trésorier Grôlier, le président de Thou, M. d'Urfé, l'Italien Maioli (fin dilettante, comme on l'est parfois dans son pays!) eurent aussi de fort belles bibliothèque, et toutes sortes d'ornements enrichirent leurs reliures, gracieux feuillages, merveilleuses arabesques, entrelacs et filets! et tout cela sans confusion, sans violence, sans oppositions brusques et heurtées; mais, au contraire, avec un arrangement plein de sobriété et de goût. Deux artistes bien connus, et dont les œuvres sont aujourd'hui fort recherchées des amateurs, eurent la vogue sous Louis XIV. — J'ai nommé Le Gascon, si remarquable dans la dorure pointillée, et Dusseuil, qui s'illustra par la dorure à petits fers et à compartiments.

Tels sont les précieux modèles que le passé a légués au présent. — C'est à leur école que M. Lortic s'est formé; c'est d'eux qu'il a pris ses meilleures leçons, — et telle reliure signée de lui n'est pas indigne de prendre place dans la bibliothèque du raffiné le plus difficile, à côté des chefs-d'œuvre de ces illustres devanciers. Mais M. Lortic, qui est un pur classique, a su se défendre des entraînements et des séductions de la décadence, — car la reliure aussi a eu sa décadence. Vers le milieu du dix-huitième siècle, la France et l'Angleterre subirent une innovation fâcheuse, — celle des *dos brisés*, dans lesquels un coup de scie fait une entaille, pour laisser passer la ficelle enfoncée dans les traces. M. Lortic s'est gardé de cette erreur, et il s'en tient à l'ancienne couture, la couture sur nerfs, dont la solidité à toute épreuve assure au livre, relié d'après ce système, une durée presque infinie.—Ces divers mérites des travaux de M. Lortic sont appréciés de tous les connaisseurs, et l'on a trouvé qu'ici encore la section française était à la hauteur de sa vieille renommée. Elle n'a qu'un exposant; mais elle supplée au nombre par la qualité.

Telles sont, dans leur ensemble et sans nous arrêter à des détails que nous interdit l'exiguïté de notre cadre, les principales manifestations de l'activité française dans la section des Arts appliqués à l'Industrie.

Jamais tâche laborieuse ne nous a semblé plus attrayante que d'en offrir ici le tableau; car s'il est vrai, comme quelques-uns nous ont fait l'honneur de le dire, que nous ayions la critique bienveillante, et que découvrir de belles choses, et les présenter à nos lecteurs avec la sympathie dont elles sont dignes et les éloges qu'elles méritent, soit une de nos plus grandes joies, cette joie nous l'avons eue souvent au cours de nos études sur les Beaux-Arts Industriels dans les galeries du Welt-Ausstellung, et notre bonheur était d'autant plus grand qu'en louant nos compatriotes nous avions la conscience de n'être que l'interprète du sentiment général. Notre voix était l'écho du monde.

Il nous reste maintenant à parler des dernières Expositions de Londres et de Paris.

DEUXIÈME PARTIE

—

LONDRES

I.

La première partie de ce travail nous a conduit au *Welt-Ausstellung* de Vienne. Nous y avons vu nos compatriotes faisant un noble effort pour maintenir leur drapeau à la hauteur où l'avaient planté leurs illustres devanciers, les lauréats des grands concours internationaux de 1855, de 1861 et de 1867. Ces luttes ne finissent jamais et recommencent toujours. Nous allons suivre leurs péripéties sur un autre terrain, où les compétitions ne seront pas moins ardentes, ni la victoire payée moins cher.

Nos lecteurs savent déjà que la première idée des expositions internationales, si à la mode aujourd'hui, est due aux Anglais, et qu'elle trouva son promoteur le plus dévoué chez le prince Albert, mari de la reine Victoria. Le prince mit sa haute influence et son intelligente énergie au service d'une cause qui devait accroître la grandeur et la prospérité de son pays d'adoption.

Londres fut le théâtre de cette première Exposition universelle, dont le retentissement fut immense. Rien de plus magnifique que cette fête de l'Art et de l'Industrie offerte à tous les peuples du monde par la métropole du commerce.

Mais, si grand qu'il fût, ce succès ne pouvait suffire aux vastes ambitions d'une race qui n'abandonne l'idée une fois conçue qu'après en avoir tiré tout ce qu'elle a d'utile et de véritablement pratique.

Après notre grand triomphe de 1867, qu'il était difficile d'égaler, impossible peut-être de surpasser, le gouvernement anglais résolut d'organiser, non plus une seule exposition, mais une série d'expositions universelles, série qui, pour être complète, aurait besoin d'une période de dix années révolues.

Fort habilement combinées, ces expositions devaient être tout à la fois universelles et spéciales : universelles quant aux peuples qui devaient y prendre part; spéciales quant aux objets qui devaient y figurer. Toutes les nations qui produisent étaient appelées, en effet, à ce nouveau concours; mais elles ne pouvaient y présenter qu'un nombre restreint de leurs productions, productions dont le genre devait changer chaque année. Une seule exception était faite, exception judicieuse et intelligente, commandée par la nature même des choses, en faveur des beaux-arts et des arts industriels, qui seuls donnent un intérêt véritable et profond à ces grandes manifestations du travail et de l'intelligence que l'on appelle des expositions.

On comprend déjà que la part de la France était faite, et largement faite dans ce nouveau concours, parce que c'est précisément dans cet ordre de faits que notre génie national se produit aujourd'hui avec le plus d'éclat.

Pour cette nouvelle série d'expositions, on n'a point bâti de palais de cristal, comme celui qui valut jadis à Joseph Paxton son titre de baronnet, et qui, après avoir abrité pendant une saison les merveilles du travail humain, sert aujourd'hui de décoration grandiose et pittoresque au beau parc de Sydenham.

On lui a du moins assigné, comme emplacement, le quartier le plus aristocratique et le plus fashionable de la ville, entre les admirables jardins de Kensington et Hyde-Park, rendez-vous du beau monde, où, chaque soir et chaque matin, défilent tous les équipages du *West-End*, sorte de bois de Boulogne et de Champs-Élysées de l'Angleterre, qui voient passer, pendant les trois mois de la saison, la fleur des pois des gentlemen, et les belles ladies, et les misses aux cheveux d'or, paradant sur des chevaux de pur-sang.

Le palais de Kensington est une assez modeste construction en briques, sans prétention architecturale d'aucune sorte. La reine Victoria y vit le jour pour la première fois, ce qui lui donne, aux yeux de tout bon Anglais, une sorte de consécration. Le prince Albert, en souvenir de cet heureux événement, fit ajouter au palais une immense rotonde en briques, comme le palais lui-même, qui contient la salle de concert, la plus vaste du monde, et des galeries où l'on voit de curieux spécimens des anciennes écoles allemandes.

Une grande pièce centrale, et huit galeries s'étendant parallèlement, quatre par quatre, de chaque côté du jardin de la Société royale d'horticulture, sans compter un assez grand nombre de petites annexes, disséminées capricieusement de tous côtés, de façon à couvrir une vaste superficie de terrain, reçoivent les milliers d'objets offerts à notre appréciation.

Rien de moins bien approprié aux exigences d'une exposition que cette réunion, ou, pour mieux dire, cette juxtaposition de constructions bizarres, hétérogènes, qui ne permettent aucune vue d'ensemble et qui sont disposées de telle façon que l'on ne sait jamais où l'on va, et que l'on ne sait pas toujours d'où l'on vient. Rien ici qui révèle un plan arrêté d'avance, et qui satisfasse aux justes exigences d'un esprit logique. Où que ce soit que vous vous placiez, vous n'obtiendrez nulle part ce coup d'œil général, véritablement féerique, qui, à l'entrée du palais de cristal, charmait les yeux et ravissait l'esprit. Rien de comparable ici à l'intelligente distribution de tous les genres de produits mis en regard chez tous les peuples, imaginée par M. Paul Dalloz dans l'immense rotonde du Champs-de-Mars, en 1867 ; rien qui rappelle la simplicité majestueuse et la grandiose ordonnance adoptées à Vienne par les organisateurs du *Welt-Ausstellung*.

Je ne pus m'empêcher un jour de faire part de mes réflexions, qui n'avaient, comme on voit, rien de trop favorable, à un Anglais dont je connaissais la compétence en toutes ces questions :

— L'Exposition actuelle est purement utilitaire ! me répondit-il, et il en sera de même de toutes celles qui vont suivre pendant neuf années. Nous n'avons rien voulu faire pour la montre, pour l'apparence, pour l'éclat, — pour le frou-frou ! ajouta-t-il en souriant. Nous sommes pratiques de ce côté de la Manche.

C'est une belle chose, sans doute, que d'être pratique et positif aussi, mais il ne faut pas l'être trop.

Quand on pénètre dans le palais de Kensington par la grande porte d'honneur qui fait face aux grilles d'Hyde-Park, au lieu de trouver devant soi un débouché large et facile, on vient se heurter à un mur circulaire qu'il faut contourner pendant quelques minutes, en suivant, dans une demi-obscurité, un corridor étroit et sans perspective.

Tout à coup, on se trouve en pleine lumière, en pleine exposition.

Des écussons et des drapeaux de diverses couleurs indiquent tout de suite la nationalité dont on veut étudier les produits. C'est une palette qu'il faut se mettre dans l'œil et dans l'esprit. Quand une fois on s'est accoutumé à ce langage coloré, il n'est plus possible de commettre la moindre erreur. On a bien voulu attribuer à la France la couleur verte. Est-ce un symbole ?

II

Je me trouvais à Manchester il y a quelques années. En ce temps-là, comme aujourd'hui, Manchester était la ville du feu et de la fumée. Les hauts fourneaux ne s'éteignaient ni le jour ni la nuit, et les fabriques ne connaissaient ni le chômage ni la grève. Les hommes de Manchester, *Manchestermen*, comme ils s'appellent eux-mêmes, ne se

livrent guère aux exagérations du sentiment. Ce sont eux qui ont mis
en avant et lancé dans le monde la fameuse formule, reprise depuis
par les Américains « *make monney*, » gagner de l'argent, ou, pour
mieux dire, « faire de l'argent! » Eh! cependant, c'est à Manchester
même qu'au frontispice d'un petit palais consacré à une exposition rétrospective, on a pu lire, gravées en lettres d'or, cette pensée vers
laquelle, depuis, mon esprit s'est reporté souvent :

A thing of art is a joy for ever!

Un objet d'art, c'est une joie pour toujours !

Ainsi, même dans les pays les plus prosaïques, et aux époques les plus
positives, il y a toujours un moment où l'homme éprouve un invincible besoin de se détourner de ses intérêts matériels, et de songer à quelque chose de plus grand, de plus noble et de plus haut. L'addition des
bénéfices réalisés peut être consolante; la perspective des profits à venir
ne laisse point que d'être agréable. Mais ces bonheurs-là ne suffisent
pas toujours, et l'on veut aussi donner parfois une fête à ses yeux et
à son esprit. On se dit qu'il faut relever et ranimer l'âme d'une nation
par le spectacle et la contemplation du beau, et on la convie à une de
ces expositions en faveur desquelles les possesseurs des objets d'art, si
jaloux de leurs chers trésors, s'en dépouillent pour quelques mois et
permettent à la foule, à *Monsieur tout le monde*, comme disait Luther,
d'étudier et d'admirer ce qu'ils réservent le plus souvent pour eux
seuls et leur étroite intimité.

Tel avait été le but, telle fut la pensée inspiratrice de cette Exposition rétrospective de Manchester, pour laquelle s'étaient généreuse-
ment ouvertes les collections particulières des trois royaumes, et qui
restera longtemps comme le type le plus parfait du genre.

Ce fut aux mêmes mobiles qu'obéirent les organisateurs de cette
nouvelle série des expositions de Londres, qui, pour être complète,
exige, nous l'avons déjà dit, un cycle de dix années; long espace de
temps dans une époque fiévreuse et tourmentée comme la nôtre, où
l'on dirait vraiment que les années sont longues et remplies comme
des siècles. Ils ont surtout visé les beaux-arts appliqués à l'industrie,
les *arts industriels*, comme on dit aujourd'hui, qui ont plus particulièrement pour objet la décoration et l'embellissement de nos demeures et
qui contribuent ainsi à notre bien-être matériel et moral. J'ai dit *moral*,
car je suis de ceux qui pensent que l'étude et la contemplation du beau,
sous toutes ses formes, purifient et ennoblissent l'âme de l'homme.

Au moment où s'ouvrirent ces concours internationaux, la France
se trouvait dans des conditions particulièrement cruelles.

Nos grands industriels avaient plus envie de fermer leurs ateliers
que de prendre part à une lutte dans laquelle ils pouvaient se croire

vaincus d'avance. La désorganisation n'était pas moins grande parmi les artistes, et les torches allumées pour brûler le Luxembourg et le Louvre ne les encourageaient guère à sculpter et à peindre. On crut un moment que la place assignée par Londres à la section française ne serait même pas occupée.

On eût pu voir alors quel rôle nous jouons dans le monde, et le vide que ferait partout notre absence.

Les Anglais, dans cette circonstance délicate, nous montrèrent une générosité intelligente. Si grands qu'eussent été nos malheurs pendant l'année terrible que nous venions de parcourir, ils ne nous oublièrent point dans cette grande fête du travail : ils nous y convièrent avec instance, et, non contents de nous y assigner une place, ils voulurent bien nous la réserver jusqu'au moment où il nous deviendrait possible de l'occuper.

A ce moment si critique, un homme se rencontra qui ne se laissa point abattre par les difficultés de la situation, insurmontables peut-être pour tout autre que pour lui. Il sut se montrer à la hauteur de sa tâche, et, grâce à d'héroïques efforts, il put la mener à bonne fin.

Pendant que l'émeute sévissait dans nos rues, que l'insurrection incendiait les musées, confisquait les collections des particuliers, et jetait au vent les trésors de nos bibliothèques ; pendant que la Commune fermait les portes de Paris et interrompait la circulation sur les chemins de fer, il était assez difficile de songer à faire venir de France les objets d'art et de haute curiosité renfermés dans les galeries particulières, et qui devaient, en même temps que les plus beaux produits de notre industrie artistique, enrichir pour un moment le palais de Kensington.

Ce fut alors que M. du Sommerard eut l'ingénieuse idée d'emprunter à l'Angleterre même des objets d'origine française, qui, en attendant le rétablissement des communications faciles et régulières, diraient à tout le monde :

« Attendez-nous ! Nous viendrons ! »

On nous a attendus, et nous sommes venus.

Le palais de la reine et des princes de sa famille, les somptueux hôtels de l'aristocratie, les riches maisons de la finance ont ouvert leurs portes à deux battants devant l'homme de goût, habile à discerner le vrai d'avec le faux, arbitre écouté en toutes ces questions délicates, et dont la parole jouit d'une égale autorité des deux côtés du détroit. Il trouva ici un tableau, là un bijou ; un meuble chez cet artiste, une dentelle chez cette duchesse ; une tenture chez mylord, un brocart chez milady. Mettant ainsi à profit ses relations personnelles, sa position sociale, son titre officiel, et le crédit que lui donne son renom d'amateur distingué et de fin dilettante de la curiosité, M. du Sommerard est parvenu, au moyen d'emprunts sollicités avec discrétion et consentis avec grâce, à former une sorte de premier noyau, que l'on pourrait appeler la pierre d'attente de l'édifice, une intéressante exposition rétrospective, préface naturelle de l'exposition des vivants, pleine d'actualité, telle que les entrepreneurs anglais ont voulu la faire... et telle aussi qu'ils l'ont faite!

Cette Exposition, commencée sous de si pénibles auspices, finit par un succès inespéré. Nos artistes industriels furent acclamés sur toute la ligne et les galeries de la *Cour française (French Court)*, comme on dit ici, devinrent, au jour fashionable des gens du bel air, le rendez-vous de ceux dont le jugement fait l'opinion publique et donne le ton au reste de la ville.

On l'a dit avec une profonde raison: chacune des époques où la civilisation s'est affirmée par un caractère particulier, a laissé son empreinte particulière, nette et profonde, non pas seulement sur l'art proprement dit, mais sur tout ce qui relève de l'art et du goût. Tous les objets dont l'homme fait usage se trouvent façonnés, pour ainsi parler, à l'image de son esprit, de son caractère, de ses mœurs et de ses doctrines religieuses. L'art oriental reflète évidemment la théocratie immuable qui pèse depuis l'origine du monde sur la somnolente Asie. La Grèce imposa la marque de son génie à tout ce qu'elle toucha de ses mains, qui donnaient la grâce et la vie. Rome alourdit, en le matérialisant, cet amour plein de délicatesse que les Hellènes avaient eu pour la nature, et qu'ils révélèrent dans leurs créations les plus sublimes, comme dans leurs œuvres les plus familières et les plus modestes.

Le christianisme, quand il s'empara du monde des âmes, introduisit parmi les hommes une civilisation toute nouvelle et leur fit comprendre un autre idéal de beauté. Les meubles du moyen âge (et le moyen âge fut l'époque chrétienne entre toutes!) ont je ne sais quelle austérité simple et grandiose, austérité qui se fait pardonner à cause de sa sincérité même.

Le seizième siècle, animé de ce souffle de la Renaissance que vinrent lui apporter les Grecs chassés de Byzance, et dispersés à travers l'Europe occidentale, manifesta dans ses moindres œuvres une préoccupation et un goût artistique qui, aujourd'hui encore, les font singulièrement rechercher des amateurs.

Le règne de Louis XIV, — celui-là même que l'on appela le grand règne, — communiqua à toutes choses le cachet de sa grandeur. La majesté du roi descendit de sa personne sur tous les objets en usage à la cour, à la ville et dans les provinces.

Le siècle suivant, le siècle de Louis XV, de Voltaire et de Mme de Pompadour, remplit l'Europe, comme la France, de nos élégances et de nos frivolités.

Notre époque, qui semble avoir pris en toute chose l'éclectisme pour guide, s'est donc trouvée en face des traditions les plus contradictoires et des transformations les plus diverses. C'est en quelque sorte l'héritage de toutes les générations disparues qui s'offre à nous, ne nous laissant plus que l'embarras du choix. Mais à peine ce choix est-il fait, que, déjà, nous en éprouvons du repentir ou du regret, parfois même un secret dégoût.

Il suffit, pour s'en convaincre, de réfléchir quelque peu à ce qui s'est passé chez nous depuis quatre-vingts ans. Les hommes qui entrèrent dans la vie du travail et de l'action après la grande explosion qui signala les dernières années du dix-huitième siècle, et d'où sortit bientôt un nouveau monde, se montrèrent singulièrement ingrats envers mille ans de luttes, d'énergie et d'efforts qui avaient fait la France riche, puissante et admirée. — Ils prirent trop au sérieux la fiction de la table rase. Le monde ne commença pour eux qu'à la Révolution.

La République et le premier Empire, qui avaient toutes sortes de bonnes raisons pour renier les traditions aristocratiques de l'ancien régime, essayèrent de remonter jusqu'à l'antiquité, et voulurent nous meubler comme l'avaient été jadis les contemporains de Lycurgue, de Phidias ou d'Alexandre.

Ce grand effort, tenté pour faire revivre un passé, mort à jamais, n'eut pour résultat qu'une assez piteuse contrefaçon ; mais l'engouement malsain de nos pères pour le genre pseudo-grec ne dura qu'une génération.

Les tentatives de la Restauration, qui se détourna de l'Empire pour se rapprocher du moyen âge, ne furent pas beaucoup plus heureuses. Le style troubadour et les modes gothiques ne purent s'imposer longtemps à une société que pénétrait de toute part l'esprit moderne. Il n'y a point de succès durable en dehors de la vérité.

La monarchie bourgeoise de 1830 n'eut point, dans la question des arts industriels, de doctrines arrêtées ni de théories vraiment à elle. Elle chercha toujours et ne trouva jamais.

Le second Empire, renonçant à être beau, et se contentant d'être riche, sembla faire du luxe le dernier mot des arts industriels au dix-neuvième siècle, et il poussa ce luxe jusqu'au point où il entraîne presque fatalement la ruine après lui.

Quelle sera désormais la tendance des arts industriels? Quel avenir leur est réservé? C'est là ce qu'il serait bien difficile de préciser aujourd'hui. Nous avons des connaissances esthétiques incontestables, une sûreté et une justesse de sens critique qui nous rend redoutables dès qu'il s'agit de détruire; nous connaissons le bien, mais nous sommes éternellement en quête du mieux, et nous ne supportons point les lenteurs, sages pourtant, à l'aide desquelles tout progrès doit s'accomplir, quand il veut être durable.

Avant la Révolution, pour arriver à une modification sérieuse des habitudes, des costumes, des goûts de nos pères, ce n'était pas trop d'un siècle tout entier. Les choses aujourd'hui marchent d'un train plus rapide, et il ne nous faut pas dix années pour accomplir une évolution qui ne laisse après elle rien subsister du passé. Avant l'expiration de cette courte période, ameublement, toilette, bijoux, en un mot tout ce qui fait notre luxe, tout ce qui constitue l'essence même de ces arts industriels dont nous racontons ici l'histoire, a vieilli de cent ans.

Un autre fait, également digne de remarque, mais qui, pourtant, n'a pas été suffisamment remarqué, c'est qu'autrefois, quand nos pères avaient encore un certain respect des traditions, une période quelconque de notre histoire se rattachait toujours à celle qui l'avait précédée, de telle façon qu'il ne se présentait jamais de changement brusque et heurté. Bien loin de là, les changements s'opéraient avec une sorte de lenteur mesurée, et de manière à ménager toujours les transitions, qui devenaient insensibles.

C'est là un souci que nous n'avons plus à présent. Nous procédons par sauts et par bonds, avec je ne sais quel mélange de brusquerie et de lassitude, qui nous fait répudier le lendemain, comme indignes de nous, les choses mêmes qui, la veille, avaient eu le privilége de nous passionner.

L'Angleterre a donc fait preuve de beaucoup d'intelligence et d'un grand esprit pratique, en donnant à son Exposition une durée de dix ans, suffisante pour déterminer, sinon le caractère absolu de notre époque, du moins quelques-unes de ses évolutions, et ses tendances. Est-ce qu'à l'aide de deux points dans l'espace le géomètre ne connaît pas la direction d'une ligne droite?

III

Presque tous les écrivains qui se sont occupés des arts industriels ont placé à leur tête l'industrie artistique du bronze.

L'industrie du bronze est essentiellement française : je dirais volontiers essentiellement parisienne. C'est à Paris, en effet, que les ama-

teurs des deux mondes viennent chercher leurs statues et leurs statuettes, leurs bas-reliefs de grande et de petite dimension, leurs vases
et leurs lampadaires. Si Paris disparaissait de la face du monde, la
fabrication des bronzes d'art et d'ameublement s'anéantirait avec lui,
et, du même coup, un vide réel se ferait sentir dans les habitudes des
classes élégantes pour lesquelles, depuis trente ans, le bronze est devenu
une véritable nécessité.

M. Barbedienne, en ces dernières années, s'est placé résolûment à
la tête de la fabrique du bronze d'art. Propriétaire aujourd'hui des admirables procédés de réduction de M. Collas, il s'est passionné pour cette
invention, dont il a compris toute l'importance ; il a deviné son avenir,
et n'a rien négligé pour faciliter son développement. Il lui a consacré
son temps et sa fortune, sans se demander s'il en recevrait jamais sa
récompense.

Cette récompense lui a été donnée ; elle a été belle.

Sa renommée est devenue promptement universelle. Il est connu
aujourd'hui dans le monde entier, et personne ne songe à lui contester la juste part qui lui revient dans le progrès heureux et l'immense
développement d'une de nos plus belles industries artistiques.

Les bronzes exposés à Londres par M. Barbedienne pouvaient se
diviser en trois groupes bien distincts : les bronzes exactement copiés
sur les originaux, dont ils reproduisent exactement la grandeur ; les
bronzes réduits par les procédés Collas ; enfin, les bronzes originaux
dus à l'initiative des sculpteurs contemporains. Les bronzes ne forment point, du reste, le seul envoi de M. Barbedienne ; il y joint encore
des émaux, avec montures imitées du travail oriental, et des marbres
qui répondent à toutes les exigences de la décoration moderne, telle
que la comprennent aujourd'hui les architectes qui travaillent pour
les gens de goût et de fortune.

Comme type du premier de ces groupes, nous citerons la statue d'Auguste, copie en bronze d'un marbre récemment découvert, et qui se
trouve présentement au musée du Vatican, à Rome. La copie est de la
grandeur exacte de l'original. Elle se recommandait à la reproduction
et par la beauté de la figure et par la richesse et le grand caractère des
accessoires. Disons tout de suite qu'elle est sortie de l'atelier moderne
vraiment digne de son modèle antique. La tête est recouverte, ainsi
que toutes les parties nues, d'une patine blonde, glacée et transparente,
très-flatteuse pour l'œil. Dans les draperies, de légers frottis d'or
rehaussent toutes les parties qui doivent être lumineuses. Les petites
figures en relief, sculptées sur la cuirasse, ainsi que les autres ornements du costume impérial, sont également rehaussées d'or. Les
métaux indispensables à une bonne fonte se trouvent alliés ici dans les

proportions les plus justes, et les diverses colorations que nous présente le marbre, dans les accessoires si finement traités par l'artiste
romain, retrouvent dans le bronze tous leurs équivalents.

Le second groupe de l'exposition de M. Barbedienne comprend ces
réductions par le procédé Collas, dont nous parlions tout à l'heure. On
ne saurait trop le répéter, ces réductions sont un des titres les plus
sérieux de l'éminent artiste industriel à l'estime et à la reconnaissance
de ses contemporains. C'est par leur moyen qu'il est devenu l'initiateur du plus grand nombre à ces beautés de l'art antique, destinées,
sans lui, à demeurer éternellement lettre close. Sans doute, les vrais
amateurs n'avaient pas besoin de M. Barbedienne pour apprendre à
connaître et pour savoir aimer les chefs-d'œuvre de la sculpture grecque
et romaine. Mais, à côté, ou, pour mieux dire, au-dessous de ceux-là,
il se trouve toute une classe intéressante, douée d'une certaine culture
intellectuelle, de tendances vraiment artistiques et d'un goût naturel
qui n'a besoin que d'être éclairé, guidé, encouragé. — C'est pour cette
catégorie toute spéciale que M. Barbedienne a surtout travaillé. Elle a
trouvé en lui le plus précieux des auxiliaires.

Vivant dans la familiarité du monde antique et de la Renaissance,
qui en a ramené le culte parmi nous, M. Barbedienne, à l'aide du procédé Collas, est arrivé à reproduire tous les chefs-d'œuvre en leur laissant l'exacte et parfaite justesse de leurs proportions. Maître de choisir
l'échelle de grandeur qui lui convient, il a pu faire descendre l'Olympe
sur la terre, et loger dans nos maisons tout un peuple de dieux et de
déesses. Il a ainsi accoutumé nos yeux à ce spectacle de la beauté pure
qui ennoblit les idées et qui élève les âmes. C'est une manière comme
une autre, meilleure qu'une autre peut-être, de travailler à l'éducation
générale d'un pays, car c'est répandre le culte et l'amour de ce qu'il y a
de plus digne — après la vertu — d'être recherché et aimé des hommes :
la beauté !

L'intelligent vulgarisateur a compris qu'il ne pouvait rester égal à
lui-même qu'à la condition de se transformer et de se renouveler incessamment. En certains cas, ne pas monter, c'est descendre. Il a donc
donné à ses œuvres une diversité presque infinie, et, depuis l'antiquité
jusqu'à l'époque moderne, en passant par le moyen âge et la Renaissance, il a choisi partout les précieux éléments d'un petit musée intime
que chacun de nous peut avoir maintenant autour de soi. Ici, je ne
puis que citer au hasard de la plume, bien certain de ne rencontrer
que des chefs-d'œuvre : la Vénus de Milo, le Narcisse, le Gladiateur,
la Diane chasseresse, la Diane de Gabies, le Germanicus; telle est la
part de l'Antiquité. La Renaissance va nous donner le saint Jean de
Donatello; le Moïse du tombeau de Jules II, et les grandes figures pen-

ives prises aux tombeaux des Médicis; le Mercure de Jean de Bologne et les Grâces de Germain Pilon.

A une époque déjà plus rapprochée de nous, Julien et Falconnet nous offrent chacun une Baigneuse; Allegrin, une Vénus; Canova, sa Madeleine; Rude, son Pêcheur; Caveller, sa Pénélope; Paul Dubois, le Jeune chanteur florentin; Clésinger, vingt bronzes qui frémissent, pénétrés du souffle de la vie.

Les œuvres de la sculpture se trouvent ainsi répandues avec une sorte de profusion dont nous ne saurions nous plaindre. Une critique, cependant! Peut-être pourrait-on reprocher à M. Barbedienne d'avoir parfois trop rapetissé les chefs-d'œuvre et de les avoir en quelque sorte amoindris, en les ployant à des usages vulgaires et journaliers. Vénus ne doit pas descendre de ses autels de marbre blanc pour couronner une pendule de chambre à coucher, et il ne me plaît point de voir les Panathénées quitter les frises du Parthénon pour danser une ronde autour d'une lampe à modérateur. Je comprends et j'accepte les réductions; mais encore est-il qu'elles ne doivent pas être lilliputiennes. Il y a un certain minimum de grandeur au-dessous duquel il ne faut pas établir la réduction, sans quoi l'on sortirait du domaine de l'art pour entrer dans celui du colifichet. Nous pouvons abréger la distance entre les dieux de l'Olympe et nous; mais à la condition toutefois que le voisinage n'entraînera pas la familiarité. C'est en vain qu'un culte nouveau les a renversés; il suffit qu'à un moment de l'histoire ils aient symbolisé l'idée religieuse parmi les hommes pour qu'ils aient éternellement droit à nos respects.

Le troisième groupe des bronzes exposés par M. Barbedienne comprend les objets qui appartiennent en propre à l'invention contemporaine. M. Barbedienne a eu cette heureuse fortune de réunir autour de lui, de former peut-être, une petite légion d'artistes véritables, auxquels il a su faire partager ses idées, et qui sont devenus les instruments dociles de ses inspirations les plus personnelles. N'est-ce point à ces collaborateurs, dévoués et habiles, que nous devons, par exemple, ces beaux vases aux formes charmantes et aux reliefs délicats admirés par tout le monde? M. Le Villain, élève d'un habile sculpteur, M. Jouffroy, et, depuis longtemps déjà, associé aux travaux de M. Barbedienne, est certainement un des hommes d'à-présent qui s'inspirent avec le plus de bonheur des souvenirs de l'art grec; mais il ne copie jamais ce qu'il connaît le mieux. Même en face des plus beaux modèles, son admiration, si vive et si sincère qu'elle soit, ne l'empêche jamais d'être lui-même. Il ne voit ce qu'ont fait les autres que pour faire autre chose, tout en faisant aussi bien, — quand il ne fait pas mieux.

Nous avons examiné avec un réel et bien vif intérêt deux vases envoyés au palais de Kensington, et qu'il faut considérer comme les productions d'un art tout à fait supérieur. Ce sont des coupes oblongues et décorées de bas-reliefs dans l'intérieur du plateau. Une de ces coupes nous montre un masque scénique d'une expression saisissante : puis une cigogne, perchée sur ses longs pieds, et un Priape, en forme de dieu Terme. Tout cela semble un peu jeté au hasard, avec je ne sais quelle insouciante légèreté ; mais tout cela n'en forme pas moins une véritable suite harmonieuse, et un ensemble plein d'élégance et de grâce. L'autre coupe nous montre un sujet des plus sympathiques, et traité avec une élégance et un sentiment d'idéalisation qui, malheureusement, se font trop rares de nos jours : la Poésie subjuguant l'Humanité. La Poésie est personnifiée par Homère, — ce qui ne surprendra aucun de ceux qui l'ont lu. Homère, en effet, n'est-il pas le plus grand des poëtes ? Le vieil aède fait entendre ses chants immortels, et tout aussitôt, pour mieux l'écouter, une jeune femme s'avance vers lui, suivie d'une gazelle familière ; un jeune homme immobile reste comme suspendu à ses lèvres, tandis qu'un autre personnage, mais celui-là dans toute la force de l'âge viril, quitte son travail et vient prendre sa part du sublime concert. L'entente de la composition ne saurait être poussée plus loin que dans ce beau travail, qui semble réunir toutes les conditions du bas-relief et de la sculpture décorative. Chaque personnage a sa valeur et sa signification, dit ce qu'il veut dire, et fait ce qu'il doit faire.

Mais ces deux coupes, si belles qu'elles soient, n'ont pas été le dernier mot de M. Barbedienne à l'Exposition de Londres. Il nous en a présenté une troisième qui l'emporte encore sur les deux premières, et par la grandeur de l'ensemble, et par le soin et la recherche du détail. Cette dernière coupe est de forme antique; son aspect général serait très-exactement déterminé par cette ligne ellipsoïde si agréable à l'œil. Trois artistes ont concouru à sa création. Elle a été inventée, composée et dessinée par un homme qui est aujourd'hui un des maîtres des arts industriels, M. Constant Sévin. M. Le Villain; que nous citions tout à l'heure, a exécuté toutes les sculptures, et M. Dési-Attage s'est chargé de toute la partie purement décorative. Trois éléments entrent dans la formation de cette pièce vraiment unique : le bronze, l'or et l'argent. Chose digne de remarque ! ces trois belles substances y sont employées à l'état pur et sans aucune altération résultant de la présence d'éléments étrangers ; ils sont et restent eux-mêmes. Mais, en les mettant en œuvre, l'artiste a su tirer, par d'ingénieuses combinaisons, les effets les plus heureux de leur union. Le bronze est en quelque sorte la matière constituante de la coupe;

quant à l'or et à l'argent, ils ne figurent ici qu'à l'état d'incrustation; mais le goût le plus pur et le plus judicieux a toujours présidé à leur emploi. Toutes les formes en relief ont été obtenues à l'outil, et ciselées après coup, avec une patience, une exactitude et un soin que l'on ne saurait jamais trouver en défaut. Aussi le résultat de cette savante collaboration a-t-il été véritablement merveilleux. Nous ne connaissons rien, parmi les œuvres modernes, qui soit supérieur à ce beau spécimen des arts industriels de la France. Les petits personnages qui se détachent en ronde-bosse sur diverses parties du vase; les deux têtes de femmes qui l'accostent à droite et à gauche; les fleurs qui bordent ses contours d'un lacis d'or et d'argent, tout cela donne à la coupe antique de M. Barbedienne un caractère de perfection qui rend toute rivalité impossible. Ce bel échantillon de l'art français ne repassera point le détroit. Il a été acquis par le musée de Kensington, dont l'intelligente direction ne laisse jamais échapper l'occasion d'augmenter une collection déjà très-riche.

IV

L'exposition de M. Barbedienne à Londres nous met en communication avec une fabrication, ou, pour parler plus exactement, avec un art tout spécial. Je veux parler de l'introduction des émaux cloisonnés dans les objets en bronze, et de l'application du bronze d'art aux plus rares produits de l'extrême Orient.

Personne n'en doute aujourd'hui : dans tout ce qui a trait aux arts décoratifs, l'Orient a été le grand initiateur de l'Occident. Il nous a montré la voie dans laquelle nous devions marcher; il nous a indiqué le but qu'il fallait atteindre. Bronzes, ivoires, émaux, laques, en un mot tout ce qui charme le regard, tout ce qui ravit l'esprit, tout ce qui enchante l'imagination, est entré dans le domaine des Orientaux. Ils se sont emparés de tout et ils ont tout transformé, tout imprégné de cette poésie dont le soleil est la vivante inspiration et qui s'exprime si éloquemment par des lignes et des couleurs. On l'a dit avec beaucoup de justesse : l'Orient est le pays de la lumière, et, sous cet heureux climat, il semble que la création tout entière vibre avec une intensité et un éclat dont nos régions ternes et froides ne sauraient donner qu'une idée bien affaiblie et bien imparfaite.

C'est ce que M. Barbedienne a compris mieux que personne. Aussi, voulant faire de l'art décoratif comme peu de gens en avaient fait chez nous avant lui, est-il remonté jusqu'à ses sources les plus hautes et

les plus pures. Dans sa collection, aujourd'hui sans pareille, les plus
rares émaux se mêlent aux plus beaux bronzes de la Chine et du Japon,
désormais introuvables, qui se fondent, dans une harmonie chaude et
ardente, avec les ivoires incrustés, les vieux laques, les jades aux tons
ambrés, et toutes ces matières, à la fois durés et précieuses qui se prêtent à toutes les nécessités, à toutes les exigences, à toutes les fantaisies des arts industriels. Dans son cabinet, où il a rassemblé ces merveilles dignes d'un musée, il travaille, il étudie, il vit ! il s'y enferme,
comme un dévot dans un sanctuaire pour consulter le dieu. C'est là qu'il
conçoit l'idée des beaux modèles que l'on exécute ensuite sous ses yeux.

L'émail a été longtemps l'objet des préoccupations de M. Barbedienne. Il y a pensé bien longtemps avant de mettre la main à l'œuvre. C'est qu'il comprenait toutes les difficultés de l'exécution dans une
spécialité où il savait bien qu'avec l'ouvrier français il aurait tout à
créer. Il savait bien, en effet, que, dans les conditions où le travail se
produit chez nous, il ne pourrait pas demander à l'Européen ce que l'on
obtient sans peine du Chinois ou du Japonais.

Les Chinois et les Japonais fondent d'abord en cuivre les pièces
qu'ils veulent émailler, sans se préoccuper de l'émail, et sans lui réserver la moindre place. C'est sur la pièce fondue qu'ils dessinent
leurs cloisons. Quand ce dessin est tracé, le burin fait la cloison, que
borde ensuite, de chaque côté, une très-mince feuille de cuivre. C'est
dans cette cloison que l'on insère l'émail.

Tout autre est le procédé en usage chez M. Barbedienne. Ici, avant
de fondre la pièce destinée à l'émail, on commence par la modeler en
plâtre ; on dessine ensuite les cloisons sur ce plâtre, puis on les creuse,
en leur donnant la largeur et la profondeur voulues. Le modèle en plâtre, ainsi cloisonné, est moulé en sable, et c'est dans ce moule que l'on
coule en cuivre l'objet à émailler. Il sort ainsi de la fonte tout armé de
ses cloisons. Il y a là, on le comprend de reste, une grande simplification dans le travail, et, comme conséquence, un grand abaissement
dans le prix de revient. Ce procédé offre de plus l'avantage de permettre à
l'ouvrier de faire toutes les réserves que l'on juge nécessaires, et de les
doser ensuite, ce qui répand sur les pièces beaucoup d'éclat et de
variété.

M. Barbedienne a fait presque autant pour le bronze que pour
l'émail. Il en a répandu parmi nous la connaissance et le goût ; il l'a
fait aimer. Ceux-là même qui se sentent encore arrêtés par le trop haut
prix de cette belle substance, n'en éprouvent pas moins pour elle une
sincère et vive admiration ; elle a maintenant sa place marquée dans
tous les intérieurs élégants. L'émaillerie, en Europe, tend, de jour en
jour, à devenir un art français. De cet art nouveau et charmant,

M. Barbedienne a exposé à Londres quelques spécimens justement remarqués. Je me contenterai de citer une armoire de grandes dimensions, et des cornets fort importants, dans l'ornementation desquels il a su marier, avec une grande habileté, les nuances étincelantes des plus riches émaux à des réserves de cuivre, qui en augmentent la puissance, par l'effet du contraste. On sait que l'émail n'est autre chose qu'une pâte de verre, colorée à l'aide des oxydes. Pour arriver à toute la perfection dont il est susceptible, l'émail a parfois besoin d'être remis au feu jusqu'à sept ou huit fois. Il arrive alors à une splendeur inaltérable et prend place parmi les plus précieuses merveilles de l'industrie humaine. Poussés aujourd'hui très-loin, les procédés de fabrication de l'émail n'ont pas encore dit leur dernier mot. Mais puisque des industriels, qui sont en même temps des artistes, ont pris en main ses destinées, nous pouvons être certain que l'émail atteindra chez nous aussi le terme extrême de son développement.

V

Le bel art du bronze, si varié dans ses formes, si complexe dans ses applications, comprend encore d'autres ramifications dont nous n'avons pas encore parlé. Je veux dire les incrustations qu'il reçoit parfois des trois métaux que l'on appelle les métaux nobles par excellence : l'or, l'argent et le platine. Sans s'éloigner sensiblement du *Codex* adopté par les fabricants de bronze, et dont la formule varie de 7 à 11 pour 100 dans le chiffre de l'alliage du cuivre, que l'on remplace même quelquefois par le zinc ou le plomb, M. Barbedienne, en certaines circonstances, introduit dans ses alliages des métaux précieux. Il ne fait, en cela, que suivre l'exemple de l'antiquité classique, qui avait aussi essayé de ce mélange. Les bronzes *nuagés* d'or, et les bronzes à cristallisations lamelleuses des Chinois et des Japonais, pour la fabrication desquels l'or paraît avoir été projeté dans le métal en fusion, sont d'un effet décoratif vraiment saisissant. Notre industrie, si savante qu'elle soit, n'est pas encore parvenue à s'approprier ces belles patines blondes qui font songer à un émail couleur d'ambre. Nous nous contentons de les admirer comme nous admirons les bronzes chinois, incrustés de malachite, de lapis-lazuli et de gemmes de toute espèce. Cette dernière décoration, d'un luxe excessif et coûteux, n'appartient pas encore à nos arts industriels. Je ne sais même pas si elle est désirable.

De nombreux textes de l'antiquité ne nous laissent point de doute sur l'habileté des Grecs à pratiquer l'alliance du bronze avec les métaux précieux. Homère, avec la richesse descriptive qu'on lui connaît, fait entrer, dans le bouclier d'Achille, le cuivre, l'étain, l'or et l'argent. S'il faut en croire Hésiode, le bouclier d'Hercule était encore plus magnifique. Il brillait comme l'or le plus pur, et l'or était encore relevé par de précieuses incrustations de gypse, d'ivoire, de bronze et de cyanus, dont la coloration, d'un bleu intense, ajoutait une note très-vive et très-gaie à cet ensemble de tons d'une harmonie soutenue et puissante.

M. Barbedienne s'est attaché, avec l'infatigable activité qui le caractérise, à retrouver ces admirables effets. Pour se rendre compte des résultats absolument nouveaux auxquels il est parvenu, il suffira d'examiner les montures en bronze qu'il adapte aux émaux, aux porcelaines, aux jades, aux ivoires; en un mot, à tous les objets précieux qui lui viennent de la Chine et du Japon. Ces montures, dans lesquelles on retrouve toujours le cachet d'une inspiration personnelle, ont aussi la précision des plus belles pièces d'orfévrerie. Les bambous aux longues tiges, par intervalles renflées de nœuds, qui semblent leurs articulations; les fleurs de lotus, épanouies au milieu de leur feuillage élégant, et servant de base à des vases précieux dont on a fait des lampes; les chimères se tordant au milieu des roseaux, pour devenir le piédestal des pièces les plus rares de l'émaillerie chinoise; les têtes d'éléphant, formant le support des plus belles potiches de la porcelaine orientale; les dents de rhinocéros, cerclées et incrustées de pierres fines; les jades, encadrés dans des montures exquises, tout révèle une perfection de goût et une habileté de main qui ne laissent plus rien à désirer. Jamais encore on n'avait fait aussi bien, et nous doutons que l'on puisse jamais mieux faire.

M. Barbedienne a complété cette exposition par l'envoi de quelques cheminées en marbre blanc, destinées sans doute à des appartements aristocratiques, où seront vraiment à leur place les merveilles des arts industriels que nous avons essayé de faire connaître à nos lecteurs. Une de ces cheminées appartient au style Louis XVI, et elle se fait remarquer par une belle frise, sculptée en bas-relief, dans le genre des œuvres les mieux réussies du dix-huitième siècle. Clodion l'aurait signée. A côté de celle-ci, j'en remarque une autre, sculptée par un des hommes les plus habiles de notre époque, et dont la main frémissante et pleine de vie pétrit l'argile et taille le marbre avec le plus de puissance, de verve et d'entrain. Le lecteur, avant moi, a nommé M. Carrier-Belleuse. Le motif est charmant et des mieux trouvés. C'est une sorte de rideau, jeté négligemment sur la cheminée, et dont les plus gracieux amours supportent les plis retombants. Les arts industriels ont rarement produit quelque chose de plus charmant que ces beaux marbres, d'un grain si fin et d'un travail si délicat.

VI

Dans une autre partie de ces études, nous avons essayé de faire connaître le rôle important que remplissait M. Denière parmi les artistes
industriels nos contemporains. On sait déjà que son intelligente activité ne se propose point absolument le même but que M. Barbedienne.
Dans ce vaste royaume de l'art industriel, celui-ci est plus près de
l'art proprement dit ; celui-là, plus voisin de l'industrie. Il n'y a donc
point entre eux de rivalité possible. Moins chercheur que M. Barbedienne, sans être pour cela plus esclave de la routine, mais par le genre
même de ses affaires, porté davantage à obéir au plus grand nombre et
à satisfaire à cet amour du luxe qui dévore la société contemporaine,
M. Denière n'a jamais plaint sa peine, ni ménagé ses efforts, pour diriger sa
clientèle vers la véritable élégance, et la détourner des trivialités somptueuses, ordinaires délices des parvenus. Sans oublier jamais que l'industrie a pour but la spéculation, et pour moyen la production et le commerce, il a su, du moins, relever et vivifier l'industrie, en y introduisant
à dose suffisante l'élément artistique. Mais, tout en tenant compte des
dimensions moyennes de nos appartements bourgeois, et des ressources
forcément restreintes de nos fortunes diminuées, il a su prouver qu'il
connaissait bien les véritables conditions de notre ordre social actuel.
Il n'en a pas moins essayé de rattacher le présent au passé, en homme
qui comprend que briser les traditions, c'est courir au suicide. Mais il
a su faire un choix judicieux entre les modèles que lui offrait le passé ;
il a deviné ce que les classes moyennes pouvaient supporter en fait de
goût pur et de style classique, et il leur a fait de suffisantes concessions.
Ce n'est pas un intransigeant.

M. Denière n'est donc pas remonté jusqu'à la Grèce pour lui demander le secret de cette sereine et immortelle beauté des formes qui
rayonne dans les œuvres de tous ses artistes. Il n'a pas consulté la
Renaissance, — ou il l'a fait bien rarement, — pour apprendre des maîtres qui l'ont illustrée comment les vrais créateurs imposent à tout ce
qui sort de leurs mains le cachet d'une personnalité puissante. Il est
allé moins loin de nous, et voulant fabriquer des pendules, des candélabres, des appliques et des garde-feu, il a cherché ses modèles parmi les
œuvres des fabricants des deux derniers siècles, qui, tout en sachant allier
à un très-haut degré l'élégance et la grâce, se rapprochent déjà, cependant, du mobilier moderne, assez, du moins, pour ne pas faire avec
lui une trop choquante disparate.

10

J'écrivais tout à l'heure le mot de pendule. Il me rappelle de très-beaux souvenirs, et des œuvres tour à tour magnifiques et charmantes, empruntées par M. Denière aux règnes des Louis : Louis XIII, Louis XIV, Louis XV et Louis XVI.

Nous avons eu sous Louis XIII des pendules dites *religieuses*, dont les cadrans dorés et recouverts de délicates arabesques s'enchâssent dans de véritables monuments d'ébène et d'écaille, aux formes presque classiques. Sous Louis XIV, les pendules, décorées des incrustations d'André Boule, prirent un éclat inconnu jusqu'alors. On peut le dire, c'est de ce moment que date la véritable industrie française des bronzes d'art. Nos fabricants, qui méritent le nom d'artistes, exécutèrent des pendules en bronze doré, et, tout en leur conservant le cachet propre à leur destination, surent leur donner ce caractère de somptuosité grandiose qui est, en quelque sorte, le cachet du siècle de Louis XIV. Mais l'agrément des accessoires, la beauté des ornements, l'ingéniosité des emblèmes ne firent aucun tort au cadran, qui demeura toujours la préoccupation du fabricant; c'est sur le cadran que se porta l'effort de son invention; ce fut le cadran qui attira tout d'abord le regard de l'amateur.

Sous Louis XV, l'art du bronze ne se défendit point de la frivolité qui emporta ce règne sur la route des abîmes où devait un jour sombrer la France. Les bronzes d'ameublement perdirent peu à peu le caractère de grandeur et de majesté qu'ils avaient su conserver pendant la longue durée du siècle précédent. Les lignes sobres et solennelles dans lesquelles on s'était maintenu si longtemps, furent définitivement abandonnées. Le caprice devint roi. Disons-le, toutefois, ce bon sens pratique, qui est en quelque sorte la marque du génie français, ne quitta pas tout à fait nos artistes industriels. Tout en visant à la plus coquette élégance, ils n'oublièrent jamais d'approprier à leur but spécial les objets qui sortaient de leurs mains. C'était le temps des changeantes et faciles amours. On mit des Amours partout; ils foisonnèrent sur les pendules; ils se jouèrent le long des candélabres; ils s'ébattirent au milieu des lumières et des lustres. Pendant la première moitié du dix-huitième siècle, c'est l'influence de Watteau qui domine; pendant la seconde, c'est celle de Boucher, — *Arcades ambo!* A ce moment, il y a encore de fort beaux modèles; mais déjà l'on ne peut plus prendre au hasard, comme on eût fait cent ans plus tôt, et il est nécessaire d'apporter à son choix beaucoup de tact, de goût et de discernement.

Louis XVI, le bon et honnête monarque qui avait l'instinct et le désir de toutes les réformes, sans avoir la force nécessaire pour les imposer à une nation déjà corrompue jusque dans ses moelles, donna vainement le signal du retour vers une certaine austérité. On ne s'ar-

rête pas dans une voie sur laquelle on est lancé avec une irrésistible
impétuosité. On eût dit que cette vieille société française, prête à périr,
voulait encore, à son heure suprême, épuiser toutes les formes de l'élégance. Si la conception grandiose manque presque toujours aux bronzes
de cette époque, l'exécution matérielle est presque toujours parfaite.
Mille créations de la fantaisie la plus charmante sont là pour attester
toute la sûreté et toute la délicatesse de ces mains habiles. C'est le
moment où Clodion modelait ses jolis groupes, d'une si vive allure, et
remplissait les salons et les boudoirs de ces types si vivants que l'on
dirait parfois que le bronze s'est fait chair. Il eût été difficile de rêver
un décor d'appartement plus ravissant que ces nymphes, ces satyres,
ces pastorales ou ces bergeries, que l'habile sculpteur façonnait pour
ce Trianon où la reine jouait à la bergère. L'admirable ciseau de
Gouthière vint juste à temps pour donner aux dernières créations
du génie artistique de la France le caractère de perfection qui devait
leur assurer une vogue destinée à s'accroître avec les années. Est-ce
que, aujourd'hui même, on ne paye pas les œuvres de Gouthière au
poids de l'or?

Très-versé dans la pratique des arts industriels, et guidé par une
expérience déjà longue, M. Denière a fouillé les diverses époques dont
nous venons d'esquisser l'histoire et de préciser les caractères, et il en
a pris les plus beaux types pour créer une collection que l'on peut dire
unique aujourd'hui.

Nous avons remarqué chez lui, tout d'abord, une pendule Louis XIV,
dont l'original appartient à Mme la comtesse Lo Ilon. Ce morceau, très-
grandiose, réunit le double mérite de l'invention et de l'exécution. On
ne voit pas seulement les heures sur le cadran de cette horloge ; mais
on y peut suivre, avec les jours et les mois, le cours changeant des
lunes. Des pieds de cuivre soutiennent ce cadran, qui est lui-même en
cuivre ciselé, et décoré d'un fronton triangulaire avec un masque de
femme pour ornement. L'antique Saturne, symbole du Temps, qui
nous fauche comme blés mûrs, couronne ce petit monument, parfaitement agencé dans tous ses détails, et dont les proportions sont aussi
voisines de la perfection qu'on puisse le souhaiter d'une œuvre de main
d'homme.

L'époque de Louis XVI n'a pas inspiré moins heureusement
M. Denière. La pendule, en forme de lyre, flanquée de deux charmants
candélabres dont on peut voir les originaux dans la collection de sir
Richard Wallace ; une répétition excellente de deux autres luminaires,
connus sous le nom de *candélabres de Saint-Cloud*, et qui figurèrent
avec honneur à l'Exposition rétrospective de 1867 ; des appliques copiées
sur les modèles des plus grandes époques de notre art national ; des

candélabres dont les lumières sont portées par des enfants en marbre, habile imitation de François Flamand, passeront à tous les yeux pour des spécimens excellents du luxe et du bon goût auxquels on peut arriver aujourd'hui, grâce à l'heureux accord de l'Art et de l'Industrie.

M. Denière a également exposé la copie en bronze et en argent oxydé d'un coffret en ivoire connu sous le nom de *Coffret de Dresde*, et dû au ciseau magistral de Benvenuto Cellini, et qui, *transposé* en quelque sorte par l'artiste, d'une substance dans une autre, n'a rien perdu à ce changement.

VII

La maison Christofle a conquis, dans les arts industriels, une place qui ne lui sera plus ôtée. Elle la doit aux rares facultés de son fondateur, à sa puissante initiative et à l'intelligente activité de ceux qui lui ont succédé dans la direction de ses affaires. Aussi, chacun des concours internationaux qui, pendant ces vingt dernières années, se sont succédé en France, en Angleterre et en Autriche, a été pour elle une étape en avant sur cette route du progrès, dont on n'atteint jamais le terme, par ce que ce terme est la perfection, et que la perfection est l'éternel désir de l'homme et son éternel tourment.

Charles Christofle apparut pour la première fois en 1839, dans ces grandes luttes pacifiques où il devait obtenir tant de triomphes. Il en rapporta une médaille d'or, comme fabricant de joaillerie et de bijouterie.

Cinq ans plus tard, c'est-à-dire en 1844, il avait joint une seconde industrie à la première, celle de la dorure et de l'argenture par la voie humide, beaucoup moins coûteuse que l'application par le mercure, et beaucoup moins dangereuse aussi pour la santé des ouvriers.

Désireux d'appliquer ces procédés sur une grande échelle et de vulgariser ainsi la dorure et l'argenture voltaïques, en les faisant servir à nos usages journaliers, le bijoutier se fit orfévre.

Charles Christofle apporta dans cette nouvelle profession les remarquables aptitudes qu'il avait déjà révélées dans l'autre. Toujours choisis avec goût, ses modèles se recommandèrent également par la pureté de leurs lignes et l'heureuse entente de leurs formes générales. C'est de cette époque que datent les grandes pièces d'apparat dans lesquelles l'art le dispute à l'industrie, et qui peuvent figurer régalement sur la table des princes et dans les musées des nations. Ici, en effet, la statuaire commence à jouer un rôle important; elle se prête plus intime-

ment que jamais à toutes les tentatives de l'ornementation. De véritables artistes, MM. Briant, Rouillard, Daumas, Montagny, Diebolt et
Gilbert modèlent les principales figures de ces grands services. L'émail
est timide encore, et pourtant, il égaye déjà, de ses touches éclatantes et
vives, les pièces sur lesquelles le fabricant désire appeler plus particulièrement l'attention.

L'émail, ce souvenir de l'Orient, induisit l'habile industriel en ten-
tation d'imiter le style grec. Un des plus beaux spécimens de l'art
industriel de cette époque, c'est le surtout de table dessiné par M. Charles
Rossigneux, et dans lequel l'ivoire se mêle agréablement aux métaux
précieux, nous rappelant ainsi cette sculpture chryso-éléphantine, longtemps pratiquée par les Grecs, et dont Phidias marqua l'apogée avec le
Jupiter Olympien et la Minerve du Parthénon.

La mort si regrettable du fondateur de la nouvelle industrie dut
inspirer des craintes pour la durée de son œuvre. Mais, au moment de
l'Exposition internationale de 1867, on put voir que ces craintes
n'étaient pas fondées. La disparition du chef n'entrava point la marche
ascendante de la maison. Ce fut alors que se produisirent ces pièces
d'orfévrerie en argent repoussé, rangées parmi les merveilles de l'Exposition.

Deux autres nouveautés fixèrent aussi l'attention publique. Je veux
parler des émaux cloisonnés et des incrustations de métal sur métal.

VIII

Les émaux exposés à Londres s'inspirent surtout de l'émaillerie cloisonnée en cuivre, que les Chinois ont pratiquée avec une si grande perfection et parfois sur des pièces de dimensions vraiment colossales. Les
émaux de la Chine parvenus jusqu'à nous avec une date certaine ne
sont pas antérieurs au quinzième siècle de notre ère. Leurs caractères
généraux attestent un art encore dans son enfance. Les colorations sont
très-simples, mais, en même temps, très-énergiques de ton. Au siècle
suivant, le dessin devient plus compliqué; mais les colorations s'affa-
dissent par l'introduction des nuances rompues et des tons douteux. Au
point de vue décoratif, on peut dire que l'art reste stationnaire. MM. Christofle et Bouilhet, aujourd'hui directeur de la maison Christofle, se sont
inspirés de l'émaillerie chinoise sans la copier. Les pièces exposées par eux
dans les galeries de Kensington sont en général de proportions assez restreintes, mais quelques-unes sont charmantes;—par exemple, les coupes à
fond bleu turquoise, semées de petites fleurettes, serties dans un fin cloison-

nage. Sur d'autres pièces, voltigent des essaims d'oiseaux. Il en est qui nous offrent des ciels d'un bleu clair extrêmement délicat. Sur de petites urnes sans pieds, nous avons remarqué des imbrications et des fleurons qui rappellent l'art persan ; tandis que, tout à côté, de très-jolis cornets se rapprochent, par leur ornementation recherchée, du pur travail japonais.

Les incrustations métalliques, dont nous avons déjà esquissé l'histoire au cours de ces études, sont pratiquées avec beaucoup de succès par la maison Christofle. La plupart des pièces de cette catégorie ont été dessinées par M. Reiber, qui s'est inspiré particulièrement des modèles japonais, où nous voyons de véritables petits tableaux s'enlevant avec le brillant de l'argent poli sur le fond brun du bronze légèrement mordoré. Il y a là des morceaux exquis ; tels sont, par exemple, des plateaux en bronze feuille-morte ou brun violet, de nuances très-soutenues et très-puissantes, sur lesquelles se détachent de jolis paysages avec animaux tracés en or ou en argent. Des cygnes pâturent au bord d'un étang où croissent des roseaux et des sagittaires ; des grues immobiles méditent à l'ombre des bambous, tandis que des oiseaux jaseurs s'ébattent, avec mille cris joyeux que l'on croit entendre, dans les rayons de lumière d'un beau soleil levant. Partout la forme ingénieuse s'associe à la couleur éclatante.

Mais, une des parties les plus intéressantes de cette remarquable exposition de la maison Christofle, ce sont les pièces tirées du trésor d'Hildesheim.

Ce trésor a une histoire piquante comme un roman.

Le 17 octobre 1868, sur le versant du Galgen, qui domine Hildesheim, petite ville de l'ancien royaume de Hanovre, des soldats prussiens, travaillant à l'établissement d'un tir, trouvèrent, à trois mètres de profondeur, un certain nombre de pièces d'argenterie noircies par le temps. Il y avait là des vases intacts : il y avait aussi des débris. Un artiste de talent parvint à les reconstituer. Après un certain nombre de dissertations, et une lutte d'opinions à laquelle toute l'Allemagne prit part, il a été reconnu à peu près par tout le monde que ce trésor était le butin de quelque chef barbare, vainqueur d'un général romain, qui emportait avec lui dans ses campagnes des objets d'art de valeurs bien différentes, car les uns appartiennent à la pleine décadence romaine et les autres à la plus belle époque de la civilisation hellénique. Notons, en passant, que la Prusse s'étant annexé le Hanovre, s'est également annexé le trésor de Hildesheim ; elle l'a traité comme une simple pendule, et il est maintenant à Berlin.

La maison Christofle a eu le bonheur de pouvoir faire surmouler presque toutes les pièces de ce trésor, et elle nous l'a rendu dans un *fac-*

simile assez exact pour nous dispenser de faire le voyage de Berlin, qui, en ce moment, n'est pas agréable pour tout le monde.

Quelques-uns de ces vases sont d'une grande pureté de style, et leur ornementation nous offre parfois d'ingénieux détails traités avec une extrême délicatesse.

Nous citerons, entre autres, une grande patère, au fond de laquelle on aperçoit une Minerve qui se détache avec un relief excessif. La déesse appuie une de ses mains sur un bâton recourbé. Les draperies et les parties en relief sont dorées, tandis que les fonds et les chairs conservent la couleur de l'argent. Des palmettes élégantes et légères ornent la gorge de la patère, et détachent sur le fond mat de l'argent leur fin relief en or. La reproduction, très-habile, donne l'idée la plus heureuse et la plus juste d'un très-précieux original.

Il y a aussi une très-grande recherche et beaucoup d'élégance dans la décoration du vase, en forme de cloche, que les Grecs désignaient sous le nom d'*oxybaphon*. Des lignes légères, dont les enroulements symétriques se terminent par des fleurons, des griffons que chevauchent des enfants poursuivant des crevettes, témoignent d'une invention pleine de fantaisie, et d'une souplesse et d'une liberté de main vraiment rares. La coupe, au fond de laquelle on voit le jeune Hercule étouffant deux serpents, a un accent de vérité et de vie qu'il serait difficile de surpasser. La physionomie du robuste enfant est légèrement bestiale ; mais comme elle exprime bien la force inconsciente et cependant satisfaite ! Un autre vase, décoré de six masques, ayant pour anses deux figures de chimères, accuse l'époque des Antonins, tandis qu'un grand cornet conique posant sur un pied légèrement évasé et décoré, par zones, d'ornements barbares, lions, boucs et taureaux, indique un art appartenant à l'extrême décadence.

Le trésor de Hildesheim comprend donc une longue période de l'art antique ; il comble de regrettables lacunes ; il offre à l'étude d'inappréciables secours. Nous devons savoir gré à la maison Christofle de l'avoir mis sous nos yeux et en quelque sorte à portée de notre main. Il ne pourra que propager le sentiment, le goût et le culte des belles choses. Sa place est marquée dans les musées de province, généralement si pauvres, et dans les grandes écoles de dessin, où il mettra l'exemple à côté du précepte.

IX

Les faïences lorraines de MM. Gallé-Reinemer sont fort remarquées à Londres, comme dans toute les expositions où on les voit figurer. MM. Gallé exploitent aujourd'hui la fabrique de Saint-Clément, dont les produits prennent sous leurs mains actives et intelligentes une variété de formes et de décors qui doit satisfaire les juges les plus difficiles. Ces habiles fabricants n'ont eu, du reste, qu'à se maintenir dans les traditions de leur maison. La fabrique de Saint-Clément est, en effet, célèbre depuis longtemps; sa réputation remonte au siècle dernier, et elle a sa place marquée dans l'histoire des Arts industriels de notre pays.

Elle se présente à nous tout d'abord assez modestement, et comme la simple succursale d'une autre fabrique, dirigée par Jacques Chambrette, et dont le siége était à Lunéville. Celle-ci avait été fondée en 1731 sous le gouvernement de François III, duc de Lorraine. Plus tard, elle fut très-favorisée par le roi Stanislas, celui que l'on appelle encore aujourd'hui en Lorraine *le bon roi*. C'est sous ce prince que fut établie la succursale de Saint-Clément, dont Jacques Chambrette donna la direction à son fils, Charles.

La nouvelle fabrique, dont l'existence fut reconnue par un arrêt de Louis XV, rendu à Versailles en son conseil, s'adjoignit bientôt Richard Mique, premier architecte du roi de Pologne, et un célèbre sculpteur, Paul Syflé, qui imprimèrent à la manufacture une direction excellente. Ce fut là, pour Saint-Clément, une époque brillante entre toutes. Syflé produisit de délicieux modèles, et des groupes que les amateurs se disputent encore aujourd'hui. Tels sont, par exemple, le *Savetier et le Merle*, le *Berger couronné*, le *Petit Voleur de pommes*. Le Musée de Sèvres n'a pas craint de rééditer quelques-uns de ces jolis groupes, d'une finesse charmante. A la même époque, la fabrique de Saint-Clément exécuta une série de médaillons connus sous le nom de terres de Lorraine, et représentant pour la plupart les grands hommes du siècle de Louis XIV.

Florissante encore sous Louis XVI, la fabrique de Saint-Clément se ralentit sous le Directoire et déclina sous l'Empire. Depuis lors, les propriétaires de Saint-Clément renoncèrent, pendant une longue série d'années, aux glorieux souvenirs artistiques du passé. Jusqu'en 1863 ils se contentèrent de produire la faïence industrielle et commerciale destinée à la vente courante. Mais, à cette époque, le nouveau directeur, M. Gallé-Reinemer, eut l'heureuse idée de rééditer les modèles originaux des beaux services créés sous Louis XV et sous Louis XVI, tout en les maintenant dans des prix abordables même aux fortunes modestes.

Admirablement secondé par son fils, M. Émile Gallé, chez qui l'*industriel* ne tuera jamais l'*artiste*, M. Gallé-Reinemer imprime aujourd'hui une impulsion vigoureuse à la fabrique de Saint-Clément. On ne s'est pas contenté de reprendre l'art où l'avaient laissé les maîtres du dix-huitième siècle : on le pousse aujourd'hui dans une voie nouvelle d'achèvement et de progrès. Grâce au choix heureux et à l'habile mélange des terres qu'elle emploie, la fabrique de Saint-Clément obtient une pâte à la fois solide et légère, que sa parfaite homogénéité rend singulièrement résistante, et que l'on revêt d'un émail blanc et laiteux aussi doux à l'œil qu'à la main, et flattant également le toucher et la vue.

Cet émail reçoit *sur le cru* toutes les décorations que peut rêver la fantaisie du poëte et du peintre. Le feu vitrifie en même temps l'émail et la couleur, et nous donne un morceau achevé et désormais inaltérable. C'est ainsi qu'un délicieux tableau de Fragonard, et une *Vierge* de Carle Maratte, ont été reproduits avec la plus admirable fidélité. Le charme même des œuvres originales a été conservé dans la copie. La cuisson, conduite avec adresse, a respecté les nuances les plus délicates des deux peintures, transportées de la toile sur la faïence, et nous montrant ainsi la rare habileté du pinceau des artistes lorrains, quand ils s'attaquent aux grands sujets traités par les maîtres de la peinture idéale.

Nous avons remarqué aussi d'admirables services polychromes, destinés aux tables les plus aristocratiques, et arrivant à des splendeurs de ton qu'il serait aujourd'hui bien difficile de dépasser. Il y a ici une véritable conquête d'émaux nouveaux, sur lesquels les chimistes qui s'occupent de céramique ne fixent point inutilement leur attention. La série des services en camaïeu bleu, reproduisant les armoiries des plus grandes familles de France, d'Angleterre et de Belgique, forme une collection d'une valeur historique incontestable. Elle sera digne un jour d'être recueillie dans un musée.

Les peintures de fleurs de M. Émile Gallé sont aussi d'une originalité inattendue et toujours piquante. Elles sont accompagnées de devises et d'exergues, qui ajoutent au mérite pittoresque le mérite d'un trait spirituel, d'un axiome moral, d'une pensée philosophique ou sentimentale. On aimait beaucoup autrefois ces sortes de décorations : il n'est pas impossible que l'on n'y revienne quelque jour. Je ne citerai qu'un seul exemple de ce type. C'est le petit tableau intitulé *Myosotis*,

et dont le jeune artiste a su faire l'allusion patriotique la plus tou-
chante. La petite fleur est attachée à un poteau noir et blanc sur
lequel est écrit ce seul mot : *Strasbourg*, qui fait comprendre bien des
choses. La pauvrette se tord sur sa tige, désespérée, — mourante, — avec
des arrangements de lignes si bien trouvés, et des mouvements si heureux qu'ils font songer à la forme humaine. On dirait une jeune fille
métamorphosée en fleur. Des lettres entremêlées à son feuillage nous
rappellent la signification symbolique du bouquet légendaire : « *Ne
m'oubliez pas !* »

L'exposition de MM. Gallé-Reinemer se complète par quelques spécimens de verrerie nouvelle... ou renouvelée. MM. Gallé-Reinemer ont
fait une étude spéciale des verreries du temps de Louis XVI, d'une
forme si élégante et d'une gravure si fine, et ils ont reproduit avec
bonheur les flacons et les coupes en honneur à cette belle époque de
l'histoire du mobilier français. Mais ils n'en sont pas restés là, et,
encouragés par le succès, ils ont également tenté des essais de verrerie
persane, avec application d'émaux sur des verres teintés. L'effet est
très-heureux, et l'aspect très-riche. Je ne sais rien de plus magnifique que ces verres colorés, avec application d'émail. Ils ont un caractère singulièrement décoratif, et ils ajouteront au luxe des plus beaux
intérieurs une note vive et brillante.

X

L'art très-noble du peintre-verrier, permettant jadis au gentilhomme qui l'exerçait de conserver son épée, n'a pas réuni dans les
galeries de l'Exposition de Londres autant de représentants que nous
l'aurions souhaité, et que l'ardeur avec laquelle on travaille chez nous
à sa complète restauration nous permettait de l'espérer.

Il y a longtemps que le verre coloré est rangé parmi les matières
décoratives les plus précieuses qui puissent servir à l'ornementation des
édifices publics ou privés, temples ou palais, hôtels ou châteaux. Tous
les monuments du moyen âge et de la Renaissance viendraient à notre
aide pour attester cette vérité. Notre époque, — c'est une justice que je
lui veux rendre, — fait des efforts méritoires pour renouer la chaîne
des traditions, violemment brisée dans les deux derniers siècles. Les
architectes contemporains se servent du verre peint avec autant de
passion que les constructeurs romains du temps de l'Empire, qui l'employaient sur une si vaste échelle comme décoration monumentale. Ils
le doraient, le filaient, le tressaient, et le faisaient entrer dans la com-

position de leurs mosaïques étincelantes. Ils couvraient de plaques de verre coloré les plafonds, les murailles et jusqu'au parquet des somptueux appartements des princes et des grands. Ils s'en servaient aussi comme de véritables vitres pour clore leurs fenêtres. A la vitre blanche succéda bientôt la vitre colorée d'une seule pièce, puis de véritables mosaïques translucides, qui n'étaient autre chose que de petites plaques juxtaposées, de colorations diverses. Dans une autre partie de ces études, nous avons montré par quelles suites d'évolutions cet art, encore dans son enfance au moment dont nous parlons, arriva sept ou huit siècles plus tard à son glorieux apogée. A la fin du quatorzième siècle on trouvait des vitraux partout, dans les églises, dans les châteaux, et dans les simples maisons des bourgeois de quelque fortune, qui prenaient plaisir à donner à leurs intérieurs le poétique demi-jour que répandent les vitres teintées par l'émail translucide.

Ce goût du vitrail est aussi vif aujourd'hui chez nous qu'il l'était chez nos pères il y a cinq cents ans. On en mettrait volontiers partout. Parfois même on en met trop. C'est le caractère de notre génération, si curieuse de luxe intérieur, si empressée de rechercher tout ce qui peut embellir la demeure de l'homme, de mettre à profit les découvertes de tous les âges qui l'ont précédée. Il en a été du vitrail comme de beaucoup d'arts industriels, que nous nous efforçons aujourd'hui d'acclimater dans notre civilisation.

Par malheur, tous les peintres-verriers n'ont pas eu le tact, le discernement et le goût judicieux, indispensables en de pareilles matières. Des artistes, dont je ne contesterai pas l'habileté de main, mais qui ne sauraient être abandonnés sans danger à leur seule impulsion, ont cru un moment que les vitraux, tels que les avaient compris, pour la décoration des vastes cathédrales gothiques, des maîtres comme Leviell, Pinaigrier, Félibien, Jacques de Paroi, et si bien appropriés à leur destination, conviendraient également à nos demeures modernes. On oubliait la différence des styles et des proportions ; on négligeait la loi des rapports, et l'on s'exposait à de cruels mécomptes.

Ces mécomptes, M. Ponsin a le bonheur ou l'habileté de s'en préserver, parce qu'il connaît bien son époque, qu'il la comprend, et qu'il sait ce qu'il lui faut. Son exposition de Londres en est la preuve.

Peintre d'histoire avant d'être peintre-verrier, M. Ponsin doit à une éducation artistique complète et sérieuse des idées et des principes qui l'ont guidé dans sa carrière. Il a eu, dès le premier jour, une direction qu'il n'a plus cessé de suivre. Du moment où il s'est senti attiré par le charme de l'émail, du moment où l'éclat du verre lui en a fait oublier la fragilité, il s'est jeté avec une sorte d'ardeur dans l'étude de la chimie céramique, qui, bientôt, n'a plus eu de secret pour lui. Il a vécu dans l'intimité des *fondants*; il a passé des jours et des nuits penché sur le creuset; il y eût volontiers jeté toute sa fortune pour en voir sortir un verre purement émaillé, plus précieux pour lui que la pierre philosophale pour un alchimiste du moyen âge.

Mais cette persévérance et cette ardeur ont du moins obtenu une récompense: M. Ponsin a retrouvé la plupart des procédés des vieux maîtres; il sait tout ce qui s'apprend, et il devine le reste. Avant d'entreprendre un travail, si modeste ou si considérable qu'il soit, il a toujours soin d'étudier le monument public ou privé auquel il le destine, et il combine sa décoration de façon à ce qu'elle soit toujours en parfaite harmonie avec le monument lui-même, église, palais, hôtel ou simple maison. C'est là un des caractères distinctifs et aussi un des mérites les plus justement appréciés des œuvres signées de son nom. J'ai pu m'en convaincre en feuilletant les riches et nombreux cartons de M. Ponsin, qui laissent à l'amateur comme à l'architecte la facilité du choix entre les motifs d'ornementation les plus variés et les plus abondants. Il traite, en effet, avec un égal succès, les sujets historiques et la pure fantaisie, la figure et l'arabesque. Il excelle à donner grand air et belle tournure au chiffre le plus simple, au monogramme le plus modeste. Nous ne conduirons pas le lecteur dans les résidences du vice-roi d'Égypte, au Caire ou dans Alexandrie, ni dans les palais d'Iram-Bey, où son talent s'est donné carrière. Nous ne parlerons ni du *Théâtre de la Reine*, à Bruxelles, ni des hôtels parisiens du comte de Serre, du comte de Sparre, de la comtesse de Becker, de la baronne du Theil. Le seul vitrail de Londres nous suffit. Son principal ornement est un décor à fond jaune, dans le goût de la Renaissance. Le médaillon central est un camaïeu bleu d'une grande délicatesse. Le motif principal est une église, dans laquelle on célèbre l'office de la messe de minuit. Une lune pâle l'éclaire par derrière, et ses rayons de lumière blanche et pâle s'endorment sur les tombes ou dans les grandes herbes d'un cimetière de village. C'est tout! mais la petite scène, bien comprise, est rendue avec une extrême délicatesse, et le feu a été d'une telle clémence pour l'artiste que l'on dirait un tableau peint à libre palette, sur un panneau ou sur une toile. Une série de petites compositions de ce genre, conçues dans un sentiment moderne, seraient pour une habitation élégante la décoration la plus accomplie que l'on pourrait souhaiter.

XI

La *Cour française*, c'est ainsi, nous l'avons déjà dit, que l'on désigne à Londres la partie des vastes constructions de Kensington attribuée à nos compatriotes, se distingue toujours par le grand air et le cachet d'élégance que les industriels parisiens ont su donner ici, comme à Vienne, à l'arrangement de leurs produits. C'est surtout à eux que semblent convenir, par excellence, le titre d'*artistes*, parce qu'ils savent vraiment faire de l'*Art* avec ce qui, partout ailleurs, ne semblerait que de l'*Industrie*.

Leurs dispositions générales sont toujours si intelligemment conçues que l'on pourrait croire qu'ils n'ont en vue qu'un grand effet d'ensemble; mais il se trouve aussi que le détail particulier de chaque doctrine est entendu de façon à faire valoir très-habilement les plus belles œuvres de chacun.

Ce mérite particulier de notre section française n'a pas échappé à lord Dudley, un des plus fins dilettantes des choses délicates qu'il y ait en Angleterre, et, en même temps, un des amateurs les plus éclairés de l'industrie française, dont les œuvres remplissent son palais.

— Quand j'entre chez vous, messieurs les Français, disait-il, lors de sa première visite à M. Henri Braquenié, de la maison Braquenié frères, il me semble que j'entre dans un musée et que je me trouve en face d'un immense tableau.

— Vous avez raison, mylord; il ne reste plus qu'à le peindre! répondit notre compatriote.

MM. Braquenié ont, du reste, contribué pour leur bonne part à cette splendeur de la *Cour française* : ce sont eux qui ont tissé le superbe *velum* à fond rouge, rehaussé d'entre-lacs d'or, qui nous sépare des nations étrangères et nous met chez nous.

Ce sont eux également qui ont décoré l'extrémité orientale de notre annexe, en la tendant avec ces superbes tapisseries d'Aubusson, aussi bien venues que des tableaux. L'*Allégorie des saisons*; les contes de Perrault : *Cendrillon*, la *Belle au bois dormant*, *Barbe-Bleue*; les deux chasses, la *Chasse à courre* et la *Chasse au vol*, avec le faucon prenant l'escape, ou liant dans l'azur, où son vol léger l'emporte, le héron captif, sont des pièces d'une telle importance qu'elles ne nous permettent point de regretter que cette branche de la grande industrie française n'ait été représentée en Angleterre que par la seule maison Braquenié.

Je ne cite que pour mémoire quelques fort beaux spécimens de

meubles usuels, tels que des siéges Louis XIII, bois noir, incrusté
d'ivoire, avec tapisserie à fond rouge brique, sur lequel se détachent
d'élégants personnages. Voici encore un meuble Louis XVI, en bois
doré, avec nœuds de rubans et corbeilles de fleurs, devant lequel nous
nous arrêtons avec plaisir. Il serait difficile de rien imaginer qui repose
plus doucement la vue.

XII

Je parlais tout à l'heure des incrustations d'ivoire : ce genre d'ornementation, qui fut si à la mode autrefois, et dont les artistes italiens et
français de la Renaissance surent tirer un si merveilleux parti dans la
fabrication du meuble de luxe, fut quelque peu abandonné chez nous
au dix-septième et au dix-huitième siècle. On préférait alors les incrustations métalliques, serties dans l'écaille, incrustations d'argent, d'or
et de cuivre. Ce fut le triomphe de Boule et de son école.

Aujourd'hui, nous reprenons goût à l'incrustation d'ivoire, et tout
un groupe d'artistes fait preuve, dans cette très-jolie spécialité, de beaucoup d'habileté et d'un vrai savoir. Ne pouvant citer tous les noms,
nous devons nous contenter de signaler ceux qui sont à la tête du mouvement.

MM. Hunsiger et Wagner nous montrent toute une série de meubles
Louis XIII, dans lesquels l'ébène et l'ivoire s'associent pour produire
les plus heureux effets. Cette ornementation, d'un caractère toujours
sérieux, et dont les deux teintes s'unissent pour arriver à une mélancolique harmonie, qui n'est certes pas sans grâce, semble particulièrement convenir à la noble élégance et à la distinction parfois sévère des
formes usitées sous Louis XIII, ce roi qui fut lui-même la mélancolie
couronnée. Mais MM. Hunsiger et Wagner n'ont pas borné là leurs
efforts, ils ont également tenté de reproduire d'autres époques de l'art
industriel auquel ils se sont voués. C'est ainsi que nous avons vu chez
eux des modèles remontant par le style jusqu'à la Renaissance, d'une
grande et fière tournure, et de petits Louis XVI d'une parfaite élégance,
bien qu'en général l'époque de Louis XVI ait préféré l'ornementation
argentée et dorée, ou les camaïeux aux teintes délicates et fondues, gris
perle, bleu pâle, ou rose légèrement passé.

La petite tabletterie a été aussi, de la part de MM. Hunsiger et Wagner,
l'objet d'études très-approfondies et de soins minutieux ; leurs boîtes et
leurs coffrets sont de véritables objets d'art. Il serait bien difficile
de pousser plus loin la finesse du détail et la perfection du travail.

XIII

M. Léon Parvillée, qui s'est fait une brillante spécialité de la céramique orientale, et dont l'exposition de Vienne avait été si justement remarquée, n'a pas voulu paraître dans ce nouveau concours au-dessous de lui-même. Il a fait mieux, du reste, que de se maintenir à son niveau : il a monté encore. Sa gigantesque plaque décorative, dans le genre persan, à ornements bleus sur fond jaune, est tout à fait remarquable, et par ses proportions, qui ont un caractère monumental, et par le fini de ses détails, et par la beauté heureuse de son exécution. Que l'on ne s'étonne point de l'accouplement de ces deux mots : *beauté heureuse!* car, lorsqu'il s'agit de céramique, il faut, hélas! toujours faire la part du bonheur et par conséquent du hasard. Le feu, cet auxiliaire obligé du céramiste, n'est-il pas souvent aussi son ennemi? n'a-t-on point à redouter sans cesse les perfidies, les violences et les trahisons de cet implacable élément, qui maîtrise tout, et que personne n'a jamais su maîtriser? M. Parvillée n'a pas eu, cependant, trop à s'en plaindre; les morsures de la flamme ont épargné son œuvre; ses ardeurs, souvent trop vives chez les autres, ont respecté l'harmonie de ses tons et laissé toute sa valeur à une grande et belle tentative. La gigantesque plaque persane de M. Léon Parvillée est certainement un des morceaux de céramique les plus remarquables que l'on ait jamais produits en Europe.

M. Parvillée a, du reste, fait preuve, dans son exposition de Londres, d'une véritable puissance d'émail, et il nous a montré des plaques cloisonnées du plus vif et du plus pur éclat. J'ajoute ce détail, auquel ne saurait être indifférent aucun amateur vraiment digne de ce nom, c'est que M. Parvillée, dans une exposition assez considérable pourtant, ne s'est jamais répété. Chacun des morceaux qu'il produit est unique en son genre : autant de pièces, autant de dessins nouveaux. On sera donc certain de ne jamais retrouver ailleurs la pièce choisie que l'on aura placée sous sa vitrine ou dans son cabinet. Cette originalité infatigable est certainement un des côtés les plus louables du talent de M. Parvillée, et nous n'avons pas cru qu'il nous fût permis de le passer sous silence.

XIV

Ce qui donne aux Expositions un attrait tout particulier pour ceux qui les suivent avec quelque attention et quelque régularité, c'est l'occasion qu'elles nous offrent d'étudier le progrès et le développement de telle ou telle branche de l'art ou de l'industrie, entre les mains de tel ou tel producteur. Je faisais cette réflexion à Vienne, et elle s'est de nouveau présentée à mon esprit lorsque j'examinais, à Londres, les produits céramiques de M. Barbizet.

M. Barbizet, à l'Exposition de 1867, s'était fait remarquer par un fort bel ensemble de compositions rustiques : coupes, jardinières, coffrets, suspensions de toutes sortes, pour serres et jardins; il y avait là un assortiment et un choix tout à fait remarquable. M. Barbizet tentait même déjà la figurine; mais il en était encore à de légers et timides essais : ses personnages manquaient un peu de vie, de mouvement et de désinvolture. Mais le temps a marché, les années sont venues, apportant avec elles l'habileté, l'expérience et le savoir.

Nous fûmes frappé, au *Welt-Ausstellung* de Vienne, de la parfaite élégance et de la grâce de certaines statuettes, qui révélaient véritablement une main d'artiste. Nous n'étions point seulement en face d'un céramiste, c'était un véritable sculpteur que nous avions devant nous. A Londres encore, M. Barbizet sembla avoir accentué sa marche en avant, et, pour pour peu qu'il continue, nous le verrons passer de la section des arts industriels dans celle des beaux-arts proprement dits; et personne n'osera s'en plaindre : personne ne trouvera qu'il n'y est point à sa place.

XV

M. Sergent n'est pas, lui, un sculpteur de la force de M. Barbizet, mais il a du moins le mérite de se connaître et de ne jamais forcer son talent; il s'en tient presque exclusivement à la reproduction du règne végétal ou animal, et encore les traite-t-il surtout au point de vue du décor et de l'ornementation, en quoi, du reste, il fait preuve d'infiniment de tact et de goût. Du côté de l'émail, il ne lui reste plus rien à souhaiter, car il est arrivé à tout l'éclat et à toute la pureté que les fondants métalliques peuvent donner à l'argile. Je n'en voudrais d'autres preuves que les admirables poissons qui décorent si bien le fond des grands plats exécutés à la

manière de Bernard Palissy, avec des insectes et des coquillages s'en-
roulant sur le marli de la pièce. On doit également remarquer de jolis
oiseaux du mouvement le plus heureux et le plus naturel, et un ou
deux petits coffrets du ton le plus doux et le plus fin. Leur ornementation
vermiculaire a la netteté et la précision de ces niellures florentines
dans l'exécution desquelles les artistes de la Renaissance montrèrent
une supériorité si grande que l'on couvre d'or aujourd'hui les moindres œuvres de leurs mains.

Mais ce n'est point là peut-être ce qui a fait à Londres le véritable
succès de M. Sergent. C'est à une simple feuille de rhubarbe qu'il doit
toute sa vogue chez nos voisins. Il est vrai que cette feuille gigantesque
(elle ne mesure pas beaucoup moins d'un demi-mètre de long) est d'une
souplesse de mouvement que je ne saurais comparer, comme mérite,
qu'à la chaleur de ses tons d'un vert changeant; car M. Sergent n'a
pas seulement les couleurs de la gamme, il a encore à son service
toute l'échelle des demi-teintes et des demi-tons, et il passe, sans jamais
rencontrer de dissonances fâcheuses, de la note franche qui vibre
dans sa force et sa justesse, par toutes les gradations chromatiques
qu'elle est susceptible d'éprouver, en se fondant, et, pour ainsi parler,
en s'épanouissant dans les notes voisines.

Du reste, M. Sergent, que ne décourage aucune difficulté et qui ne
recule devant aucune fatigue, trouve chaque jour un émail nouveau :
il a déjà sur sa palette un certain ton brillant qui s'approche beaucoup
du rouge pur, but toujours poursuivi et jamais atteint par nos céramistes modernes.

XVI

M. Brianchon, malgré ses récentes tentatives, est surtout et avant
tout un fabricant de porcelaine, et, dans ce genre de production, il a
eu la bonne fortune de trouver une veine nouvelle, absolument originale, qu'il exploite avec un grand succès. Il est très-apprécié chez
nous, et il le sera peut-être davantage chez les Anglais, moins accoutumés que nous à la belle faïence, et, en même temps, plus amis de la
olie porcelaine.

Celle de M. Brianchon s'appelle la *porcelaine nacrée*. Ce mot seul dit
assez quelle est la douce et charmante coloration du nouveau produit;
il serait difficile d'imaginer plus de suavité jointe à plus d'éclat. Le
ton général de cet émail très-fin est le blanc rose, le gris argenté et le
rose pâle.

Je ne connais dans les œuvres de l'industrie artistique qu'une seule teinte assez délicate et assez fondue pour qu'on puisse la comparer à celle-ci. Je veux parler de ces merveilleux stucs indiens, faits avec les débris pilés de la nacre et de tous ces beaux coquillages, roulés dans les vagues chaudes et brillantes des mers orientales, qui revêtent les parois des riches demeures de Bombay, de Madras et de Calcutta de teintes véritablement exquises, et de reflets irisés et chatoyants, qui n'ont rien à envier à l'opale ni à la perle. Je ne conseillerai point l'emploi constant et journalier de la porcelaine de M. Brianchon : elle est trop jolie, et, d'ailleurs, chez beaucoup d'entre nous, elle produirait un contraste trop grand avec le reste de nos services de table. Mais il faut l'introduire au dessert, avec la verrerie de Venise et les chandeliers de Saxe. On aura ainsi l'ensemble le plus complet, le plus pur et le plus harmonieux qui puisse enchanter les yeux d'une société de raffinés.

XVII

MM. Houry ont voué depuis longtemps d'intelligents et infatigables efforts à la culture de la céramique : ils ont compris que bien faire ne suffisait point, dans un siècle où tant de gens font bien, et où l'art auquel ils se sont voués a fait de si notables progrès : ils se sont dit que la première condition de tout succès sérieux est de faire mieux, et surtout de faire autre chose que les concurrents et les rivaux.

C'est en partant de ce principe qu'ils ont été amenés à cette application, aussi heureuse qu'elle est nouvelle, de la céramique aux meubles. Tantôt ce sont de simples plaques, d'une polychromie amusante, dont ils décorent des coffrets de diverses formes et de toutes dimensions, ou bien encore des tables à ouvrage, des guéridons, des jardinières ou de charmants bonheurs-du-jour. Tantôt, au contraire, ce sont des personnages, de hauts ou bas-reliefs, mais d'une coloration toujours très-puissamment soutenue, qui entrent dans la composition d'une crédence, d'une armoire, d'un buffet, de telle sorte qu'ils en font désormais partie intégrante, et qu'ils donnent à ces meubles, encore rares aujourd'hui, un caractère de richesse et de magnificence dont la généralité de nos ébénistes a perdu le sentiment.

Voilà en quoi MM. Houry ont été véritablement novateurs, et voilà aussi ce qui leur assure de véritables droits à la sympathie et au bienveillant intérêt de quiconque se dit volontiers, avec le poëte, ennuyé et blasé comme tant d'enfants de ce siècle :

Il me faut du nouveau, n'en fût-il plus au monde

XVIII

Dans ce joli petit royaume de la céramique, rien n'est plus amusan
que de voir avec quel empressement, et souvent aussi avec quelle
facilité chacun se taille une province à soi, s'y déclare indépendant,
et y règne en maître absolu.

C'est pour M. Pillivuyt que je dis cela.

M. Pillivuyt, très au fait des découvertes journalières et des procédés habituels de ses concurrents, a choisi une spécialité dans laquelle
il a tout d'abord obtenu de tels résultats, qu'on ne s'avise plus maintenant de contester la supériorité qu'il y déploie.

Nous voulons parler du décor particulier désigné, dans la céramique
contemporaine, sous l'appellation de *pâte sur pâte*. Sur des fonds variés,
gris-brun, bleus, imitation de bronze, l'artiste applique un décor,
fleurs, oiseaux, personnages humains, modelés dans une pâte presque
toujours blanche et comme vitrifiée, translucide, et qui forme un saisissant contraste avec le fond même de la pièce. Quelques figures japonaises, ainsi modelées, nous ont paru réussies à souhait. Parfois aussi,
la pâte appliquée, au lieu d'être blanche, reçoit elle-même une coloration spéciale, presque toujours très-fine et très-tendre, rose pâle, bleu
pervenche ou gris perle. Sur quelques vases, j'ai trouvé un décor
fusain, presque noir, mais d'une réelle puissance d'effet. On eût pu se
croire devant un paysage signé Allongé ou Maxime Lalanne.

S'il est permis d'en juger d'après ses brillants débuts, nous croyons
pouvoir promettre un bel avenir au décor *pâte sur pâte*. Il réalise un
progrès véritable; il constitue une innovation sérieuse; il va donner
un puissant élan à l'industrie déjà si prospère de la céramique.

Cette complaisante céramique, entrée aujourd'hui si profondément
dans nos mœurs, se prête avec une flexibilité extrême à tous nos
besoins, à toutes nos fantaisies, à tous nos caprices. On en fait tout ce
que l'on veut. S'il le fallait, elle remplacerait à peu près tout dans nos
intérieurs, et, si elle venait à nous manquer maintenant, je ne vois
pas trop par quoi nous pourrions la remplacer elle-même.

Parmi ces applications les plus heureuses de la céramique, j'aime à
citer celle qu'en a faite M. Detemmermann à l'imitation des fleurs.
L'habile fabricant se sert de la pâte au kaolin, constitutive de la porcelaine, pour façonner ses fleurs, dont les pétales, modelés *à la main* et non
pas *à la pince*, ont le mouvement, la souplesse, j'allais dire volontiers

le frémissement et le parfum de la vie. Vous ne retrouvez point ici seulement les couleurs; mais encore les teintes et les nuances. Il y a dans cette petite vitrine des marguerites et des dahlias; il y a surtout des roses... on en voudrait faire un bouquet.

XIX

L'industrie de l'émail n'est pas nouvelle. Il y a déjà bien longtemps qu'elle a fait son chemin dans le monde: nous la retrouvons en Orient, aux époques les plus reculées des civilisations primitives. Byzance, qui posséda un moment le dépôt des traditions de l'art oriental, nous a légué certains spécimens d'émaux d'une très-grande curiosité pour l'histoire de l'art.

A l'aurore du monde moderne, pendant les siècles encore barbares où le flot des invasions couvrait l'Europe, l'industrie de l'émail ne disparut point tout entière. Quelques collections privilégiées possèdent, en effet, des émaux de ce temps, où la naïveté de la main-d'œuvre est rachetée par cet éclat de couleur qui fut toujours le privilége de l'émail.

Mais ce fut le moyen âge et la Renaissance qui virent chez nous le triomphe de ce bel art. On sait les admirables productions des grands industriels de Limoges, qui font aujourd'hui encore l'admiration des amateurs et l'orgueil des musées, qui se les disputent à prix d'or.

On peut dire qu'il y a maintenant une véritable recrudescence dans la passion des amateurs de l'émail, et dans le zèle de ses producteurs. Mais cet art, il faut en convenir, s'est singulièrement modifié avec le temps.

Depuis une dizaine d'années surtout l'émail s'est retrempé aux sources orientales; on a pratiqué le cloisonnage sur une vaste échelle, et, à l'exemple des Chinois et des Japonais, nos émailleurs ont produit des pièces d'une importance, comme dimension, dont les maîtres de Limoges n'avaient jamais approché.

Ces grands émaux des Barbedienne et des Christofle, nous ne les retrouvons point à l'Exposition de Londres, dont pourtant l'émail n'est point absent; mais il y est représenté seulement par de petites pièces appartenant surtout à l'orfévrerie et à la bijouterie. Mais on peut dire que, dans ce genre, — quelque peu restreint, — nos artistes industriels ont véritablement fait des merveilles. J'en citerai seulement deux, M. Émile Philippe et M. Pottier.

M. Émile Philippe, orfévre, bijoutier, émailleur, habile entre tous à sertir et à monter les matières précieuses, a été de la part de la presse anglaise l'objet des appréciations les plus flatteuses. Les critiques qui dirigent le mouvement de l'opinion, de l'autre côté du détroit, ont, comme à l'envi, rendu justice à l'art délicat qu'il sait déployer dans les moindres choses signées de son nom.

M. Émile Philippe veut, avant tout, faire œuvre d'artiste. Tout ce qu'il nous montre a d'abord été dessiné par lui ; ce qui ajoute naturellement au mérite de l'élégance celui de l'originalité.

On est ainsi bien certain que l'objet qu'il expose ne sortira point d'un moule banal. Dans cette vitrine, exceptionnellement jolie, nous nous plaisons à citer des argenteries oxydées, d'une exquise ciselure, et quelques bronzes d'ornement, dans les styles arabe et persan, d'une richesse et en même temps d'une pureté qui ne laissent rien à désirer. Parmi les objets précieux par la matière dont ils se composent, aussi bien que par le soin qui préside à leur exécution, je citerai tout d'abord une coupe en lapis-lazuli, qui est peut-être la plus grande que l'on ait jamais vue. Comme matière, je suis obligé de convenir que le lapis choisi par M. Philippe est peut-être un peu sombre, et j'eusse souhaité que son azur par trop sévère se fût plus souvent égayé de ces veines d'or et de ces étincelles de mica, qui font parfois des spécimens bien réussis du lapis une des pierres dures les plus intéressantes que puisse employer l'industrie de luxe et l'orfévrerie artistique.

Du reste, M. Émile Philippe, dans ses travaux d'orfévrerie, toujours si distingués, marie avec un rare bonheur l'or, l'argent et les gemmes précieuses à l'émail, qui reste toujours sa spécialité la plus brillante, et produit, dans cet ordre de travaux, de véritables petites merveilles. A moins d'une coquetterie exaspérée, une femme même n'oserait guère porter de pareils bijoux : ils sont moins faits pour la toilette que pour le reliquaire ou la vitrine. Il en est qu'un musée serait fier de posséder.

XX

M. Pottier est aussi, parmi les artistes modernes, un de ceux qui se livrent avec le plus de succès à la pratique de l'émail.

Profondément versé dans l'étude de cet art difficile et charmant, maître de tous les procédés familiers aux artistes du moyen âge et de la Renaissance, il donne à ses produits une variété qui n'est égalée que par leur distinction. On peut dire que sa vitrine, modeste d'apparence, résume le travail, le savoir et l'expérience de plusieurs siècles.

Elle serait d'un bien grand et bien vif intérêt pour celui qui voudrait s'initier en quelques heures aux mystères de cette fabrication si distinguée, à laquelle notre époque s'est remise avec une sorte d'ardeur, et qui retrouve aujourd'hui un regain de faveur inattendu dans le monde élégant, — faveur que je comprends d'ailleurs, puisque l'émail réunit la solidité à l'éclat, et que si l'on pouvait accorder une éternelle durée à une seule des œuvres sorties de la main de l'homme, ce serait à l'émail qu'il faudrait la promettre

M. Pottier, dont il nous a été donné d'apprécier le mérite à l'Exposition de Vienne, n'a guère envoyé à Londres que de petites pièces, — de celles que j'appellerai volontiers des émaux d'étagère, — et qui se recommandent principalement par le rare fini de leur exécution et la beauté de la main-d'œuvre. Dans de telles conditions, le plus léger ustensile de ménage ou de toilette devient un objet d'art. On ne se regarde point dans les miroirs de M. Pottier : on les regarde; on ne se sert point de ses couteaux : on les serre; on ne met point ses gobelets sur la table d'une salle à manger : on les réserve à l'honneur d'une place choisie dans la vitrine privilégiée; on se garde de profaner ses beaux chandeliers par une vulgaire bougie : on illumine autour d'eux pour les mieux voir. La perfection même de ces aimables choses les prive d'une utilité vraiment pratique, et les fait mettre au rang des objets de curiosité et des œuvres d'art. — M. Pottier doit en prendre aisément son parti.

XXI

Les émaux fondants, qui décorent la céramique, les émaux sur métal, comme ceux de MM. Pottier et Philippe, ne sont pas les seuls que nous rencontrions à l'Exposition de Londres. Nous y voyons aussi des verres émaillés de M. Albert Pfulb, d'une extrême vivacité de ton. L'émaillerie du verre est pratiquée depuis longtemps en Orient, et l'on peut voir dans toutes les grandes mosquées du Caire de Damas et de Constantinople, des lampes en verre émaillé qui descendent des voûtes, soutenues par des lacis de soie rouge ou bleue, auxquels on mêle des œufs d'autruche, et qui sont du plus joli effet décoratif qui se puisse imaginer. Mais cette charmante industrie était restée orientale, à notre grand regret, car nous n'avions point douté un moment du parti que des mains habiles en pourraient tirer. Il n'est pas besoin de regarder bien longtemps l'exposition de M. Albert Pfulb pour être certain que ces mains habiles se sont enfin rencontrées.

M. Pfulb, en effet, excelle à poser l'émail étincelant sur le verre transparent ou dépoli, et le contraste piquant entre la matière élégante mais fragile, et son décor résistant, solide, immuable, presque éternel, semble ajouter un charme de plus à ce produit, nouveau pour la plupart d'entre nous, mais auquel on peut prédire, après une période d'acclimatation nécessaire, tout le succès dont il est digne. Il y a là, vraiment, des effets de coloration absolument inattendus, et d'un rare bonheur. L'éclat de l'émail semble s'aviver encore par la transparence, la finesse et la légèreté du verre.

Il y a certains aspects sous lesquels le cristal ainsi émaillé devient tout simplement éblouissant.

Je me hâte d'ajouter que les travaux de M. Pfulb, comme chimiste, ont mis à sa disposition une palette d'une singulière richesse, et qu'il ne se borne point à telle ou telle note : il a, au contraire, la gamme bien complète, et il tire le plus heureux et le plus habile parti des ressources que cette gamme met à sa disposition. Nous avons remarqué certains morceaux de lui qui sont vraiment charmants, — un petit flacon plat, par exemple, en forme de gourde, qu'il appelle, je crois, « bouteille de chasse », et que je n'aurais garde d'emporter avec moi à la queue d'un vautrait, tant je serais fâché d'exposer à quelque malechance cette chose tout à fait jolie. Il n'est pas possible de la voir sans l'admirer, ni de l'admirer sans la désirer. Ici, l'éclat ne nuit pas à a douceur ; la couleur ne paraît mise que pour rehausser la ligne, et on ne quitte chaque détail que pour mieux se complaire dans l'harmonie de l'ensemble.

Voilà donc une industrie presque nouvelle, que l'on ne saurait trop encourager, et qui est appelée à jouer un rôle important dans la décoration un peu cosmopolite adoptée aujourd'hui pour beaucoup de riches intérieurs.

XXII

L'horlogerie, qui, depuis une vingtaine d'années, s'est si complétement vulgarisée en France que l'on trouve aujourd'hui une montre dans la poche de presque tous les électeurs, s'est projetée en même temps dans deux directions contraires. Tandis que, d'un côté, elle s'efforçait d'atteindre les limites extrêmes du bon marché, qui devait contribuer si puissamment à la vulgarisation de ses produits, de l'autre, elle s'élevait jusqu'à la hauteur d'une invention scientifique, et luttait avec la mécanique de précision ; de telle sorte que la même maison, quand elle avait une importance véritablement considérable, pouvait offrir, en même temps, une montre de dix écus, d'une régularité suffisante pour les besoins journaliers de la vie ordinaire, et un chronomètre de trois ou quatre mille francs, d'une si parfaite exactitude que l'on eût pu s'en servir pour prendre des observations astronomiques au *Bureau des Longitudes*, ou pour diriger la marche d'un navire en pleine mer.

La grande horlogerie est représentée aujourd'hui, en Europe, par trois centres principaux de production : la Suisse, la France et l'Angleterre. Ces trois centres ont entre eux des différences radicales, qui ne permettent point de les confondre, bien que tous les trois se recommandent par des mérites divers, mais qui attestent ici et là une fabrication pleine de soin.

La Suisse, dont la production, relativement au nombre de ses habitants, est de beaucoup la plus considérable, se distingue surtout par une moyenne très-satisfaisante dans la valeur de ses mouvements, qu'elle ne rehausse point suffisamment peut-être par la beauté et l'élégance des parties accessoires, telles que les boîtiers, les cadrans et les aiguilles.

La fabrication française, et, par ce mot, j'entends surtout la fabrication parisienne, car l'horlogerie de Besançon, la plus considérable de France, après celle de Paris, se rapproche singulièrement de celle de la Suisse, sa voisine, — la fabrication parisienne, disons-nous, a surtout pour elle, outre une élégance générale incontestable, un fini précieux de tous les détails. Les hommes de premier ordre qui la dirigent sortent souvent de nos premières écoles, et sont ingénieurs au même titre que les élèves de l'École centrale ou de l'École polytechnique. Les Garnier, les Bréguet arrivent avec leurs beaux instruments à une perfection presque absolue, mais qu'ils font payer son prix.

Il est vrai qu'une montre soignée et signée par eux, est presque toujours un chef-d'œuvre.

L'horlogerie anglaise n'a pour elle ni la merveilleuse élégance de l'horlogerie parisienne, ni le bon marché de l'horlogerie suisse : elle est, au contraire, un peu lourde, *carrée*, si j'ose dire, et massive comme l'argenterie du même pays ; mais elle est généralement établie dans des conditions pratiques à peu près irréprochables. Les mouvements ont une grande régularité et une grande force : c'est la montre de voyage par excellence, celle que j'achèterais peut-être pour faire le tour du monde. Le bon chronomètre anglais, ou, pour mieux dire, le demi-chronomètre, celui que portent assez volontiers les hommes du monde qui tiennent à savoir l'heure, et dont la régularité de marche peut être garantie à une ou deux minutes près par mois, se paye une quarantaine de livres, c'est-à-dire environ un millier de francs de notre monnaie.

Rien ne nous eût été plus agréable que de faire ici, et sur pièces, une étude comparative de ces trois grandes horlogeries de Suisse, de France et d'Angleterre, dont je m'efforce de faire connaître les mérites relatifs et les qualités absolues. Malheureusement ce sont les pièces qui nous manquent. La Suisse est absente, et l'Angleterre, tenue à suivre les conditions de son programme, ne pouvait point exposer d'horlogerie cette année.

Nous nous trouvons donc en présence d'une seule et unique maison, la maison Haas, dont l'exposition, très-variée, renferme des montres véritablement intéressantes. Il y en a une, entre autres, qui se remonte rien que par le seul mouvement qu'on lui imprime en l'ouvrant ou en la fermant; une autre ne se borne point à nous donner l'heure du jour; elle nous indique aussi le jour de la semaine et le quantième du mois: elle fait plus, car elle suit les évolutions de la lune, comme si elle avait été réglée par un astronome, et nous pouvons, rien qu'en la regardant, savoir où nous en sommes du croît et du décroît de l'astre changeant.

Une autre, non contente de sonner les heures, les demies et les quarts, indique aussi les minutes, par un tintement argentin et léger, dès que l'on a touché le bouton voulu. Grâce à des moyens de précision dont le secret nous échappe, M. Haas est parvenu à une division si exacte du temps, qu'il nous donne des indications de *sixième de seconde*. C'est véritablement la théorie des infiniment petits, appliquée à la durée. L'aiguille spéciale destinée à marquer ces presque imperceptibles moments, qui semblent n'avoir qu'une existence idéale, tant ils sont courts, a une façon de sautiller, je dirai presque de bondir sur son cadran, que l'œil le mieux doué a parfois quelque peine à suivre.

Nous ne croyons point que ce miracle de fabrication ait une grande utilité pratique: il nous semble que le plus sûr résultat que l'on en puisse obtenir, c'est de mettre hors de doute la prestigieuse habileté de la main qui l'a exécuté. On doit, en tout cas, convenir que la place de cette curieuse petite machine était bien marquée d'avance dans une Exposition universelle; elle nous fait voir, en effet, ce que nous n'avions encore jamais vu.

M. Haas a voulu aussi nous montrer jusqu'où il pouvait aller dans la fabrication microscopique. Ici encore, il a réalisé l'impossible. Une petite croix d'or renferme, cachée sous une perle, à l'intersection de ses bras et de son montant, une montre large comme une pièce de vingt centimes, et dont la marche est régulière comme celle d'une horloge. Tout à côté, un hanneton entr'ouvre ses ailes et vous apercevez qu'il a une petite montre dans le dos: ce misérable insecte vous bourdonne l'heure aux oreilles. On vous présente une épingle à cheveux, au bout de laquelle un paon étale ses brillantes couleurs, égalées, mais non surpassées par les rubis, les émeraudes et les saphirs dont il est fait : ces pierreries, chefs-d'œuvre de monture, sont disposées avec une si parfaite et si rare habileté, que l'oiseau de Junon peut ouvrir ou fermer à volonté l'éventail de sa queue constellée. Cette queue cache une délicieuse petite montre, que l'on voit seulement quand la queue se relève. Voilà certes une épingle à surprise et une montre inattendue ! J'avoue pourtant que je la trouve peu pratique ; car, à moins d'une très-grande intimité, il est vraiment difficile de se permettre de décoiffer une femme dans le monde, sous prétexte de lui demander l'heure.

A côté de ces curiosités de l'horlogerie, tant soit peu fantaisiste, qu'il sauve, du reste, par les mérites d'une exécution tout à fait supérieure, M. Haas, comme pour mieux nous faire comprendre qu'il voulait atteindre les deux extrêmes de la fabrication, expose aussi de nombreux spécimens de ces montres de belle apparence et de qualité moyenne très-satisfaisante, produites sur une échelle tellement considérable, que l'on peut les livrer au public dans des conditions de bon marché qui n'avaient pas encore été obtenues jusqu'à présent. On voit que si l'horlogerie européenne n'est représentée à Londres que par une seule maison, elle est cependant représentée plus complétement que bien d'autres industries, et qu'elle y donne une idée suffisante de ses branches les plus diverses.

XXIII

Tous les habitués du boulevard des Italiens connaissent la brillante spécialité de M. Eugène Cornu, qui a reçu, à l'Exposition de Vienne, un diplôme d'honneur. M. Eugène Cornu a vulgarisé, ou du moins introduit chez nous l'usage de cette belle et précieuse substance minérale, connue sous le nom d'*onyx* ou de marbre algérien, la même peut-être dont les anciens se servaient pour faire ces beaux vases, payés au poids de l'or, et qu'ils désignaient sous le nom de *vases Myrrhins*. Rien de plus ornemental ; rien de plus décoratif que cette riche matière, dont la teinte générale, blonde comme celle de l'ambre, se rehausse et s'avive çà et là de veines plus éclatantes. On pourrait, certes, l'employer toute seule, et l'on serait bien certain d'obtenir des objets artistiques d'une nature originale et d'une réelle valeur.

Mais combien l'effet n'est-il point plus grand encore, quand, au lieu de s'employer seul, le marbre algérien reçoit l'inappréciable secours du bronze, de l'or, de l'argent, ou de l'émail plus riche encore ! On arrive alors à des combinaisons de tons tout à fait inattendues, et à des résultats que l'industrie contemporaine n'avait pas obtenus jusqu'ici. Grâce à ces combinaisons heureuses, l'onyx prend les formes les plus diverses: il se fait boîte ou coffret, pendule ou jardinière, table ou cuvette. Mais, sous toutes ces formes, il garde toujours son originalité, ainsi que son éclat. Parfois il joue le rôle accessoire du vêtement dans une composition sculpturale, et alors sa gamme vive et claire donne une animation sans égale au bronze florentin ou à l'argent oxydé. C'est ainsi que, dans l'exposition même qui nous occupe, nous avons sous les yeux un ensemble vraiment magnifique, composé d'un groupe de deux statues, dont les mains unies portent un globe formant pendule, et de deux autres statues soutenant des candélabres. Les statues sont en argent oxydé ; la pendule et les candélabres sont un heureux mélange d'or, d'argent et de cristal, et les vêtements de ces personnages, aux types étranges, sont en onyx très-heureusement choisi, et dont la teinte chaude s'associe merveilleusement au ton des métaux vigoureux qu'il accompagne.

Cet ensemble grandiose, d'un aspect véritablement monumental, est destiné à la plus belle galerie de Londres, et nous ne doutons pas de l'effet décoratif qu'il y produira. Nous n'avons jamais mieux compris qu'en face de ces belles œuvres toute la faveur dont jouissaient auprès des Grecs, juges si délicats en matière d'art, la statuaire polychrome, dans laquelle l'ivoire, le marbre, les pierres précieuses, s'associaient aux riches métaux, pour représenter les dieux, maîtres de la terre et du ciel.

XXIV

Nous savons un gré extrême à MM. Susse de nous avoir rendu, après une si longue éclipse de son nom dans nos Expositions, un artiste qui n'y doit plus jamais figurer, du moins en France, puisque nos règlements en excluent les morts. Nous voulons parler du plus antique des modernes, de Pradier, celui peut-être de tous nos contemporains qui se rapprocha davantage de l'élégance et de la grâce de l'art grec. Possesseurs d'un beau marbre de lui, le *Guerrier de Marathon*, d'une allure héroïque et d'un superbe mouvement, MM. Susse ont eu l'idée, que nous trouvons fort heureuse, de le joindre à leur remarquable envoi de bronzes. Pradier est une ancienne et bonne connaissance, que l'on est toujours heureux de revoir; ceux qui l'ont suivi ne l'ont point fait oublier, car il est de ceux auxquels on succède mais qu'on ne remplace pas.

MM. Susse nous offrent un second marbre, auquel, nous autres Français, nous ne saurions manquer de faire également bon accueil; c'est un buste de l'Alsace, par M. Grégoire, dont l'expression est singulièrement pathétique.

La poitrine palpite, la lèvre gonflée se soulève et frémit; le sourcil a un froncement olympien, et le front accuse une indomptable énergie. Des reproductions sans nombre, en bronze ou en plâtre, n'ont pas épuisé la vogue si méritée de ce joli morceau. C'est qu'il n'est point seulement la fantaisie plus ou moins réussie d'un artiste de talent : il a su l'élever jusqu'à la hauteur d'un type....

Je ne cite que pour mémoire les beaux bronzes de MM. Susse; on les connaît. Parmi les objets qui se rattachent plus particulièrement à l'art industriel, j'ai surtout remarqué une garniture de cheminée, style japonais, d'une réelle originalité. La pendule se trouve suspendue entre deux espèces de bras, dont la courbe rappelle les montants d'une lyre. L'effet est joli, et il n'est pas moins original. Les deux vases d'accompagnement, en bronze presque noir, ont beaucoup de style, et révèlent une profonde étude des œuvres industrielles de l'extrême Orient.

XXV

Il est certain aujourd'hui que le plus réel objectif de nos artistes industriels est d'arriver à une décoration rationnelle et intelligente de nos intérieurs. C'est un besoin que chacun éprouve. On y fait concourir un nombre d'éléments divers plus considérable que jamais. Le cosmopolitisme est à l'ordre du jour. On emprunte des motifs à tous les pays, et l'on donne rendez-vous chez soi à tous les siècles. Il faut beaucoup de tact, beaucoup de goût, et une délicatesse instinctive suprême pour grouper tant de choses, bonnes en soi peut-être, mais si souvent disparates, dans un ensemble harmonieux. La céramique, si en faveur aujourd'hui, et dont les notes vives et claires ont, pour ainsi parler, élevé le diapason général des tons acceptés par nos plus habiles décorateurs, les Guichard et les Penon par exemple, qui, dans ce genre d'esthétique à part, sont aussi éminents et aussi *capables* que les professeurs de la Sorbonne et du Collège de France, dans leurs spécialités respectives, — la céramique, disons-nous, a ouvert la brèche par laquelle le cuivre passe aujourd'hui. Le cuivre est reçu partout, il s'accommode de tout et ne redoute aucun voisinage. Employé discrètement, avec une juste mesure, posé à la place qui lui convient, et qu'il faut savoir trouver, dans les coins un peu sombres par exemple, où sa face polie attire, retient et fait chatoyer la lumière, il est d'un effet charmant. Ciselé, ou plutôt repoussé, il se façonne en appliques, qui font valoir avec un rare bonheur les teintes passées de ces vieilles tapisseries que nous voyons recherchées aujourd'hui avec une véritable passion. Sur une table chargée de curiosités et couverte de bronzes anciens, une jardinière en cuivre donne tout de suite à ce qui l'entoure un cachet de sévère élégance. Tenus avec une propreté minutieuse, excessive si l'on veut, mais qui, pourtant, ne sera jamais trop grande, quelques vases de cuivre suffisent à changer l'aspect d'un cabinet, d'une salle à manger ou d'un salon. Je suis donc persuadé que l'artiste industriel, homme de goût, ayant l'instinct des formes, le sentiment de la couleur, et connaissant les exigences du moment, arriverait à un véritable résultat, et comme réputation et comme fortune.

C'est là le but que se propose d'atteindre aujourd'hui un travailleur d'un très-réel talent, avec les œuvres duquel nous avons fait connaissance à Londres pour la première fois.

M. Baguès est, en effet, un de ceux que leur persévérance, leur zèle infatigable et un labeur incessant ont placés à la tête de cette industrie du cuivre, destinée à un si bel avenir. M. Baguès travaille également le cuivre jaune et le cuivre rouge, de façon à obtenir de leur rapprochement les plus heureux effets. Très-résolu à tirer tout le parti possible de la jolie matière à laquelle il a voulu consacrer ses efforts, M. Baguès nous montre aujourd'hui tout ce que l'on en peut faire quand on connaît la manière de s'en servir. Il a des chenets-renaissance à faire pâlir les flammes du foyer près duquel on les placera ; il a de longues appliques *ajourées*, avec glace au milieu ; il a des glaces, genre Louis XIII, avec des cadres en acier, dont les ciselures sont d'un fini extrême ; des candélabres de toutes les grandeurs, de toutes les formes et de toutes les époques ; un vase Henri II, dont serait fier le plus beau château du seizième siècle ; des cache-pots d'une coquetterie toute parisienne ; une aiguière en cuivre rouge, avec sa vasque, dans des proportions très-grandioses, et qui lui donne tout de suite un aspect singulièrement majestueux ; une jardinière en cuivre jaune, ciselée en partie, en partie repoussée, et qui dépasse par ses dimensions les plus grandes pièces de cuivre que nous ayons vues jusqu'ici.

XVI

Je ne fais qu'effleurer la remarquable exposition de M. Baguès ; mais je crois en avoir assez dit pour justifier l'attention avec laquelle je l'ai étudiée et la sympathie avec laquelle j'on ai parlé. Je me disais depuis longtemps qu'il y avait quelque chose à faire avec le cuivre. Je crois aujourd'hui que ce quelque chose est fait.

Moins richement et moins largement représenté qu'à Vienne, le *mobilier français* a cependant, à Londres, quelques beaux spécimens de notre fabrication parisienne : ils ont été envoyés par MM. Mazaroz-Ribaillier, dont l'exposition révèle beaucoup de goût et un sentiment juste et vrai des grandes lois qui doivent présider à sa construction et au décor des meubles. Les époques dont s'inspirent, sans les copier, ces habiles industriels, sont principalement les règnes de Louis XIII et des Valois. Ils leur ont emprunté, avec un réel bonheur d'appropriation, leurs grandes lignes un peu sévères, mais si majestueuses, et leur dessin général si harmonieusement balancé, tout en se réservant le droit de modifier à leur gré, et en lui donnant un certain cachet personnel, une ornementation qui reste toujours de bon goût, distinguée et sobre. Nous avons surtout remarqué un lit dont la structure, l'ornementation sculpturale et les draperies sont également satisfaisantes. Ce morceau fait honneur à la fabrication parisienne.

Toutes les industries qui ont trait à l'embellissement et à la décoration de nos intérieurs se sont véritablement donné rendez-vous dans les galeries de l'Exposition de Londres. L'industrie des tissus pour meubles, rideaux et tentures, ne pouvait manquer à l'appel.

Malgré les constants efforts de la fabrication des papiers peints, qui réalisent chaque année d'importants progrès, les tentures en étoffes prennent de jour en jour un développement plus considérable. On a cherché tout d'abord les vieilles tapisseries, dont le *stock* n'était malheureusement pas inépuisable : il s'est donc trouvé bientôt épuisé, et après avoir fouillé toutes les anciennes demeures, plus ou moins aristocratiques, qui pouvaient contenir ces beaux produits des Flandres, d'Arras, d'Aubusson, des Gobelins et de la Savonnerie, on a fini par ne plus trouver rien nulle part.

Quand on a vu que les *rouleurs* et les *chineurs* commençaient à revenir trop souvent bredouille de leurs courses lointaines, on s'est demandé s'il ne serait point possible à l'industrie moderne, qui nous a déjà donné tant de choses, de nous rendre au moins l'équivalent de ces belles tentures, qui firent jadis l'orgueil des palais, des hôtels et des riches maisons de toute l'Europe civilisée. On s'est mis promptement à l'œuvre, et l'on n'a pas tardé à obtenir des résultats dignes de l'effort.

Les superbes tentures exposées par M. Sadon, un des premiers manufacturiers de Roubaix, sont d'une véritable magnificence, et ne redoutent aucune comparaison. Le passé lui-même ne nous offrirait rien de plus éclatant que ces riches tissus, dont la trame de laine a reçu un décor métallique d'un éclat éblouissant.

M. Sadon imite indifféremment le gros et le petit point, et il nous montre des spécimens très-réussis de la façon dont il emploie successivement ou simultanément l'or et l'argent, le bronze et l'acier, les tons mats et les couleurs vives. Il fait de tout cela un ensemble étincelant. C'est presque trop beau, car il est difficile de trouver un mobilier qui ne pâlisse point devant ces splendeurs.

Malheureusement le prix de revient de ces très-belles choses ne laisse point que d'être fort considérable, et l'on ne saurait espérer de les voir jamais se répandre. Elles resteront le privilége à peu près exclusif des grandes fortunes. Il a donc fallu chercher autre chose.

Ce *desideratum* a été trouvé presque simultanément par trois hommes suivant des directions bien différentes, mais qui sont arrivés tous trois à d'importants résultats, MM. Guichard, Henri Walmez et Abel Trinocq.

Nous nous contentons de les nommer ici, nous réservant d'examiner leurs œuvres avec toute l'attention qu'elles méritent, dans l'étude qui va suivre de la brillante Exposition de l'*Union centrale des Beaux-Arts appliqués à l'Industrie*. L'occasion nous sera plus propice, car nous aurons alors à notre disposition des échantillons plus nombreux, plus divers, et d'une exécution supérieure encore.

TROISIÈME PARTIE

—

PARIS

❧

———

Il serait impossible aujourd'hui de rien écrire de complet sur les arts industriels en France, sans faire une large part à une institution particulière, absolument privée, sans aucune attache gouvernementale, mais qui n'en a pas moins une influence directe et considérable sur la fabrication contemporaine, dans tout ce qui touche aux industries relevant des beaux-arts. Nous voulons parler de l'UNION CENTRALE DES BEAUX-ARTS APPLIQUÉS A L'INDUSTRIE, qui en est aujourd'hui à sa cinquième exposition, et dont le succès s'affirme de jour en jour avec plus d'autorité.

Personne n'applaudit plus que nous à de tels succès, parce que personne ne sait mieux à quel point ils sont mérités. Il y a déjà longtemps, en effet, que nous sommes témoins des généreux efforts dont les triomphes de l'*Union centrale* sont la juste récompense. Les fondateurs de l'*Union centrale*, ses directeurs, ses membres titulaires, ses adhérents, à quelque titre que ce soit, font avant tout œuvre d'utilité publique, sans aucun calcul égoïste : on ne trouve chez eux rien qui ressemble aux inspirations de l'intérêt personnel. Ils ne veulent que le bien de tous.

L'idée première à laquelle l'*Union centrale des Beaux-Arts appliqués à l'industrie* doit sa naissance n'est pas nouvelle chez nous. Elle remonte à un quart de siècle. C'était l'apogée suprême du dernier règne. Nous avions au dehors la gloire des armes ; au dedans, une prospérité inouïe. Aucun genre de triomphe ne manquait à la France, qui se reposait paisiblement dans l'idée de sa supériorité

12

artistique et industrielle sur tous les peuples de la terre. Elle se flattait même de l'agréable mais dangereuse illusion que personne n'oserait jamais la lui disputer. Nos succès à l'Exposition universelle de 1851 ne purent que fortifier en nous cette croyance si chère à notre vanité nationale. On assurait en ce temps-là que l'instinct et le goût des arts étaient avant tout un don de nature, une affaire de race et de climat, et que ceux qui les possédaient ainsi, par la grâce de Dieu, les posséderaient toujours.

Cependant les hommes doués de quelque clairvoyance, et qui ne prenaient point leur désir pour la réalité, ne tardèrent point à découvrir à l'étranger des symptômes graves, et dont il fallait tenir compte. A Londres, par exemple, dans ce foyer ardent de la production industrielle, on avait bien compris que les arts sont les plus puissants auxiliaires de l'industrie, mais qu'en les protégeant aussi bien — et mieux — que la France, on pouvait égaler celle-ci et même la surpasser dans ses œuvres. Il n'est pas nécessaire d'avoir étudié longtemps les Anglais pour savoir que ce sont avant tout des esprits pratiques, qui ne s'attardent point en vaines théories, mais qui vont droit au fait. On vit bientôt se former, dans toute l'étendue des Trois-Royaumes, d'innombrables et puissantes associations, pour le développement de l'éducation artistique dans les classes vouées aux travaux de l'industrie. En moins de cinq ans, le sol de la vieille Angleterre se couvrit de bibliothèques spéciales, admirablement pourvues de tous les livres propres à l'enseignement professionnel; d'écoles de dessin, et de petits musées, où *Londoniens* et provinciaux trouvent l'exemple à côté de la leçon.

C'était l'Exposition de 1851 qui avait imprimé à nos voisins d'outre-Manche cette secousse énergique, qui eut pour résultat définitif toutes sortes de fondations intelligentes et fécondes. On a ri parfois de la froideur méthodique des Anglais, et l'on a trouvé qu'ils étaient assez difficiles à émouvoir. Cela est vrai : leur système nerveux ne se met pas en branle du jour au lendemain. Mais quand une fois l'impulsion leur a été donnée, ils ne s'arrêtent plus qu'après avoir touché le but.

C'était à eux surtout que pensait Prosper Mérimée lorsque, onze ans plus tard, à la suite de l'Exposition de 1862, il disait, dans son rapport officiel au gouvernement français :

« Des progrès immenses se sont manifestés dans toute l'Europe, et, bien que nous ne soyions pas demeurés stationnaires, nous ne pouvons pas nous dissimuler que l'avance que nous avons prise a diminué, et qu'elle tend même à s'effacer. Au milieu des succès obtenus par nos fabricants, c'est un devoir pour nous de leur rappeler qu'une défaite est possible, qu'elle serait même à prévoir dans un avenir peu éloigné, si, dès à présent, ils ne faisaient pas tous leurs efforts pour conserver une suprématie qu'on ne garde qu'à la condition de se perfectionner sans cesse. »

Il était difficile que les avertissements donnés par une voix aussi autorisée ne fussent pas entendus: ils le furent. Non point, il est vrai, par les représentants officiels de l'État, mais par de simples particuliers, dévorés du zèle de la chose publique.

Ceux-ci fondèrent l'*Union centrale des Beaux-Arts appliqués à l'industrie*.

Dès la fin du dernier siècle, en 1796, — il y a juste aujourd'hui quatre-vingts ans, un érudit, doublé d'un homme de goût, arbitre expert en toutes ces matières délicates, Émeric David, avait jeté dans le public la première idée d'un musée industriel, dont il provoquait la création. On ne lui répondit que par une approbation toute platonique, et ce projet si bien conçu, et qui annonçait une intelligence si clairvoyante, n'eut même pas un commencement d'exécution. Daunou et Mayeuvre reprirent pour leur compte, et, pour ainsi dire en sous-œuvre, l'idée d'Éméric David, qui n'eut pas plus de succès entre leurs mains.

A trois époques différentes, soit à Lyon, soit à Paris, en 1814, en 1829, en 1834, on essaya de nouveau, et à plusieurs reprises, de réaliser la pensée de David. On échoua toujours. Il y a des choses qui ne peuvent venir qu'à leur moment.

En 1815, une première société de l'ART INDUSTRIEL fut fondée à Paris. Elle se proposait pour but de favoriser la complète extension de l'*Art allié à l'Industrie*, en mettant chacun à même de profiter de l'expérience et du savoir de tous. — On voulait créer une bibliothèque renfermant toutes les connaissances utiles à ceux qui cultivent les beaux-arts dans leur application à l'industrie; on voulait fonder un musée qui eût rassemblé tous les beaux types de l'Art Industriel, à toutes les époques et chez tous les peuples.

Cette fois encore la tentative avorta. Mais l'idée était jetée dans les esprits : elle y germait sourdement. La moisson devait éclore un jour. On s'instruisait par ses échecs mêmes, et, en faisant mal, on apprenait à mieux faire. L'expérience est un fruit amer qu'il faut cueillir soi-même à l'arbre de la science.

Au mois de mars 1850, M. Jules Kleymann, le même qui fut plus tard le conservateur du musée de l'*Union centrale*, enfin constituée et florissante, soumit au conseil supérieur des manufactures nationales un projet d'exposition des *Beaux-Arts appliqués à l'industrie*. Le conseil approuva le projet.... mais l'exposition n'eut pas lieu. Le projet, si bien conçu qu'il fût, rencontra trop d'obstacles.

Cependant, des hommes d'initiative et d'action, persuadés que l'idée était bonne, et qu'il y avait tout profit pour l'industrie, à obtenir sa réalisation, ne cessaient de poursuivre ce triple but : fondation d'un musée ; création d'une école centrale ; établissement d'une exposition publique, ouverte à tous ceux qui inventent, qui créent ou qui appliquent utilement dans le domaine des arts industriels.

Un premier résultat fut obtenu à l'Exposition universelle de 1855. Une galerie particulière reçut les ouvrages des artistes industriels, qui formèrent ainsi une catégorie à part et nettement tranchée. C'était comme une prise de possession. Le grand public put alors connaître, pour la première fois, les noms d'une foule d'artistes dont, malgré leur mérite réel, la collaboration s'était perdue sans gloire dans la célébrité de mauvais aloi de quelques gros fabricants, habitués à monopoliser les triomphes de toute la production artistique et industrielle de notre pays.

C'était là sans doute un progrès considérable ; mais il ne suffisait point à l'ambition de ceux qui allaient fonder l'*Union centrale des Beaux-Arts appliqués à l'industrie*. Ils ne réalisait, en effet, qu'une partie de leur programme. Ce programme, pris dans son intégrité, comprenait deux idées fondamentales ; un principe de doctrine, « l'*unité de l'art*, » et un principe d'action, « *l'appel énergique à l'initiative privée.* » Ce programme élevé, si compréhensif dans sa concision même, et auquel les fondateurs de l'*Union centrale* se montrent aujourd'hui si dévoués et si fidèles, a contribué à la grandeur de leur entreprise. Il en assure le succès et la durée.

Il y a dans le monde de l'industrie et du commerce des faits économiques dont tout le monde est loin d'apprécier sainement la portée. Tel est par exemple le principe de la division du travail, si en vogue dans les fabriques et les manufactures, qui obtiennent ainsi une immense diminution dans le prix de revient de la main-d'œuvre, — mais, en même temps, principe mortel à l'art, parce qu'il supprime toute inspiration, toute initiative personnelles. Une œuvre d'art, vraiment digne de ce nom, n'est pas seulement le résultat matériel de la juxtaposition de diverses pièces dues à diverses mains ; c'est, au contraire, un fait essentiellement individuel, reflétant l'intelligence qui l'a conçue. On le comprend donc, pour avoir des œuvres d'art, ce qu'il faut surtout et avant tout, c'est avoir des artistes ayant leur cachet personnel. Mais, pour avoir des artistes, il faut les créer, — il faut — que l'on me pardonne la vulgarité du mot — il faut les faire ! — Mais comment ce but peut-il être atteint ? Par la culture des dons les plus précieux que la nature a déposés dans certaines organisations privilégiées. — Et cette culture, comment l'obtient-on ? Par un enseignement rationnel, et par la vue constante et la fréquentation assidue des véritables modèles du beau; en un mot, par l'école et par le musée.

Les fondateurs de la nouvelle Société ne voulurent point s'adresser à l'État; il ne leur déplaisait point de faire un essai de *Self government*, bien que le *Self government* ne soit guère dans l'esprit de notre race, accoutumée à la tutuelle administrative, et qui sent le besoin d'une éternelle protection. Mais ils savaient que l'État vend toujours ce que l'on croit qu'il donne, et qu'il fait payer son ingérence assez cher partout où on le réclame. Il est dans sa nature de chercher bientôt à la convertir en suprématie et en direction.

Mais, si l'on voulait se passer de l'État, on ne pouvait se passer du public, auquel, à présent, tout vient aboutir en dernier ressort. Or, il n'y a plus aujourd'hui qu'un seul moyen de se mettre en rapport avec le public, et ce moyen, ce sont les Expositions qui nous le donnent. On organisa donc, au Palais de l'Industrie, des Expositions dont le succès alla toujours croissant. Celle de 1862 fut splendide; elle eut même un caractère d'universalité très-remarquable. Tous les amateurs y envoyèrent leurs trésors d'art et de curiosité; toutes les industries artistiques tinrent à honneur d'y figurer; des concours furent institués entre les diverses écoles de dessin. Tout marchait à souhait. La tempête de 1870 éclata, et les malheurs de l'année terrible arrêtèrent tout à coup ces heureux développements. Tout languit dans la même stagnation funeste, l'art et l'industrie. Mais dès que la France put sortir de la stupeur où l'avaient jetée de tels désastres, dès qu'elle eut retrouvé son activité féconde, l'*Union centrale* reprit sa marche en avant, et l'on peut dire que, depuis lors, elle ne s'est plus jamais arrêtée sur la route du progrès.

Reformée sur des bases nouvelles, la Société a aujourd'hui pour président un homme connu par son goût éclairé et son vif amour pour toutes les manifestations du beau, M. Édouard André, dont la somptueuse demeure peut lutter avec les plus magnifiques musées du monde; elle a pour administrateur M. Théodore Sensier, qui met à son service une rare intelligence et un dévouement sans bornes, et à qui rien ne coûte lorsqu'il s'agit d'assurer ses succès.

L'Exposition qui vient d'avoir lieu, la cinquième de celles dont nous sommes redevables à L'UNION CENTRALE, a semblé dire le dernier mot des *Beaux-Arts* appliqués à l'*Industrie*.

Cette belle Exposition comprenait, du reste, plusieurs sections fort distinctes, et toutes également intéressantes.

C'est ainsi qu'on y trouvait 351 dessins, photographies et moulages de divers spécimens d'architecture empruntés aux Archives de la Commission des monuments historiques, formant un cours véritable et complet d'architecture religieuse, militaire et civile, et embrassant un merveilleux ensemble de constructions de tous les genres et de tous les styles, élevées sur le sol de notre France et de nos possessions africaines, pendant une période de trois mille ans, depuis les monuments des druides jusqu'aux fantaisies plus récentes de nos prix de Rome. On y a vu l'art mégalithique, avec les Gaulois ; l'art antique, avec les Romains ; l'art byzantin, avec les architectes de la période carlovingienne ; l'art ogival, avec les maîtres du Moyen Age ; la Renaissance, avec les Valois ; puis les efforts de ces trois règnes aux destinées si diverses : les règnes de Louis XIV, une apogée ; de Louis XV, une décadence ; de Louis XVI, un effondrement ! Notre époque elle-même s'y voyait représentée avec ses tendances éclectiques et ses recherches projetées dans toutes les directions. Où rencontrer jamais de plus nombreux sujets d'étude ? Serait-il possible de réunir, sur un plus étroit espace, plus de types divers, plus heureusement variés ? L'indifférence des générations qui nous précèdent pour ces nobles vestiges du passé fit longtemps l'étonnement des gens de goût des nations étrangères. Mais, depuis environ un demi-siècle, nous devons signaler une tendance heureuse dans un sens tout contraire. Ce mouvement commença de se produire en 1830, époque de renouvellement pour tant de choses, en ce pays ; date climatérique, pour ainsi parler, dans notre histoire. Le Gouvernement s'associa franchement à ce mouvement presque universel, dont quelques hommes de goût avaient accepté la direction. Les Chambres reconnurent à la conservation de nos monuments historiques un caractère d'intérêt général, et l'on ouvrit au budget un crédit pour cet objet, crédit dont nous avons vu le chiffre s'accroître d'année en année. Il est aujourd'hui d'*un million trois cent soixante mille francs*, et l'on reconnaît qu'il n'est pas encore suffisant. L'organisation du nouveau service fut confiée à un homme plein de savoir, de finesse et de goût, M. Vitet, qui fut nommé inspecteur général des monuments historiques en 1831.

Après un consciencieux voyage dans nos départements, pour reconnaître et signaler les édifices qui avaient besoin de restauration, et pour arrêter le travail de destruction de certaines autorités locales, M. Vitet adressa au ministre un rapport qui posa, en quelque sorte, les bases d'une organisation nouvelle, organisation qui a toujours fonctionné depuis, et qui a rendu de véritables services au pays.

Mérimée, qui succéda à Vitet, parcourut la France pendant vingt ans, dans toutes les directions, consignant ses observations dans des rapports d'une lucidité sans pareille, et d'un sens critique remarquable, qui ne laissèrent dans l'ombre et dans l'oubli aucun des monuments dignes d'attirer l'attention du public.

La création de la commission dite *des Monuments historiques* remonte à 1837. Ce fut elle que l'on chargea de la répartition des crédits, et du soin de procéder à l'examen des projets de restauration soumis au ministre. La première besogne de la commission fut de réunir tous les documents nécessaires pour apprécier la valeur relative des richesses monumentales de chaque département, et d'en opérer le classement raisonné. Chaque projet de restauration présente à l'appui un dessin ou une photographie, véritable procès-verbal de l'état actuel du monument, qui permet à la commission de se prononcer en connaissance de cause pour ou contre les travaux proposés. Les travaux graphiques exécutés par les architectes au service de la commission ont été réunis, et forment une collection des plus intéressantes pour l'histoire de l'art. Ils comprennent aujourd'hui 7,000 dessins, 3,000 gravures, 4,500 photographies et 1,200 ouvrages d'architecture, tant anciens que modernes, constituant un fonds des plus remarquables pour l'étude de l'art en France, à toutes les époques de notre histoire.

Les organisateurs de la cinquième Exposition de l'*Union centrale* ont puisé à pleines mains dans ce trésor, et, grâce à un choix intelligent et judicieux, ils ont pu nous offrir un abrégé très-satisfaisant de l'histoire de l'architecture en France et en Algérie.

La section des documents pittoresques sur l'histoire de Paris a divisé Paris en trois régions distinctes : la rive gauche de la Seine; le fleuve, le pont Neuf et les îles; enfin la rive droite. Chacune de ces grandes divisions est parcourue de l'ouest à l'est, et tout ce qui s'y trouve de remarquable nous est montré par la peinture, l'aquarelle et le dessin. C'est une suite de tableaux du plus haut intérêt; c'est l'histoire pittoresque de Paris, écrite avec le pinceau, le burin et le crayon. Jamais encore une collection pareille n'avait été placée sous les yeux du public.

Bien que les indications du catalogue ne nous promettent l'histoire de la tapisserie que depuis Louis XIV jusqu'à nos jours, nous trouvons cependant un grand nombre de morceaux antérieurs au dix-septième siècle, et qui, empruntés aux écoles de tous les temps et de tous les pays, jettent une éclatante lumière sur l'histoire de cette belle et intéressante industrie. Quant au siècle lui-même auquel le grand roi a donné son nom, il était représenté dans les galeries du Palais de l'Industrie avec une profusion qui n'a d'égale que la richesse et la beauté des objets exposés.

La cinquième Exposition de l'*Union centrale* a fait une large part à l'architecture de tous les siècles, aux tapisseries anciennes de tous les pays. Ce sont comme autant de chapitres de l'histoire du travail qu'elle écrit à grands traits pour notre instruction à tous. Les arts industriels contemporains, avec la diversité infinie de leurs manifestations, nous en offrent l'épilogue suprême.

C'est à ceux-ci que l'on a réservé le vaste rez-de-chaussée du palais, ainsi que les galeries du premier étage, suspendues comme autant de balcons aériens et légers, tout autour de la nef immense. Le premier coup d'œil sur cette nef était véritablement éblouissant. Devant cette féerie du travail, l'œil ébloui ne sait plus où s'arrêter ni que choisir ; il erre au hasard, allant de la céramique au bronze ; du meuble en bois sculpté au bijou dont la matière précieuse se relève encore par le fini de la ciselure; des tentures harmonieuses à l'émail étincelant. Le temps et l'espace nous manqueront pour faire une étude complète et détaillée de ces mille productions, dans lesquelles se montrent l'ingéniosité, la finesse et la sûreté de la main française. Nous ne pouvons toucher que les points principaux, nous bornant souvent à une mention de rappel, quand il s'agit de produits et de producteurs qui ont été l'objet de précédentes appréciations.

Les deux industries de la céramique et du bronze sont peut-être celles de toutes dont les progrès ont été les plus remarquables en ces dernières années.

M. Théodore Deck, bien connu aujourd'hui de nos lecteurs, tient toujours sa place à la tête du groupe si intelligent de nos céramistes français. Maître de tous les secrets de la chimie industrielle, et possesseur d'une palette aux tons puissants et variés, dont il sait tirer à son gré les plus heureux effets, M. Deck élève et agrandit de plus en plus ses visées. L'artiste, chez lui, tend à s'affranchir davantage chaque jour de l'industriel. C'est la main d'un véritable sculpteur qui a modelé cette belle statue de Bernard Palissy, grande comme nature, si vraie de pose, si noble d'attitude, et d'une expression si émue. J'ai vu un certain nombre de visiteurs prendre, de loin, cette statue pour celle de Shakespeare. C'est bien, en effet, la même tête pensive, sérieuse et triste que nous avons admirée à Westminster, dans le *Coin-des-Poètes*, sur le tombeau du grand écrivain. Ajoutons, au point de vue de la céramique pure, que la statue du célèbre *potier de terre*, comme il s'appelait lui-même, est d'une fort belle venue, sans aucun accident de cuisson, très-homogène de pâte, et d'une très-puissante coloration. A côté de ce morceau unique, auquel il serait vraiment difficile de rien comparer dans l'Exposition de l'*Union centrale*, M. Deck nous montre des spécimens variés, et toujours fort intéressants, de sa grande fabrication. Je citerai, en passant, de grands vases vert-céladon, très-simples de formes, très-purs de lignes, mais dont la coloration est d'une intensité rare. Je remarque tout à côté un certain nombre de vases et de menus objets, à la pâte crémeuse (c'est le *cream-colour* des Anglais), dont les décors, aux teintes vives et claires, sont d'une gaîté charmante. Sur d'autres pièces, qui se souviennent de l'Inde et de la Perse, je remarque tantôt de légers niellés d'or, qui rehaussent agréablement les délicates colorations des fonds; tantôt des fleurs, dont l'éclat métallique illumine tout autour d'elles; puis de véritables tableaux, signés des noms de véritables peintres, représentant d'agréables petites scènes de genre, pleines d'humour et d'esprit; tantôt des têtes de fantaisie, esquissant largement les plus beaux types de la figure humaine.

M. Léon Parvillée, qui a aujourd'hui le bonheur de trouver dans ses deux fils les collaborateurs les plus dévoués, les plus actifs et les plus intelligents, semble donner une impulsion nouvelle à son importante fabrication. Les Expositions de Londres, de Vienne et de Paris ont mis en lumière la vigoureuse originalité du vaillant artiste. Il a sur beaucoup d'autres l'avantage d'une forte éducation. Il a fait d'excellentes études d'architecture: cela sert toujours et partout. L'architecture, en effet, est l'art souverain et dominateur entre tous. Il ne se contente pas de faire appel à l'imagination : il s'appuie aussi sur la raison, et c'est là ce qui assure d'avance à toutes ses créations un caractère de force, d'équilibre et de pondération dont la loi secrète échappe à l'esprit des masses, qui seraient incapables d'en faire une analyse détaillée, mais dont pourtant le résultat les frappe. L'homme qui sait bâtir ne livre rien au hasard. Tout chez lui est combiné d'après des lois immuables, et l'esprit n'est pas moins satisfait que les yeux par la contemplation de ses œuvres. J'ajouterai que M. Parvillée a eu le bonheur de vivre longtemps en Orient, c'est-à-dire dans le pays de la lumière, où le sentiment de la beauté extérieure et l'instinct décoratif ne sont pas seulement l'avantage de quelques-uns, mais semblent, au contraire un don généreux de la nature. Il est resté à notre artiste quelque chose de son séjour dans cet heureux pays. Envoyé à Brousse, cette jolie ville qui est à la Turquie ce que Florence fut à l'Italie du Moyen Age et de la Renaissance, pour y restaurer une mosquée, il eut vite fait de se pénétrer des beautés du style oriental: il remplit ses yeux et son esprit du trésor de ces formes charmantes et de ces colorations harmonieuses et vives tout à la fois : ce sont là de précieuses provisions, où il puise au gré de ses besoins, et dans lesquelles sa main facile trouve à chaque instant les motifs, qu'il modifie et interprète à son gré, des œuvres exquises et charmantes que nous voyons dans toutes les collections publiques et privées. Mais, faisant en cela œuvre d'artiste, M. Parvillée s'inspire de la céramique orientale et ne la copie point :

il se contente de l'interpréter avec une intelligente liberté. Outre ses plaques, et ses panneaux en argile réfractaire, recouverts d'un brillant émail, et dont l'exécution est toujours si soignée, il nous présente aujourd'hui d'admirables poteries, d'une variété et d'une richesse d'ornementation qu'il serait difficile de surpasser.

A côté des noms anciens, que nous n'avons ni le droit ni l'envie d'oublier, il nous faut faire une place aux noms nouveaux, qui méritent aussi leur part d'attention et de renommée.

Tel est, par exemple, M. Gaidan, qui est resté longtemps en dehors de nos luttes, mais qui se jette aujourd'hui dans la mêlée avec l'ardeur d'un combattant qui n'a pas encore essayé ses forces, et que les lauriers des autres empêchent de dormir. M. Gaidan, qui appartient à la race vaillante des chercheurs, n'est pas arrivé du premier coup aux résultats que nous pouvons constater aujourd'hui chez lui. C'est seulement après de nombreux essais et de stériles efforts; c'est seulement au prix de combinaisons chimiques tentées bien des fois inutilement, mais répétées avec une persévérance que rien ne pouvait lasser, qu'il est enfin parvenu à obtenir ces remarquables pâtes, aussi homogènes dans toutes leurs parties, aussi fines de grain, aussi souples et aussi pures que celles dont se servaient jadis les grandes fabriques de Moustiers, de Rouen, de Marseille et de Nevers. Une analyse plus sévère encore a pu seule lui donner la substance depuis si longtemps perdue des heureux céramistes d'Urbino, et les émaux si fins dont ils savaient tirer un si habile parti. Il nous offre aujourd'hui quelques spécimens de ce type qui sont vraiment réussis à souhait.

Nous leur préférons cependant les imitations de Satzouma qui, comme pâte et comme ornementation, méritent l'admiration et les éloges de tous les connaisseurs. On peut comparer ces Satzoumas, fabriqués rue de l'Abbé-Groult, avec les spécimens authentiques qui nous arrivent parfois de l'Orient : ils ne craignent point le rapprochement. Ces beaux vases à la pâte crémeuse, d'un blanc à la fois vif et délicat, sur lequel se détache une ornementation plus vigoureuse, ont un grand charme pour le regard.

M. Gaidan, qui n'emploie guère que de vingt-cinq à trente ouvriers, et qui les surveille avec l'attention d'un maître qui est lui-même un artiste, choisit les modèles de ses formes et le sujet de ses décors parmi les types anciens d'une authenticité incontestable. Il ne met sa terre plastique au feu qu'après de nombreuses et savantes manipulations, et quand elle est complètement séchée. Il l'en retire craquelée ou lisse, selon qu'il l'a voulu. Après cette première cuisson, les pièces passent aux mains des décorateurs, et, après avoir subi leur ornementation définitive, subissent encore un ou plusieurs feux selon les cas. Le travail est grand; la peine aussi : le succès les récompense et les fait oublier.

La céramique a fait une précieuse conquête le jour où M. Michel Bouquet a quitté la toile pour la terre, et, séduit par l'inaltérabilité de l'émail et la durée en quelque sorte indéfinie que le feu donne à tout ce qu'il touche, — quand il ne le dévore pas à l'instant, — a consacré à la peinture sur faïence un talent dans toute la force de sa maturité, auquel le travail a donné tout ce qu'il lui était possible d'acquérir, sans que les jalouses années lui aient encore rien enlevé de sa puissance.

Les faïences peintes de M. Michel Bouquet attirent les regards de tous les connaisseurs. On sent dans ses œuvres l'homme qui a étudié la nature en peintre et en amoureux, et qui en a rendu tous les aspects avec une fidélité saisissante. Il est difficile, même à ceux qui sont le plus étrangers aux mystères de la fabrication de la céramique, de passer devant ces belles créations sans s'y arrêter un moment. Pour tous ceux, au contraire, qui connaissent les difficultés inhérentes à ce travail d'une nature toute particulière ; pour tous ceux qui ont expérimenté les duretés et les trahisons du feu, et qui savent que cet auxiliaire du céramiste est aussi parfois son plus cruel ennemi, ils ne peuvent trop admirer l'habileté mêlée de bonheur avec laquelle M. Michel Bouquet échappe à tous les dangers, grâce à une exécution aussi sûre d'elle-même devant la plaque couverte d'émail cru sur laquelle il va promener son pinceau, fait du fin poil des rats d'Espagne, qu'il le serait devant une toile ordinaire ou un simple panneau. En fait de peinture céramique, il n'est pas seulement un maître, il est *le maître*.

Cette aimable céramique, d'une application si constante, qui joue un si grand rôle dans notre industrie moderne, que rien ne remplacerait, tandis qu'elle-même remplace déjà tant de choses, se prête aux usages les plus divers et rend chaque jour les services les plus inattendus. Aussi nous lui voyons prendre un développement sur lequel ne comptaient certes point ses premiers inventeurs.

Nous savions déjà tout le parti que l'on en pouvait tirer pour la décoration intérieure de nos appartements. Mais voici qu'un artiste industriel, qui passe sa vie à chercher du nouveau, et qui en trouve, M. Kaltenhauser, expose des imitations de pierre qui, pour le grain, la résistance, le ton général, tromperaient l'œil et la main de l'architecte le plus habile. Une fois posées à la place qu'elles doivent occuper, ces imitations atteignent le même but que la pierre elle-même, et supportent aussi bien qu'elle l'injure et l'inconstance des saisons changeantes. Elles ne craignent ni le chaud, ni le froid, ni la sécheresse, ni l'humidité, et l'on pourrait dire que leur durée est infinie... si une chose sortie des mains de l'homme pouvait jamais avoir rien d'infini.

La souplesse, la ductilité de la matière, au moment où M. Kaltenhauser l'emploie, permettent de lui donner les formes les plus compliquées comme les plus souples, et de la ployer ainsi à tous les usages et de l'accommoder à tous les styles. Ces ingénieux produits sont donc destinés à faire une véritable révolution dans l'art de bâtir, et je ne mets point en doute que nous ne les rencontrions bientôt dans une foule de constructions publiques ou particulières. Ils conviennent, en effet, à tous les monuments, aux grands et aux petits, aux simples et aux magnifiques, au palais du prince et à l'hôtel du gentilhomme comme à la maison du simple bourgeois. La variété infinie des modèles se prête, en effet, à toutes les combinaisons. Ajoutons que la facilité de l'emploi et la modicité du prix de revient permettront d'arriver bientôt à une diffusion extrême de ce produit. L'invention de M. Kaltenhauser nous semble donc destinée à rendre de véritables services. Elle sera utile surtout dans les pays où l'on ne trouve point de pierre aisée à travailler, et où l'on doit, à force d'art, suppléer à la matière absente.

M. Kaltenhauser, qui travaille avec une égale habileté le carton-pierre et le bois, ne se borne point à ces grands travaux d'architecture, et le petit objet d'art, destiné à la décoration de nos intérieurs, est aussi de sa part l'objet d'un soin tout particulier. Ses jardinières avec figures en relief, d'après Clodion, sont de véritables objets d'art, qui ne dépareraient point le plus somptueux mobilier.

Les faïences de M. Eugène Schopin sont fort regardées partout où il les expose. Il serait difficile d'imaginer des formes à la fois plus originales et plus variées. Personne n'a plus que lui le sentiment du pittoresque dans les lignes. Cependant ce fantaisiste est un utilitaire : il fait de la céramique usuelle. On peut se servir de tout ce qu'il nous montre, coupes, aiguières, vases de toute espèce. Mais, chez lui, l'utilité n'est jamais recherchée aux dépens du pittoresque. Jamais un objet sorti de ses mains n'encourra le reproche d'être le moins du monde entaché de vulgarité. Ses œuvres ne ressemblent à rien de ce que l'on voit ailleurs. Soit qu'il invente, soit qu'il se reporte à des époques que les autres oublient de consulter, tout ce qu'il nous présente a une physionomie particulière, *sui generis*, qui le dispenserait de signer ses œuvres : on les reconnaît tout de suite. La couleur, chez M. Schopin, n'est pas moins soignée que la forme, et son pinceau est à lui tout aussi bien que son tour et son ébauchoir. Son harmonie assez sobre, parfois sombre, est du moins toujours soutenue. Elle a des tons splen-

dides de cuivre mat et d'or bruni, qui s'assortissent merveilleusement
avec les tentures en tapisserie, les ameublements en vieux chêne et
les plaques de cuivre à la flamande, que l'on recherche si avidement
aujourd'hui dans les intérieurs élégants.

Un des plus sérieux avantages des expositions, c'est de mettre en
lumière des noms nouveaux; c'est de faire connaître au public des
artistes et des industriels, dignes de son attention, et avec lesquels,
jusque-là, il ne s'était point trouvé en rapport. Tout le monde gagne
à cette mutuelle présentation.

Telle est la réflexion que je me faisais en me trouvant pour la première fois en face des beaux produits d'un habile céramiste, avec lequel
je n'avais pas encore eu la bonne fortune de me rencontrer.

M. Laurent Bouvier a vraiment le droit de donner à ses poteries le
nom de poteries artistiques, car tout en elles révèle la main et l'esprit
d'un artiste. Artiste, M. Bouvier l'est autant que personne. Je n'en
voudrais d'autre preuve que les jolis tableaux exposés par lui chaque
année, toujours ingénieux comme composition, et d'une couleur
pleine de jeunesse et de charme. Mais cela même n'a point suffi à
M. Bouvier, qui a voulu tenter toutes les formes de l'art, même de
l'art industriel. M. Bouvier est l'auteur de très-jolis vases en terre
émaillée, exposés par l'*Union centrale*. Ils étaient vraiment dignes de
cet honneur. Les coups d'essai du jeune peintre ont été des coups
de maître, et il s'est montré tout d'abord un céramiste de premier
ordre. Peintre par vocation, par habitude, par état, Laurent Bouvier
ne s'accorde chaque année que deux ou trois mois de vacances, pendant lesquels il abandonne les pinceaux, dont il se sert si bien, pour
le tour du potier, dont il n'use pas moins adroitement. Il se retire
alors dans le Dauphiné, son pays natal; il y trouve une terre à sa
guise, et, sur des dessins profondément originaux, esquissés dans
l'atelier, il modèle ces coupes, ces vases et ces bassins dont l'apparition
eut d'abord toute la portée d'un événement pour les gens qui s'occupent d'art industriel.

Ici, en effet, tout était nouveau, de la plus correcte élégance et de
la plus fine recherche. On se sentait en face d'un maître. C'est une
bonne fortune que l'on n'a pas tous les jours. M. Laurent Bouvier
se sert de la terre commune, qu'il trouve à chaque pas dans les
champs paternels, et il ne lui fait pas subir une longue préparation;
mais l'émail dont il sait la revêtir est d'une rare puissance. La gamme
n'est pas variée à l'excès, mais les tons ont une vigueur singulière et
traversent toutes les nuances, depuis le brun foncé jusqu'au jaune
clair. Cette courte échelle de la gamme des couleurs que M. Bouvier

parcourt avec une sûreté et une agilité merveilleuses, lui suffît pour arriver aux plus charmants et aux plus heureux effets. Souvenir des beaux modèles antiques, auxquels il a su donner le cachet de sa vigoureuse personnalité, ces formes arrêtent le passant, et frappent même les plus indifférents par cet aspect de grandeur calme et majestueuse, auquel ou reconnaît des productions qui méritent de vivre. Il n'en est pas une seule, parmi ces céramiques, qui ne se recommande sérieusement à l'attention du visiteur éclairé. Je me plais à citer plus particulièrement quelques bassins de six à huit pouces de haut, sur un pied et demi de diamètre. Leur émail sombre a parfois un reflet presque noir; mais ce reflet est si vif de ton que l'on dirait un pur métal. C'est, en effet, la patine de certains bronzes. Sur d'autres vases, ceux-ci fort allongés, et d'une tonalité générale plus claire, des applications de pâte sur pâte, très-élégantes, représentent les motifs d'ornementation les plus divers, palmes, fleurs et feuillages : animaux rampant, nageant, volant, marchant; parfois même simples figures géométriques, mariant, avec un rare bonheur, le charme du relief à celui de la coloration.

En véritable artiste qu'il est, M. Laurent Bouvier ne reproduit jamais deux fois ses modèles. Chaque pièce qui sort de ses mains est unique. Aussi sa fabrication est-elle plus considérable par la valeur des objets produits que par leur nombre. Il ne travaille guère que pour les musées et les grandes collections; il s'est donné pour devise cette belle parole que tous les artistes devraient méditer et traduire dans leurs œuvres :

« *Pauca sed bona !* »

Je ne veux point quitter encore cette attrayante céramique, qui a toujours le don de me retenir partout où je la rencontre, sans souhaiter la bienvenue à un nom nouveau dans son domaine, et dont l'arrivée dans une carrière qui n'était pas la sienne prouve assez l'attrait irrésistible que cette belle fabrication offre aujourd'hui à tout le monde.

M. Barthe, en effet, n'est pas né céramiste. Nous l'avons connu ingénieur, et même ingénieur fort distingué. Il a fait ses preuves en cent endroits divers : il a conduit des routes à travers mille précipices, de la base au sommet des montagnes; il a jeté des ponts sur des abîmes et construit des chemins de fer partout. Beaucoup d'autres se seraient contentés de cette gloire industrielle; elle n'a pas suffi à M. Barthe, qui veut cueillir aujourd'hui les lauriers de l'industrie artistique. Il aura sa gerbe comme un autre. Tout aussi bien que Deck ou Parvillée, M. Barthe fabrique aujourd'hui des buires, des coupes, des plaques et des amphores. Il a même eu un bonheur que tout le monde n'a point. Dans cette jolie spécialité de la céramique, si explorée et si exploitée depuis vingt ans, l'habile ingénieur a pu créer une branche nouvelle. Il se livre avec un réel succès à la sculpture céramique. Tout le monde rend justice au goût très-fin et au sentiment très-artistique qui le dirigent dans le choix de ses modèles. Il les prend parmi les plus belles productions de la sculpture antique, de la Renaissance et de l'art moderne. La terre qu'il emploie, savamment préparée, a le grain d'une délicatesse exquise : elle est légère et douce au toucher, et il sait la revêtir de colorations harmonieuses et brillantes qui lui donnent un nouveau charme. C'est ainsi que ses poteries étrusques, d'une exquise élégance de dessin, sont rehaussées par un émail dans les gammes gaies, vives et claires, qui sont, pour ainsi parler, la caresse du regard.

Si nous n'avons fait mention jusqu'ici ni du nom, ni des œuvres du céramiste éminent qui signe ses productions du nom sympathique et déjà illustre d'Ulysse de Blois, il ne faudrait point l'attribuer à un oubli que tout rendrait injustifiable chez nous, et son mérite, et le diplôme d'honneur, avec la médaille d'or, que vient de lui décerner le jury de l'*Union centrale*.

Nous voulions lui donner la place à part à laquelle il a droit.

M. Ulysse, *Ulysse de Blois*, comme on l'appelle aujourd'hui, est en effet une des physionomies les plus originales qui s'offrent à nous dans la galerie des artistes industriels contemporains. Ulysse a débuté dans l'atelier d'un peintre, et s'est essayé tour à tour dans la peinture d'histoire et dans la peinture de genre. Le musée de Blois possède de lui plusieurs tableaux distingués. Mais bientôt la vocation, l'irrésistible vocation, l'entraîna vers la céramique, — c'était pour lui la véritable voie, celle qui devait le conduire au succès. Sa première éducation artistique lui facilitait, du reste, singulièrement la route; elle le rapprochait du but, que tant d'autres n'atteignent jamais.

Ne voulant point s'éloigner de cette merveille de la Renaissance qui s'appelle la ville de Blois, et que tous ses enfants aiment d'une affection qui va jusqu'au culte, le nouveau céramiste alluma ses fourneaux et porta ses tours dans un des faubourgs de la ville, — sur le site même d'un ancien couvent, dont les bâtiments, maintenant occupés par lui, portent encore ce nom d'aimable augure : *La Croix des Pèlerins*. Ce fut là qu'il voulut réaliser, et qu'il réalisa en effet, ce noble idéal d'une vie en commun avec des collaborateurs choisis, s'inspirant de sa pensée, vivant de sa vie intellectuelle et, traduisant l'idée qu'il leur donne dans des œuvres communes, encore animées de son souffle. Ces collaborateurs, M. Ulysse les a faits lui-même; ce sont presque tous des jeunes gens, vis à-vis desquels il s'est montré tout à la fois chef d'atelier et chef de famille. Ses ouvriers sont pour lui comme des enfants, et il n'accorde pas moins de soins à la culture de leur âme qu'à leur instruction professionnelle. — Avec eux, et pour eux, il a su résoudre le problème du travail attrayant. Au lieu d'en faire des manœuvres serviles, il les élève à la dignité d'auxiliaires indépendants, auxquels il laisse une part suffisante d'initiative et de spontanéité. Quand il leur a donné son idée, il aime à voir comment ils la comprennent et la rendent, et, s'il corrige leurs essais, il leur permet du moins d'essayer. Ce n'est pas assez pour lui de leur offrir dans sa maison un intérieur aimable, qu'ils partagent avec lui, où ils trouvent à côté du précepte l'exemple du bien, et une vie qui est elle-même un enseignement. M. Ulysse fait plus encore. Convaincu qu'il n'est point d'artiste véritable sans une culture intellectuelle supérieure, il ne veut point que le travail de la main, si habile qu'il puisse être, soit exclusif du travail de la pensée. Pendant que les ouvriers modèlent ou décorent une pièce, un d'entre eux fait aux autres la lecture de quelque œuvre d'histoire, de poésie ou de critique élevée. L'esprit se trouve ainsi occupé en même temps que les doigts. La musique marque les phases diverses de cette vie harmonieuse; elle en indique le repos, et elle charme ses loisirs.

Ne devine-t-on point déjà ce que doit produire une existence si bien comprise et si bien remplie? Elle a pour résultat les délicieuses petites merveilles que tout le monde a pu voir à l'Exposition de l'*Union centrale*; œuvres charmantes, d'un sentiment artistique exquis, et où se révèlent également la science du dessinateur et l'instinct du coloriste.

La vaste érudition de M. Ulysse lui ouvre des horizons en quelque sorte sans limites. Soit qu'il veuille composer un sujet, inventer un décor, doser une pâte, ou créer une forme, il n'a plus qu'à choisir le type dont il lui plaît de se rapprocher, entre tous ceux que nous ont laissés les maîtres éminents de Rouen et de Marseille, de Delft et de Strasbourg, de Nevers ou de Moustiers, de Venise ou de Milan, de Gubio ou de Capo-d'il-Monte. Je me hâte d'ajouter qu'il ne leur demande jamais autre chose qu'une inspiration, — et que tout ce qui sort de ses mains a le caractère d'une création. La main, chez lui, est aussi souple que l'esprit.

Mais, si original que l'on soit, on subit toujours un peu l'influence de son milieu. Vivant à Blois, c'est-à-dire en présence des plus beaux souvenirs de cette Renaissance, qui a couvert de chefs-d'œuvre toute cette partie de la France qui commence à Chambord et qui finit à Chenonceaux, M. Ulysse a donné à la plupart de ses céramiques je ne sais quel air de famille, et un aspect général qui rappelle les plus belles productions de l'époque des Valois. On dirait un écho du seizième siècle, rètentissant dans le dix-neuvième. — C'est comme un reflet de la cour des Médicis venant colorer l'aube de notre ère démocratique.

Je comprends, — jusqu'à les partager, — ces préférences de M. Ulysse. La Renaissance, en effet, est restée jusqu'ici l'époque la plus brillante de l'Art français, et le siècle qui la dépossédera est encore perdu dans les limbes douteux de l'avenir. Architecture, sculpture, peinture, orfèvrerie, atteignent en même temps leur apogée, dans cette période d'un immortel éclat. Les moindres œuvres signées de ces incomparables artistes ont un cachet de grandeur, de correction et de souveraine élégance, qui frappe les yeux les moins habitués à discerner les fines nuances du beau. M. Ulysse a donc eu cent fois raison de se rattacher à cette admirable époque, qui nous a laissé des preuves si éclatantes de son goût et de sa fécondité. Tous les motifs les plus précieux du décor et de l'ornementation s'offraient à lui avec une abondance qui devenait embarrassante. Il a tout pris et tout employé, mais avec le goût le plus pur et le tact le plus délicat. Nous retrouverons donc sur toutes ses productions, sur ses coupes, sur ses vases, sur ses plateaux, tous les emblèmes que sa ville natale nous montre sur ses monuments : le loup qui donna son nom celtique à la ville de Blois; le porc-épic, adopté par Louis XII, qui n'en eut jamais ni les pointes ni les dards; les chastes hermines d'Anne de Bretagne, qui préfèrent la mort à une tache : « *Potius mori quam fœderi;* » la salamandre de François Ier, plus incombustible que son maître, avec sa fière devise : « *Nutrisco et extinguo,* » — j'entretiens et j'éteins; — l'H couronné de Henri II, et l'ingénieux entrelacement du triple croissant que se disputent encore Catherine de Médicis et Diane de Poitiers, — ces rivales dans l'avenir comme dans le passé.

L'Exposition de l'*Union centrale* ajoute un nouveau fleuron à la couronne artistique d'Ulysse. Il a eu, en effet, le bonheur de retrouver, après de longues et savantes recherches, ces magnifiques reflets, appelés *reflets métalliques*, que les connaisseurs admirent si fort dans les *majoliques* italiennes et dans les *azulejos* hispano-moresques. Le marquis Ginori, un artiste toscan, petit-fils des Étrusques, qui, depuis longtemps déjà, est à la tête de la céramique italienne, avait obtenu quelques reflets qui parurent mériter l'encouragement des amateurs les plus éclairés. Ce n'était là qu'un faible commencement, et ces résultats, si honorables qu'ils fussent, ne se pouvaient en rien comparer à ceux que nous admirons aujourd'hui à la Croix-des-Pèlerins. M. Ulysse enrichit d'une gamme toute nouvelle et singulièrement puissante la céramique contemporaine. Il serait difficile de montrer plus d'harmonie dans plus d'éclat. Ces belles teintes, vives et magnifiques tout à la fois, doivent être considérées comme une des plus précieuses conquêtes de la chimie industrielle. L'or, l'azur, le vermillon, le rose vif et le rose pâle, le lilas, le gris-perle, le blanc d'argent, en un mot les couleurs les plus puissantes, tout aussi bien que les nuances les plus tendres et les plus suaves se trouvent sur cette palette opulente, et y montent à une intensité de ton surprenante. C'est vraiment bien le reflet du métal, avec le poli le plus brillant que puisse lui donner le travail le plus achevé. Ces belles pièces étincellent sous la lumière qui les frappe directement; elles chatoyent sous le jour frisant qui les effleure; elles éclairent la paroi de muraille où on les place.

MM. Barbedienne, Christofle et Denière ont tenu, je pense, une assez large place dans nos études sur les exposants français à Londres ou à Vienne, pour que nous ayons le droit de nous contenter ici d'une simple mention. Ils ne figurent dans les belles manifestations de l'Art industriel, sous les auspices de l'*Union centrale*, que par une sorte de courtoisie pour leurs confrères, avec lesquels, du reste, ils n'entrent point en concurrence aujourd'hui. Ils ne viennent point ici pour y disputer les diplômes ou les médailles; mais pour donner aux autres la plus profitable des leçons, — celle qui vient par l'exemple. Leur fabrication ne se contente point de garder le niveau, auquel nous l'avons vue atteindre, — elle a suivi cette loi du progrès constant, qui s'impose à tout homme jaloux de ne point descendre au-dessous de lui-même. Mais on peut dire que c'est pour la grande fête internationale de 1878, qui fera de Paris le champ clos de l'univers artistique et industriel, qu'ils réservent leurs nouveautés et leurs surprises.

Il en est d'autres, au contraire, parmi nos artistes industriels, qui préfèrent se tenir dans le plus vif courant de l'actualité. Le va-et-vient et le mouvement de tous les jours leur est nécessaire. Aussi leur place est marquée dans toutes nos Expositions.

Tel est, par exemple, M. Auguste Lemaire, fort remarqué aujourd'hui dans le galerie de l'*Union centrale*.

Laissant à ses illustres confrères la fonte et la ciselure de ces pièces immenses, qui ne peuvent convenir qu'aux monuments publics, aux palais des princes et aux vastes hôtels des financiers, ces successeurs de nos fermiers généraux, mais qui tiendraient une telle place dans nos modestes appartements qu'il n'y en aurait plus pour nous, si elles y étaient une fois admises, M. Auguste Lemaire s'est fort ingénieusement créé une spécialité toute différente, et à laquelle il doit de réels succès.

Il nous offre des œuvres d'un goût excellent, d'une élégance rare, mais de dimension assez réduite pour que nous puissions les introduire dans les intérieurs que les architectes nous ménagent dans les constructions modernes, sans qu'elles y gênent rien ni personne, et sans qu'elles y paraissent dépaysées le moins du monde. M. Lemaire a donné ainsi une juste satisfaction aux exigences légitimes d'une portion notable du public.

Mais M. Lemaire sait du moins s'arrêter à temps dans cette voie des concessions, où l'on est toujours tenté d'aller trop loin. Il ne fait point de sacrifices que l'Art puisse jamais lui reprocher; — comme choix de modèles, comme matière employée, comme perfection de la main-d'œuvre, on n'a guère que des éloges à lui décerner. M. Auguste Lemaire est, du reste, un véritable éclectique: il emploie avec un égal bonheur le bronze et le cuivre, et il use aussi bien de l'argenture que de la dorure. Parmi ses bronzes, qui méritent si bien le nom de bronzes d'art, nous retrouvons un certain nombre de sujets fort admirés dans nos dernières Expositions. — Je me contente de citer ces jolis sujets, encore présents à tous les souvenirs, la *Vénus Victrix* d'Eugène Robert, la *Sémiramis* de Mathurin Moreau (qui est une *Cléopâtre*, soit dit sans malice), et la *Suzanne* de M. Aizelin. — M. Aizelin est, comme on sait, un des plus éminents dans le petit groupe des idéalistes qui portent haut leur drapeau. Avant d'être lancées dans la grande circulation commerciale, où elles ne pouvaient entrer que sous la forme de bronzes réduits, ces belles œuvres avaient déjà fait, dans nos expositions artistiques, l'admiration de tous les amateurs, — et il nous semble bon qu'un homme de goût ait eu l'heureuse pensée de les rendre accessibles à un plus grand nombre d'acheteurs.

J'ai dit que M. Lemaire nous avait également offert quelques beaux échantillons de ses travaux en métal argenté. Je pourrais me contenter de citer, comme exemple de cette nouvelle manière, deux jolis bustes de Gabrielle d'Estrées, « la charmante Gabrielle » de la chanson, et d'Henriette d'Entragues, par M. Mathurin Moreau. — Les deux belles amies du Vert-Galant ont été traitées par leur sculpteur dans le plus pur sentiment de la Renaissance. On a fait pour elles tout ce qu'elles méritaient... au moins, au point de vue plastique. M. Moreau les a sculptées avec amour, — ce qui se comprend; il a eu dans leur coiffure et dans leur toilette un goût et un bonheur d'arrangement, que ces grandes coquettes, pleines d'expérience et de raffinement dans l'art de se faire belles, n'auraient certes pas désavoués. Ici la pureté de leurs lignes reçoit de la douce patine du vieil argent un indescriptible charme, — qui double encore le charme féminin, — si grand pourtant chez elles.

C'est encore dans le même métal que l'on a coulé et ciselé le très-

joli groupe de M. Carrier-Belleuse, *le Retour de la Chasse*, composition
pleine de saveur et de finesse, qui a sa place marquée dans tout intérieur élégant.

Le bronze artistique et l'argent oxydé n'ont pas suffi aux ambitions
de M. Auguste Lemaire, et il a voulu y joindre le cuivre poli, qui,
lorsqu'on l'emploie avec goût et sobriété, ajoute une note si heureuse à
un bel ensemble décoratif.

Les plus beaux modèles en cuivre de M. Auguste Lemaire ont été
sculptés par les frères Robert, artistes d'un rare talent et d'un goût
exquis. C'est à eux que l'on doit ce beau lustre, genre Renaissance, à
vingt-quatre bougies, — véritable modèle de ce que doit être aujour-
d'hui l'appareil d'éclairage d'un appartement à la fois élégant et
somptueux. Les torchères Henri II, avec les chenets et la garniture de
cheminée de la même époque et les divers échantillons du riche et majestueux décor Louis XIV, achèvent, en la complétant, cette exposition si
remarquable.

M. Servant se maintient sans effort, dans les galeries de l'*Union
centrale*, au rang élevé conquis par ses intéressants travaux dans le
Welt-Ausstellung de Vienne. Il est toujours le maître des choses élégantes, l'industriel plein de conscience et de goût, vraiment parisien
dans l'acception la meilleure de ce terme, qui en a parfois d'assez mauvaises. La fabrication du bronze a reçu de lui de réels services. Très-
sévère dans le choix de ses modèles (il est vrai qu'on ne l'est jamais
trop), il apporte dans leur exécution des soins particuliers, presque exces-
sifs. Il reçoit, du reste, aujourd'hui la juste récompense de ses longues
études, de ses grands sacrifices et de son dévouement infatigable à
l'œuvre de toute sa vie. Presque toutes les pièces de cette exposition
vraiment hors ligne attestent un art élégant et pur. La qualité de son
bronze est également fort bonne, et son mélange excellent dans ses
variétés mêmes. Parfois il a les teintes un peu sombres des Clodion,
souvent le vert antique, sans, pour cela, négliger la belle patine des
Florentins.

Très-complète dans son ensemble, très-intéressante dans ses détails,
cette réunion d'objets, dans lesquels l'art l'emporte de beaucoup sur
l'industrie, forme un groupe varié des plus satisfaisants. Je sais peu de
choses plus jolies, par exemple, que le buste argenté appelé par
M. Dumaige *Rose de Mai*, image exquise de l'adolescence dans la première fleur de son printemps; que la *Coquetterie* ou la *Salomé*, du même
artiste, un dilettante de la beauté, qui a étudié profondément le caractère physique et moral de la femme, et qui nous rend, avec une rare
habileté, et son charme inquiétant et ses grâces changeantes.

M. Servant a fait aussi quelques précieux emprunts à l'œuvre distinguée d'un sculpteur original, M. Émile Hébert. C'est M. Émile
Hébert qui est l'auteur de cet audacieux *Bellérophon*, emporté dans les
airs par le cheval ailé, Pégase, rétif à tant de poètes, docile au héros,
et qui le fait voler à la victoire. M. Émile Hébert a également donné
à M. Servant une *Sémiramis* étrange, dont l'originalité vous frappe,
avant que sa beauté ait eu le temps de vous séduire. S'inspirant
d'une légende orientale, mais peut-être sans fondement historique,
qui prétend que la reine de Babylone, arrivée au dernier degré de l'in-
fatuation qui naît souvent du pouvoir absolu, voulut se faire adorer
sous la forme d'une colombe, l'artiste lui a déjà donné les ailes de
l'oiseau amoureux; la belle tête, que le casque de l'amazone va quitter,
se renverse à demi sur l'épaule gauche, et il est aisé de voir que ce
n'est point un rêve belliqueux qui fait éclore le sourire sur ses lèvres
entr'ouvertes, et qui donne à ce beau visage une expression voisine de
l'extase. Ce bronze devrait être dédié à l'auteur du *Bacio*, — c'est la
même inspiration qui anime et le sculpteur et le musicien.

La *Danseuse égyptienne* de M. Falguière, dont le marbre fut si admiré
à une de nos dernières expositions; le groupe d'*Éliézer et Rébecca*,
par M. Guillemin; une jolie fantaisie de Mme Léon Bertaux, intitulée
Ange et Démon, achèvent de donner à cette exposition son véritable
caractère, et de préciser la direction et les tendances de M. Servant,
esprit éclectique et distingué, qui ne veut jurer sur la parole d'aucun
maître, qui n'est affilié à aucun système, qui n'est l'homme d'aucune
école, mais qui adore le *beau* partout où il le rencontre, et qui prend
son bien partout où il le trouve, sans trop se soucier de ce que l'on
en peut dire.

A côté d'un bronzier de mérite, un féronnier de premier ordre se
trouvera naturellement à sa place. Ce féronnier, c'est M. Adolphe Bergue. Je ne connais pas un ciseleur de métal fin qui apporte à son œuvre
plus de délicatesse, plus de soin ni un art plus consommé. Les maîtres
du seizième siècle ouvriraient joyeusement leurs rangs pour accueillir
M. Bergue, et le salueraient comme un des leurs. Pour le faire asseoir
parmi eux, à la place qui lui est due, ils ne lui demanderaient point
de produire un nouveau chef-d'œuvre. Ils se contenteraient de ceux
qu'il expose aujourd'hui. M. Bergue appartient sans doute à cette forte
race des Cabires, cousins de Vulcain, amis du feu, et dont la plus
grande joie était de lutter avec le dur métal. Il le forge et le martèle
résolument, et achève ses pièces au ciseau et à la lime. Elles ne sortent
point de ses mains avant d'avoir acquis le degré de perfection dont elles
sont susceptibles, — et que lui seul peut leur donner. Il serait, du

reste, impossible de se faire une juste idée de cette perfection, si l'on n'avait vu de ses yeux et touché de ses doigts ces délicates merveilles, si l'on n'avait senti la vive arête de ces angles, admiré la pureté de ces profils, et le goût exquis de tous ces ornements. M. Bergue fait vraiment tout ce qu'il veut avec le fer. Outre une ou deux serrures, qui disent le dernier mot de la féronnerie au dix-neuvième siècle, on a fort remarqué une lanterne carrée, découpée à jour, et d'une légèreté qui défie la dentelle la plus aérienne. Le petit miroir, genre Renaissance, également en fer, est d'un merveilleux dessin et d'une perfection de travail qui en fait une œuvre d'art dans toute la force de l'expression.

L'exposition de M. Boisville n'occupait pas un emplacement très-considérable, et les gens qui mesurent les choses au lieu de les peser pouvaient passer devant elle sans la remarquer. Mais les délicats qui auront su la trouver y prendront un plaisir extrême. Artiste consciencieux, timide et même un peu farouche, haïssant le bruit, fuyant la réclame et ne recherchant point les faveurs ni les applaudissements de la foule, M. Boisville ne demande pas même à être connu d'elle. Il n'est jamais plus heureux que dans la solitude de son cabinet, méditant quelqu'un de ces beaux ouvrages qu'il exécute lui-même à sa forge, et dans son atelier de ciselure, où il les termine; — car, chez lui, la tête vaut la main. Il soigne trop tout ce qu'il fait pour produire beaucoup; aussi ne travaille-t-il que pour un petit nombre d'amateurs, devenus bien vite ses amis, qui l'apprécient à sa juste valeur et ne prennent plus de plaisir qu'aux œuvres de ses mains.

Je le comprends; car, avec ce maître qui fait trembler le fer, rien n'est abandonné au hasard, et nul objet ne sort de chez lui sans être arrivé au point de perfection qu'il est susceptible d'atteindre. M. Boisville a étudié successivement, avec une égale ardeur, et la Renaissance et ces époques des quatre Louis : Louis XIII, Louis XIV, Louis XV et Louis XVI, dont les règnes virent les évolutions si accentuées des arts industriels en ce pays; il en possède d'admirables types, des modèles originaux, ce que nous appellerions en librairie des éditions *princeps*. Ces types et ces modèles le guident dans les compositions de style qu'il entreprend d'après telle ou telle époque. Ils lui donnent le *la*, pour ainsi parler, et l'empêchent de détonner et de faire de fausses notes. Vous ne trouveriez pas un anachronisme dans tout son œuvre. Ceci ne veut pas dire qu'il copie, — autant vaudrait alors éditer tout de suite un certain nombre de surmoulages, et les lancer ainsi dans la circulation commerciale. Ce pourrait être de l'industrie; mais, à coup sûr, ce ne serait pas de l'art ; — l'art est avant tout une création personnelle, portant toujours le cachet et la marque de son auteur. Boisville interprète donc à son gré ces belles créations du passé, et il les fait siennes par la façon dont il les traite, combinant leurs éléments, les modifiant selon les besoins des temps nouveaux, et, sans altérer leur style, au moins dans les grandes lignes et les traits d'ensemble, les appropriant à toutes les nécessités de notre vie. Il les laisse historiques, et les rend pratiques. Parmi ces très-belles choses, qui mériteraient toutes une étude à part, nous citerons de grandes portes en métal, très-finement ciselées ; une pendule en fer, digne du seizième siècle, avec colonnes contournées, sensiblement éloignées du corps même de la pendule, et un cadran d'une merveilleuse fantaisie ; quelques ouvrages, moitié fer et moitié cuivre.

Une grille et le fragment d'une rampe d'escalier monumental nous montrent le parti que l'on peut tirer de l'union de ces deux métaux, dont l'un représente la force et l'autre l'éclat. Sans doute il ne faut pas abuser de ce mélange ; il exige, au contraire, une grande sobriété et beaucoup de discrétion ; mais, traité avec la mesure dont Boisville ne s'écarte jamais, il produit les plus jolis effets. Je n'en veux d'autres preuves que les garnitures de cheminée conçues dans ce système, et dans lesquelles le *rehaut* donné par le cuivre fait si bien valoir le beau travail du fer. Les jolis flambeaux en fer forgé, repassés au ciseau et achevés à la lime, et les écritoires Louis XIV, tout en cuivre, attestent aussi le travail exquis de cette main habile, dont la souplesse se prête à toutes les exigences et peut satisfaire tous les besoins.

Nous avons déjà eu l'occasion de le dire, la grande horlogerie n'a été représentée que fort incomplétement aux dernières expositions de Londres et de Vienne. Il en est à peu près de même à l'exposition de l'*Union centrale*. Il est vrai que, cette fois, la qualité supplée largement à la quantité. M. Gustave Sandoz, horloger de la marine de l'État, horloger du Conservatoire des Arts-et-Métiers, nous donne, en effet, quelques spécimens remarquables de son excellente fabrication.

On a caractérisé assez heureusement une partie de cette fabrication, en disant que M. Gustave Sandoz était l'inventeur de cette horlogerie-bijou, que l'on place sur sa table comme un objet d'art, bien plus que comme un objet d'utilité pratique. On ne songe guère à demander l'heure à ces pendules lilliputiennes : on est plutôt tenté de l'oublier en les regardant, car on les dirait ciselées par les Cellini et les Goutbière du dix-neuvième siècle. On assure toutefois qu'il en est parmi elles dont la marche a l'exactitude d'un véritable chronomètre. Un officier de marine pourrait s'en servir pour *relever le point*, et tracer la route de son navire autour du monde. Au milieu de ces montres, enrichies de toutes les recherches du luxe, et parées de toutes les élégances que peut donner l'art le plus raffiné, je remarque un simple petit boîtier en argent, pareil à ceux qui servent d'enveloppe aux montres les plus ordinaires. Je suis intrigué par la présence de ce rustre au milieu de si noble compagnie. Je m'informe :

— C'est un *podomètre*, me répond-on.

J'y consens; mais cette réponse ne m'apprend rien, et je poursuis mon interrogatoire.

On me dit alors que le podomètre, ingénieuse invention de M. Gustave Sandoz, est un petit instrument d'une sensibilité d'organisation excessive, chez qui le moindre choc a son contre-coup soudain, et que le plus léger mouvement impressionne. Chaque pas fait par la personne qui le porte fait avancer d'un cran la roue cachée dans son mécanisme; la roue, à son tour, communique la même impulsion à une aiguille, laquelle, de dix en dix pas, inscrit sur un cadran les résultats acquis. En mettant au départ cette aiguille sur le zéro, on peut, par un seul regard, et à tous les points de la route, se rendre compte de la distance parcourue. Je sais des gens qui ne sortent plus sans leur podomètre, et qui le consultent à chaque moment, pour savoir de combien de pas ils sont séparés de leurs affaires ou de leurs affections, et le temps qu'ils peuvent perdre encore avant de rentrer au logis où quelque contrôle sévère les attend.

Dans notre précédente étude sur l'exposition anglaise, nous avons signalé l'insuffisance de la section française sous le rapport de l'industrie des tentures. Nos fabricants ont pris une jolie revanche à l'Exposition de l'*Union centrale*, et le prix d'honneur remporté par la fabrique de Neuilly, placée aujourd'hui sous la haute direction de M. Henri Walmez, a paru à tout le monde la juste récompense d'efforts longs et persévérants, ayant pour but de doter le pays d'une industrie nouvelle.

La manufacture de Neuilly, dont les événements de 1870 avaient un moment paralysé l'essor, est aujourd'hui en pleine activité; elle nous offre quatre espèces de produits, qu'il nous a paru intéressant d'étudier. Ce sont :

Des tapisseries de haute lisse, comme aux Gobelins;

Des tapisseries de basse lisse, genre Aubusson, exécutées avec la *flûte* ou broche, comme on le fait aujourd'hui encore à Beauvais;

Les *tapisseries de Neuilly* proprement dites, fabriquées à l'espoulinage, c'est-à-dire avec la navette, sur le métier à la Jacquart;

Enfin des étoffes pour tentures, d'après les procédés ordinaires.

Des tapisseries genre Gobelins, j'ai peu de choses à dire. Je les ai plutôt examinées à titre de spécimen et comme curiosité de travail, qu'avec la pensée qu'il fût possible d'établir la lutte contre notre grande manufacture nationale. M. Henri Walmez a bien fait de lui emprunter son procédé. Un établissement comme le sien doit posséder toutes les ressources que lui offrent les industries similaires, et, sans arriver jusqu'aux gigantesques et splendides compositions qui font des Gobelins une institution sans rivale, il n'en obtient pas moins de très-remarquables résultats, et comme élégance de dessin et comme puissance de coloration.

Le succès m'a paru plus franc, plus vif, plus décisif encore avec les tapisseries genre Aubusson. Il y a là telle chasse, tel paysage, tel sujet de genre qui arrive au véritable tableau, et qui ne craint point le voisinage des morceaux les mieux réussis par les artistes de Beauvais. C'est là un succès dont M. Walmez a le droit d'être fier.

Quant aux tapisseries dites *Tapisseries de Neuilly*, c'est sur elles que je voudrais attirer plus particulièrement l'attention du lecteur. Elles sont la spécialité de la maison, et M. Walmez en les inventant a opéré une véritable révolution dans l'industrie. L'introduction du métier à la Jacquart dans la fabrication des tapisseries pour meubles et tentures a produit, en effet, une notable diminution du prix de revient, et a permis ainsi leur diffusion entre des mains qui, jusque-là, devaient renoncer à l'espérance de les atteindre. Je n'établis point de comparaison malséante entre deux genres de fabrication qui n'en comportent point ; mais je n'en reconnais pas moins que le métier à la Jacquart, dans ses applications à la tapisserie, enfante de véritables merveilles. Les *Fables de La Fontaine*, exposées dans les galeries de l'*Union centrale*, sont de fort jolis petits tableaux, et quand le temps, passant sur eux, aura quelque peu amorti leurs couleurs, elles mériteront leur place dans les intérieurs les plus élégants.

Si la tapisserie de Neuilly s'emploie surtout pour meubles, ceci ne veut pas dire que la fabrique de M. Walmez néglige les tentures. Loin de là : elle expose aujourd'hui une certaine quantité d'étoffes ayant cette destination, reps, soieries et brocarts, d'un fort joli effet décoratif.

Je parlais tout à l'heure des tentures d'appartement. M. Abel Trinocq s'est fait de ces tentures une sorte de spécialité. Mais il se contente d'une sorte de *toile peinte*, qui n'a aucun rapport avec la tapisserie, et dont l'exécution atteste, cependant, une habileté de main tout à fait supérieure et un sentiment très-juste des exigences du luxe moderne. Pour beaucoup de gens, qui se contentent d'un examen superficiel, les toiles peintes de M. Abel Trinocq font l'effet de véritables tapisseries, et elles en tiennent lieu. Les unes ont de grands ramages de feuillages et de fleurs ; les autres étalent de superbes écussons ; quelques-unes vont jusqu'à la figure, et nous montrent des personnages historiques avec

14

l'exact costume de leur époque, ou des créations de fantaisie, qui ne sont d'aucun temps, parce qu'elles sont de tous les temps. D'autres ont reçu une sorte d'apprêt brillant, aux reflets métalliques, d'une telle vivacité qu'on dirait de l'or ou de l'argent. Sur ces fonds éclatants se détache, plus éclatant encore, un lacis fin et délicat, un réseau de fleurs, d'exquises arabesques, des essaims d'insectes brillants, des vols d'oiseaux, ou des troupes de papillons, secouant dans l'air leurs ailes de pierreries; tout cela très-enlevé, par une main sûre et légère, pleine de verve et de brio, et donne aux appartements où on place ces jolies choses des aspects d'une gaieté charmante.

TABLE DES MATIÈRES

PARIS. — IMPRIMERIE A. POUGIN, 13, QUAI VOLTAIRE — 8268

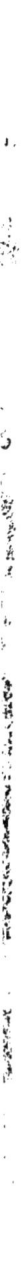

www.ingramcontent.com/pod-product-compliance
Lightning Source LLC
Chambersburg PA
CBHW071533220526
45469CB00003B/760